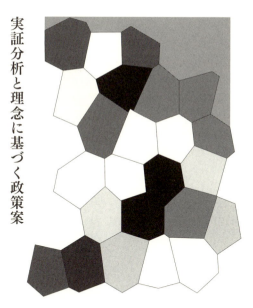

再考・医療費適正化

実証分析と理念に基づく政策案

印南一路 編著

有斐閣

は じ め に

　周知のとおり，人口減少，少子高齢化，経済の低成長，巨額の債務残高と日本を取り巻く状況は非常に厳しい。一方で，国民医療費はすでに年間 40 兆円に達している。国民医療費の約 38% は公費であり，その多くは国債発行によって賄われている。財政健全化のためには社会保障給付費の抑制が必要で，財政制度等審議会，経済財政諮問会議などから繰り返し，「医療費適正化」のための方策が提案されている。

　医療費適正化政策が始まったのは 1980 年代初頭である。以来，医療費の伸びを国民所得の範囲内に収めることが，実質的な目標として目指されてきた。現在に至るまで 30 数年が経過し，その間に多くの医療費適正化政策が実行されてきた。しかし，この間にこの目標が達成されたのは，実際には二度しかなく，しかもそれぞれ数年間にすぎない。日本の財政状態の悪化が進むにつれ，財政サイドから提案される医療費適正化の政策は年々厳しさを増しており，厚生労働省および医療関係団体は，防戦に手いっぱいという印象さえある。

　筆者らが危惧するのは，このような状態で財政危機が現実化した場合の，医療制度の行方である。医療費適正化政策はかなり広範で強力な政策になりえるので，その内容によっては，国民が受けられる医療の給付と負担のあり方も大きく変わる。そして，それは国民の健康，場合によっては生命にまで影響する可能性がある。人口減少，少子高齢化が進展する中で，大きな経済成長を制度設計の前提にできないとした場合に，福祉拡大路線や現行制度の死守を掲げても，財政危機時の医療費政策には十分対抗できるとは思えないのである。今求められているのは，医療制度の中で何が最も重要な部分かを問い直し，守るべき医療を守る政策を積極的に提案することではないか。

　本書の目的は，「公的医療保障の本来的な目的（理念）に基づく医療費政策」を提案することである。しかし，こうあるべきだという議論を，この「はじめに」の後にいきなり行うつもりはない。まず，医療費適正化政策を歴史的に振り返って，なぜ医療費適正化が必要とされているのかを考えよう（第 1 部）。医療費問題は，もはや個別の保険財政の問題ではなく，日本全体の問題だという

ことが確認されるはずである。次に，さまざまな政策を打ち出しているにもかかわらず，なぜ医療費が増大し続けるのかを定量的に分析し（第2部），これまでの政策を評価しよう（第3部）。数々の審議会で，医療費の増加要因とその対策について議論しているが，個別の要因が列挙されるだけで，相対的にどの要因が最も重要かはわかっていないし，過去から現在に至るまでのさまざまな医療費適正化政策の効果もきちんと測定されているとは言いがたいからである。

　さらに，これらの分析に基づき既存の政策に対する改善案も提示しよう（第4部）。しかし，財政危機時には，その改善案をもってしても，医療政策にとって重要な救命医療や低所得者への医療保障は守れない可能性がある。現行制度を前提とした対症療法的な政策にとどまるためである。だからこそ，より本質的な政策，すなわち理念に基づき守るべきものに優先順位をつけた医療費政策が必要であると筆者らは考えている。

　あらかじめ本書の立場を明確にしておこう。

　国家の財政あるいは保険財政の立て直しは必須である。しかし，それだけを自己目的化して医療費を抑制する政策は，財政政策であって医療政策と呼べるものではない。厳しい財政事情があるから医療費適正化を行うのではなく，保険料や税という形で他者の経済的自由を一定程度制限したうえで公的医療保障を行っているのだから，医療費にかける財源にはそもそも内在的制約があるのである。加えて，国の財政事情は危険水域まできているのではないか。限られた資源の中で，国民の生命と幸福追求の自由を最大限保障するにはどうしたらよいのかが真の問題なのであって，現在の国民皆保険をそのまま維持すれば済むというものではない。国民自らの意思を尊重したうえで，命を救い，自立を支援するのが公的な医療保障の本来的な目的であり，この理念に沿って医療費の適正化政策の内容を考え，大胆な改革を行うべきだというのが筆者らの主張である。

＊　　＊　　＊

　本書の出版にご支援いただいた方々にお礼を申し上げたい。本書の基礎になった医療費研究は，一般財団法人医療経済研究・社会保険福祉協会医療経済研究機構の自主研究，慶應義塾大学－東京大学政策シンクネット，慶應義塾大学学事振興資金等によって賄われた。一部の内容は厚生労働科学研究「国，都道

府県の医療費適正化計画の重点対象の発見に関する研究」（2007〜2009年）まで
さかのぼることができる。また，分析モデルについての早稲田大学野口晴子教
授の助言，『季刊社会保障研究』の論文のコメントは有益であった。有斐閣の
渡部一樹氏には，当初の原稿に対し厳しいご指摘をいただいた。本書が読みや
すくなっているとしたら，氏のおかげである。お礼を申し上げたい。

　なお，本書の意見や見解はすべて筆者ら個人のものであって，所属する組織
や資金元の組織のものではないことをお断りしておきたい。

　前著『生命と自由を守る医療政策』同様，本書も複数の著者の合作である。
各章の最後に主たる担当者の名前を記したが，ここでまとめておこう。
　　　第1章　三谷宗一郎・印南一路
　　　第2章　古城隆雄・印南一路
　　　第3章　古城隆雄
　　　第4〜6章　印南一路
　　　第7章　古谷知之
　　　第8〜10章　古城隆雄・印南一路
　　　おわりに　印南一路
　　　補論　古谷知之・印南一路

2016年5月

著者を代表して

印南　一路

執筆者紹介

印南　一路（いんなみ　いちろ）
1992 年，シカゴ大学経営大学院にて Ph. D. 取得。
現在，慶應義塾大学総合政策学部・大学院政策・メディア研究科教授。一般財団法人医療経済研究・社会保険福祉協会医療経済研究機構研究部長（専攻：医療政策と意思決定論・交渉論）。中央社会保険医療協議会公益委員。
主な著作に，『「社会的入院」の研究——高齢者医療最大の病理にいかに対処すべきか』（東洋経済新報社，2009 年，第 52 回日経・経済図書文化賞，第 1 回政策分析ネットワーク賞本賞を受賞），『生命と自由を守る医療政策』（共著，東洋経済新報社，2011 年）などがある。

古城　隆雄（こじょう　たかお）
2011 年，慶應義塾大学大学院政策・メディア研究科にて博士号（政策・メディア）取得。
現在，自治医科大学地域医療学センター地域医療学部門助教（専攻：医療政策，社会保障論）。
主な著作に，『生命と自由を守る医療政策』（共著，東洋経済新報社，2011 年）がある。

古谷　知之（ふるたに　ともゆき）
2001 年，東京大学大学院工学系研究科後期博士課程修了。博士（工学）。
現在，慶應義塾大学総合政策学部教授（専攻：応用統計学，空間情報科学）。
主な著作に，「データ科学をビジネスに結びつける」（坂内正夫監修『ビッグデータを開拓せよ——解析が生む新しい価値』角川インターネット講座（7），KADOKAWA，2015），『R による空間データの統計分析』（朝倉書店，2011 年）などがある。

三谷　宗一郎（みたに　そういちろう）
2013 年，慶應義塾大学大学院政策・メディア研究科博士課程在籍。
現在，日本学術振興会特別研究員（専攻：医療政策，政策史，政策過程分析，オーラル・ヒストリー）。

v

目　　次

はじめに　i

第1部　医療費適正化の根拠と意味を考える

第1章　医療費問題と医療費適正化政策の展開 ──────── 2

1　医療費政策の3つの時代区分 ……………………………… 2
適正化前史（4）　第1次医療費適正化時代──総合的な適正化政策の始まり（7）　第2次医療費適正化時代（9）

2　医療政策に関係する公的アクター ……………………… 12

3　財政主導の医療費政策 …………………………………… 14

第2章　医療費適正化の根拠と意味内容 ──────────── 17

1　なぜ医療費適正化政策が必要なのか ………………… 17
①国の財政赤字，財政再建（17）　②医療保険財政の赤字（20）　③社会保障の経済成長に対する悪影響（22）　④国民の財政負担の上昇と給付レベルの低下に対する忌避（25）　⑤医療の効率化と不適切な利用の弊害（27）　予防政策の重視──医療費適正化計画（29）　医療費適正化不要論を考える（32）

2　関係者の間の相違点 ……………………………………… 35
医療費適正化とは何か──各関係者の一致する点（36）　各関係者の立場と合意できない点（36）　財務省（37）　厚生労働省（37）　保険者（39）　医療提供者（40）

3　従来の議論に欠けている視点は何か ………………… 41
財政主導の医療費適正化政策（41）　本書の立場──理念に基づく医療費政策（43）

第2部　医療費の増加要因を分析する

第3章　医療費のどこが増えているのか ──────────── 47

1　医療費総額を押し上げたのは誰か ……………………… 48

2　1人当たり医療費を押し上げたのは何か ……………… 52

3　医療費の3要素をみる …………………………………… 54

第4章 医療費はなぜ増えるのか —————————— 58

1 分解アプローチから要因アプローチ（多変量解析）へ ………… 58
データの整備と統計モデルの発達（58）　複合的な要因の分析（59）
医療費の予測（60）

2 需要サイドの要因とその根拠 ……………………………………… 62
人口の高齢化と寿命の延伸（62）　疾病構造（65）　保健事業（66）
県民所得（68）　ソーシャル・キャピタル（69）　医療保険制度の仕組
み（70）

3 供給サイドの要因とその根拠 ……………………………………… 70
病床数（71）　医師数（73）　平均在院日数（75）　特養定員数（77）
医療技術の進歩・普及（78）

4 供給誘導需要について ……………………………………………… 80
目標所得仮説と空床回避（81）　過剰病床が病床増加を生む？（82）
倫理的に許容される範囲内での密度操作（82）　政策的な意味（84）

第5章 複雑な要因をひもとく —————————————— 86

1 分析結果を理解するために ………………………………………… 86
医療費（87）　モデルとその種類（87）　モデルの基本構造（88）
係数の意味（90）

2 最大の要因は医師数であった ……………………………………… 93
全体の分析結果（93）　各要因の比較（95）

3 供給サイドの政策変数の影響をみる ……………………………… 96
医師数の影響は普遍的（97）　病床数の抑制の重要性は変わらない
（100）　病床規制は何をもたらしたのか（101）　平均在院日数の短縮
化は何をもたらしているか（104）　供給誘導需要は存在するか——3 要
素の分析（110）　平均在院日数と医療費の3要素（111）　医師数と医
療費の3要素（112）　国民医療費の増加要因に一般化できるか（113）

4 需要サイドの要因を概観する ……………………………………… 114
人口の高齢化は医療費増加の主因ではなかった（114）　悪性新生物と脳
血管疾患とで医療費への影響は異なるか（116）　所得は医療費増の主因
か（117）　保健活動やソーシャル・キャピタル，特養定員増は医療費抑
制効果があるか（118）

5 やはり魔法の杖は存在しない ……………………………………… 119

目　次　vii

第3部　医療費適正化の政策評価と重点対策地域

第6章　医療費適正化政策を評価する ──────── 122

1　診療報酬改定と制度改正の効果は限定的 ……………………… 122
診療報酬改定と制度改正の経緯（122）　診療報酬改定と医療費増加率との関係（125）　年次ダミーの係数で増加率の変化をみる（127）　制度改正と増加率の変化の関係（128）

2　医療費適正化計画は機能しているか ……………………… 133
特定健診・保健指導（134）　平均在院日数の短縮化（134）

3　薬剤費と調剤費の何が問題か ……………………………… 139
日本の薬剤費比率は高いのか（139）　薬剤費が突出して伸びているか（141）　医薬分業のみが調剤費上昇の原因か（145）　1人当たり調剤金額のパネルデータ分析（147）　後発医薬品の普及促進は薬剤費抑制に効果があるか（149）

第7章　医療費適正化の重点対策地域と有効な方法をみつける ─── 153

1　国保医療費の将来推計 …………………………………… 154
1人当たり国保医療費総額の将来推計結果（155）　後期高齢者医療費の将来推計結果（155）

2　重点対策地域をみつける ………………………………… 157
3つの視点（157）　1人当たり医療費（一般）と後期高齢者医療費の場合（160）　医療費負担割合の地域的特徴（162）　重点対策地域はどこか（163）

3　重点対策地域ではどのような対策が有効か ………………… 164
重点対策地域での有効な対策を検討する方法（164）　重点対策地域の医療費決定構造（164）　医療費区分と変数別に全都道府県をみる（170）主要変数を比較する（174）　特に重要な地域について（176）

第4部　求められる医療費適正化政策

第8章　医療費適正化政策群を評価する ──────── 186

1　厳しい国家財政と財政危機時の医療費適正化政策 ………………… 186
日本の財政状況（186）　公共事業費等で医療費を賄えるか（187）　保険料と自己負担を上げれば財源確保は可能か（188）　財政危機時の医療費適正化政策（190）

2　既存の医療費適正化政策を改善する ……………………… 195
医師数の抑制（196）　機能別病床規制（199）　対象を絞り込んだ平均

在院日数の短縮化（200）　医療費適正化計画の強化（201）　その他の論点（202）

3　財政主導か理念主導か …………………………………………… 203
既存の医療費適正化政策や改善案はどこまで有効か（203）　理念主導の政策の必要性（205）

第9章　生命と自由を守る医療保障の理念　206

1　なぜ医療政策に理念が必要か ………………………………… 206
2　医療政策の理念——三段階理念論 ………………………… 209
3　救命医療保障と自立医療保障 ………………………………… 213
自律に基づく生命権を保障する救命医療（215）　共生の原理に基づく自立医療（218）

第10章　生命と自由を守る医療費政策　224

1　理念に基づく財源の確保・配分と伸び率の管理 ………… 224
公的医療保障の給付範囲を再考する（224）　リスク構造調整を本格導入し財政負担を安定化・公平化する（226）　救命医療の財源を確保し医療費全体の伸び率を管理する（226）　理念を実現する8つの提案（228）

2　自律の原理を実現する4つの提案 …………………………… 230
①事前指示書と医療判断代理人の制度化（230）　②医療相談の充実と受診行動の適正化（232）　③インフォームド・コンセントの徹底（医療費の説明を含む）（235）　④国民の救急対応力の向上と社会保障教育・研修の徹底（236）

3　生命保障の原理と共生の原理を実現する4つの提案 …… 237
①公的医療保障の給付範囲と給付率の見直し（237）　②リスク構造調整の本格導入（242）　③費用対効果評価の二段階適用（245）　④自己負担無料化の原則禁止（249）

おわりに　251

補論：より深く知りたい読者のために　255

1　医療費の増加要因が判然としなかったのはなぜか ……… 255
多くの要因を総合的に比較した研究が少ない（255）　増加率そのものの研究が存在しない（257）　政策評価研究が乏しい（257）

2　パネルデータ分析のモデル ………………………………… 257
説明変数の選び方（257）　線形パネルデータ分析モデルの数式表現（258）

　　　　　　　　　　　　　　　　　　　　　　　　目　次　ix

　　3　医療費の空間パネルデータ分析 ……………………………………… 259
　　　医療費の空間分析がなぜ必要か（259）　　空間的自己相関を考慮すること
　　　の意味（260）　　空間的自己相関や地域差を明示するモデル（261）　　空
　　　間的自己相関を考慮したパネルデータモデル（262）
　　4　医療費の将来推計の方法 ……………………………………………… 264
　　　分解アプローチによる医療費の将来推計方法（264）　　要因アプローチに
　　　よる1人当たり国保医療費の将来推計方法（266）
　　5　将来推計値に関する地域差や地域的偏在性 ………………………… 268
　　　地域格差と空間的自己相関に関する指標（268）　　医療費の地域差は大き
　　　いとは言えない（271）　　医療費の地域偏在性の推移（272）

引用文献　279
索　　引　287

Column 一覧

① 日本医師会の影響力（1）暁の団交　　6
② 日本医師会の影響力（2）保険医総辞退　　6
③ 債務残高　　20
④ 要因アプローチへの批判　　61
⑤ 供給誘導需要と医師の裁量権　　84
⑥ 横断仮説の誤謬と部分最適の陥穽　　109
⑦ 改定率は4人で決めるもの？　　125
⑧ 伸び率管理制度　　192
⑨ 日本型参照価格制度　　194
⑩ 保険医定員制度　　198
⑪ 国民皆保険は理念か　　210
⑫ 自助・共助・公助と理念の関係　　210
⑬ 合意できる政策を実行するのでは，なぜだめなのか　　214
⑭ 理念は「見守る医療」や「プライマリ・ケア」を軽視しているか　　221
⑮ 医療保障の理念を考える視点　　221
⑯ 医療基本法の制定は必要か　　227
⑰ 総合診療医　　233
⑱ 薬価制度，特定保険医療材料制度と費用対効果評価　　246
⑲ 超高額薬剤問題は，何が問題か──理念論からの検討　　247

本書のコピー，スキャン，デジタル化等の無断複製は著作権法上での例外を除き禁じられています。本書を代行業者等の第三者に依頼してスキャンやデジタル化することは，たとえ個人や家庭内での利用でも著作権法違反です。

第1部

医療費適正化の根拠と意味を考える

Introduction

第1部では，医療費適正化政策の歴史的経緯と政策内容を考え，その問題点を簡単に指摘する。

第1章では，医療費問題と医療費適正化政策そのものを振り返ろう。ただし，ここでは事前に検討した結果得られた結論に沿って要約する形で書くことにする[1]。その結論とは，①戦後の医療費保障に関する政策は，経済成長の段階的ステップダウンに緩く沿って3つの時代，すなわち1945年から80年までの「適正化前史」，1981年から2000年までの「第1次医療費適正化時代」，2001年から現在までの「第2次医療費適正化時代」に区分することができること，そして②この時代区分は医療費問題と政策形成過程の変質に対応していることである。

続く第2章では，現在の視点に立って，①なぜ医療費適正化政策が必要なのか，②関係者は医療費適正化の意味をどのように捉えているのか，③近年ますます財政主導の色彩が強くなっている医療費適正化政策の問題点は何かについて論じよう。

---

1) 医療費政策の歴史と政治過程の詳細については三谷（2016）その他に譲りたい。なお，医療費適正化時代の区分については，野々下（2008），古城（2011）がある。

第1章

医療費問題と医療費適正化政策の展開

　戦後の医療費政策の大まかな内容と，背景となっている経済成長，医療費問題自体の性質，政策形成の主導権，政治的な力関係などを重層的に観察し，現代における医療費適正化政策の位置を確認してみよう。また，医療費政策に関係する公的なアクターを概観し，近時主張されている医療費適正化政策の傾向を確認しておこう。

1　医療費政策の3つの時代区分

　まず，図1-1 をご覧いただきたい。1955 年当時から現在までの約 60 年間の国民所得に占める国民医療費の比率（以下，医療費比率）の推移と時代区分，主な制度改革を要約したものである。中央にある折れ線（実線）が医療費比率であり，この 60 年間，途中で傾きこそ変わるものの，ほぼ一貫して上昇してきていることがわかる。つまり，医療費は基本的には経済成長を上回って伸びていることになる。

　もう少し丁寧にみると，この医療費比率の変動には一定のサイクルないしパターンのようなものがあることに気がつく。まず，国民皆保険が達成された 1961 年から老人医療費の無料化が行われた 73 年までの時期は緩やかに上昇していたのが，74 年から 81 年までは急上昇している。この時期は戦後の混乱から医療制度全体が復興・充実・拡大した時期であり，また，73 年以降はオイルショックによって高度経済成長が終焉したにもかかわらず，医療費が伸びていった時期である。復興・充実・拡大した時期と 1974〜80 年の時期を合わせて「適正化前史」と呼ぶことにしよう。まだ，医療費適正化という概念自体が登場していなかった時代である。

第1章　医療費問題と医療費適正化政策の展開　　3

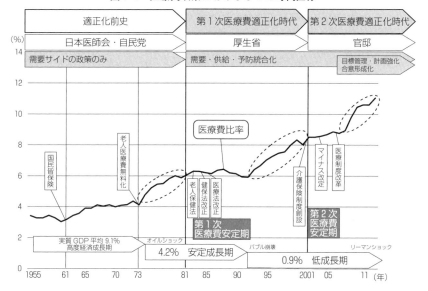

図1-1　医療費政策における3つの時代区分

　そして，1981年をきっかけに，この医療費比率はいったん安定するが，91年から再び急上昇している。1981年は第2次臨時行政調査会（臨調）が設置され医療費の適正化が始まった年であり，その後は老人保健制度の創設（1982年），健康保険法の改正（1984年）などが行われ，国民所得と国民医療費の調和が取られるようになった時期（第1次医療費安定期）である。ところが，それが1991年のバブル崩壊により，以降経済が停滞する中で医療費のみが伸びていき，再び医療費比率は上昇する。この1981年から2000年までの時期を「第1次医療費適正化時代」と呼ぼう。

　さらに，2001年を境にまた同じパターンが生じる。しばらく医療費比率の伸びは収まるが，2009年を境に再び大きく上昇している。2001年は経済財政諮問会議が創設され，小泉内閣のもとで2002年の診療報酬医療本体のマイナス改定[1]，2006年の医療制度改革と，強力な医療費適正化政策が採られた時代である（第2次医療費安定期）。しかし，その後2008年秋のリーマンショックに

---

1) 医療費改定は，診療報酬本体の改定と薬価および特定保険医療材料の改定（引き下げ）からなる。診療報酬（正確には医療費）のマイナス改定と言う場合，①診療報酬本体その

よる戦後初の連続マイナス経済成長を経て再び医療費比率は上昇する。2001年から現在までのこの時期を「第2次医療費適正化時代」と呼ぶことにする。

この3つの時代区分は，まず経済成長率の段階的ステップダウンと緩やかに対応している。戦後の日本の経済成長をごく大まかに捉えれば，図1-1の最下段にあるように，高度経済成長期，安定成長期，低成長期に分けられる。経済が成長しているうちは，医療費が伸びても医療費比率の伸びは緩やかである。やがて経済成長のターニングポイントがくるが，その後も医療費は伸び続けるため，医療費比率は急上昇する。すると，医療費を抑制する制度改革が連続して行われ，医療費の伸びが抑制されて医療費比率も安定する。しかし，再び，経済のターニングポイントがきて，医療費の伸びは抑えられなくなり，次の大改革時代を迎えるというパターンである。

次に，この3つの時代区分は政策課題である医療費問題自体の性質，政策内容，そして政策決定過程にも対応している。3つの時代区分に沿いながら，簡単に振り返ろう。

適正化前史

戦後から1980年までの適正化前史は，復興・充実・拡大期と調整期にさらに二分できる。終戦から1973年までは，戦争による影響で崩壊寸前の危機にあった医療制度が再建され，制度の量的な拡大と充実が図られた時代である。特に，1961年の国民皆保険達成，73年の老人医療費無料化の実施が，この時期を象徴する政策である。また，この時期には医療技術の革新や新たな治療法の発見が続き，主たる疾病も伝染病から生活習慣病へと変化していった。こうした動きを受けて，医療費は爆発的に増加していくのであるが，1973年のオイルショックまでは実質GDP成長率が年平均9.1％という高度経済成長が続いていたために，医療費比率は緩やかな上昇にとどまっていた。とはいえ，医療費の増加により，財政基盤が脆弱な政府管掌健康保険（政管健保，現協会けんぽ）や国民健康保険（国保）はたびたび財政赤字に陥ることになった。医療費問題は存在してはいたが，この時代の医療費問題は保険財政の問題であって，国全体としての医療費の伸びを問題視していたわけではない。

───────────

もののマイナス改定と②診療報酬本体はプラス改定であるが，薬価等の引き下げ分を加えると医療費全体ではマイナスになるネット・マイナス改定の2種類がある。

1973 年にオイルショックが起こると，実質 GDP 成長率は年平均 4.2% まで下がり，経済が安定成長期に移行する。皮肉なことに，福祉元年と呼ばれた同年に前述のように老人医療費無料化政策が採用された。当時は，高齢者を対象とした独立した医療保険制度（後期高齢者医療制度や老人保健制度）はなかったため，高齢者の多くは市町村が運営する国保に加入していた。老人医療費の急増は国保医療費の急増（国庫負担の急増），国民医療費全体の急増につながり[2]，医療費比率も急上昇することになる。これ以降，医療費問題の焦点は，政管健保の赤字問題から国保の財政赤字問題，とりわけその原因となる老人医療費の問題に移行することとなる。また，これを契機に高齢者による待合室のサロン化，薬漬け医療等が社会問題としてクローズアップされるようになった。この時期は病床数や医師数の増加も著しい。

こうして医療制度の拡充路線が見直され，調整期に移行することになった。老人医療費無料化の廃止を見据えた老人保健制度（現在の後期高齢者医療制度の前身）の創設をめぐって議論が繰り返されたが，実現することはなかった。なお，この時期から旧大蔵省が財政制度審議会を通じて，社会保障の国庫負担削減要求を強く求めたことが注目される。

医療政策の主導権はどこにあったのであろうか。もちろん，具体的な政策内容は厚生省が起案していたのであるが，日本医師会，とりわけ武見太郎会長の了解なしには現実的に前に進まない状態だったと総括できるのではないか。当時の日本医師会，武見会長の影響力についてはコラム①と②を参照してほしい。

1945 年から 80 年までの適正化前史では，医療費が急激に増加したことによる保険財政の赤字が医療費問題の中心課題だった。厚生省が中心となって保険財政赤字を解消するための種々の対策が実行される一方，医療費の改定率は，厚生族議員である橋本龍太郎や小沢辰男らと日本医師会の武見会長の間で調整しながら決定されていた。現在のように医療費の伸びをコントロールするという考え方はまだなく，医療費問題はあくまで医療保険財政の赤字問題を意味していた。

---

2) 1973 年の国民医療費は対前年度比 23%，翌年の 74 年は 36.2% と非常に高い伸び率を示した。

6　第1部　医療費適正化の根拠と意味を考える

Column①　日本医師会の影響力（1）暁の団交

　戦後，日本医師会が医療関係者の利益拡大を主張し，医療政策に多大な影響を与えてきたことはよく知られているが，具体的にどのような手段で影響を与えてきたのだろうか。

　医療制度の再建が進められていた1954年，政管健保の財政赤字が30億円に上るとの推計が発表された。当時の厚生省は，財政赤字の原因の1つは不正診療にあると考え，1956年2月に一部負担金の増額，保険医療機関の指定制度の改正，保険医療内容の監査規制の整備など，医師の診療の自主性をある程度制約する健康保険法改正案をまとめ，国会に提出した。こうした監査の強化に反発した京都府医師会が全国に先駆け，5月1日から保険医総辞退を行うと宣言し，他の都道府県医師会も総辞退に向けた準備を始めた。しかし，同年4月に日本医師会長に再選された小畑惟清は自民党と協議し，保険医総辞退は回避された。健康保険法改正案は，審議未了と再提出を繰り返したが，三度目の1957年3月に成立した（社会保険時報，1957年）。同年4月に健康保険法改正案を受け入れた日本医師会長の小畑惟清ら執行部が不信任となった（『朝日新聞』1982年4月6日付）。そして後に四半世紀にわたって医療政策に絶大な影響を及ぼす武見太郎が会長に選出された。

　武見会長は，就任後すぐに神田博厚生大臣に要求し，3月に成立した健康保険法改正の政省令の原案を入手して，東京大学法学部の兼子一，石井照久両教授と相談しながら，修正案をまとめた。武見会長は，「すでに国会で成立した健康保険法改正案は修正できないが，政省令を修正することで，健保法改正法を骨抜きにできる」と考えたのである。そして同月，厚生省保険局次長の小山進次郎や健康保険課長の小沢辰男，同課日雇係事務官の幸田正孝らを日本医師会館に呼び，医師の診療における自主性を制限する改革案を日本医師会の要求どおりに修正させた（有岡，1997，p. 127-132；幸田ほか，2011，p. 122）。武見会長は，この交渉を「暁の団交」と表現し，同年5月に成果をまとめたパンフレットを作成して都道府県医師会に配布した（有岡，1997，p. 132）。会長就任直後に武見太郎の政治的影響力を知らしめる出来事となった。　　　　　　　　　　　　　　　　　　　　[三谷]

Column②　日本医師会の影響力（2）保険医総辞退

　日本医師会長の武見太郎が政治闘争で用いた戦術のうち，最も有名なものが「保険医総辞退（一斉休診を含む）」だろう（他には，厚生省審議会からの委員引き上げ，予防接種への非協力，与党首脳部への直接交渉，与党への選挙非協力等がある）。医療政策史上は，1951年（決意表明のみ），56年（決議，京都府と東京都が保険医辞退届を提出），61年（全国一斉休診），69年（全国一斉休診），71年

（1 カ月実施）と 5 回前例がある（日本医師会，1997）。ここでは 1971 年の保険総辞退についてのみ触れよう。

　1971 年 2 月に中央社会保険医療協議会（中医協）で厚生省が示した審議用メモに包括払い制の導入や薬剤費の削減が記されていたことをきっかけに，同年 3 月に武見日本医師会長は保険医総辞退を宣言した。佐藤栄作首相は武見に「やるならやってみたまえ」と告げ（有岡，1997，p.288），内田常雄厚生大臣も「医師会側が独善的，横ぐるま的な態度を見せているのだから，筋の通らない始末はつけられない」として静観していた（『朝日新聞』1971 年 6 月 1 日付）。その間に医師会側の保険医総辞退に向けた準備が進められ，ついに同年 7 月から保険医総辞退が実行された。

　同月，事態の収拾を図るため，自民党は，厚生大臣に武見と旧知の仲だった斎藤昇を据えた。斎藤と武見の間で繰り返し調整がなされ，テレビでの公開討論会も実施された。その結果，斎藤厚生大臣と武見の間で 4 項目について，佐藤首相と武見の間で 8 項目についての合意が交わされ，7 月末をもって保険医総辞退を中止することが決まった。

　日本医師会という単一の利益団体が，自民党中枢部に影響力を行使することができたのはなぜか。いくつかの要因が考えられるが，1 つは，武見の持つ人的ネットワークがあげられる。「暁の団交」を行った際の神田博厚生大臣とは，武見が理化学研究所に勤めていたときに関係があり，1961 年時の保険医総辞退を収拾した田中角栄政調会長とは同郷（新潟）である。斎藤は武見と親しい東畑精一（中医協会長）の東京大学農学部時代の教え子で，斎藤の妻はよく武見に診療してもらっていたという（有岡，1997，p.293）。自身の人的ネットワークを駆使することで，事態を回収できるとの見立てがあったからこそ，武見は総辞退を実行できたのではないだろうか。

　武見はその後も強硬的な姿勢で厚生省と対立し，1970 年代末には厚生省と「絶縁状態」にすらなった（仲村ほか，2013）。もっとも野々下（2008）が指摘するように，それまで 2 桁の伸びを示していた医療費が，絶縁状態だった 1979 年，80 年の 2 年間，医療費改定が行われなかったために，1 桁の伸びに収まっているのは皮肉と言える。なお，保険医総辞退の受診率や給付金額に対する影響については，別所・高久（2014）を参照されたい　　　　　　　　　　　　　　　　　　［三谷］

第 1 次医療費適正化時代——総合的な適正化政策の始まり

　1973 年の老人医療費の無料化は，佐藤栄作内閣が政治的決断として行ったものであるが，当時から厚生省内でも反対があった。二度目のオイルショックにより高度経済成長から安定成長への移行が明白になるに従い，制度改革の圧

力は高まったが，実現には至らなかった。しかし，世界的な福祉国家批判の動きを受けて，1981年には第2次臨調が設置され，「増税なき財政再建」という観点から，国民経済の動向とは無関係に医療費をはじめとする社会保障給付費が増大し続けることは問題であるという認識を示し，医療費への公費負担の見直しを強く求めた。行財政改革が推進される中で，本格的な医療費適正化時代に突入することになる[3]。

1982年の老人保健法成立（老人医療費無料化の廃止），84年の健康保険法改正による被保険者本人への1割負担の導入，85年の医療法改正による地域医療計画の導入による病床の総量規制の開始，医学部定員抑制の閣議決定，医療費改定における薬価の大幅引き下げなど，矢継ぎ早に医療費適正化政策が実施されていった。また，1983年，84年と診療報酬改定が行われたが，いずれも医療本体部分の引き上げを上回る薬価引き下げを伴ったため，戦後初の連続ネット・マイナス改定となった。

第1次医療費適正化時代には，いくつかの大きな特徴がある。まず，その根本的対象である医療費問題が，政管健保，国保という個別の保険制度の財政問題から，国の経済成長などと絡むより大きな問題として認識されるようになったことである。これに伴い，「国民所得の伸びの範囲内に医療費の伸びをとどめる」という伸び率管理の考え方が明示的に打ち出された。「医療費適正化時代の始まり」と呼ぶ所以である。

第2は，医療保険制度と医療提供体制を同期させ，さらに予防活動を加えた，総合的な医療費政策として医療費問題にアプローチし始めた点にある。適正化前史では，医療保険制度に関わる政策，医療提供体制に関わる政策，保健予防活動に関わる政策は，それぞれ個別に議論され，連動することはなかった。特に，医療提供体制の政策の要である医療法は長い間本格的な改正が行われてい

---

3) 1983年，厚生省保険局長の吉村仁は，「医療費をめぐる情勢と対応に関する私の考え方」と題する論文を業界各誌に発表した。論文発表後，関係団体や世論は，もっぱら医療費亡国論に注目した。しかし，吉村論文は，医療費亡国論，医療費効率逓減論，需要供給過剰論の3つからなっており，医療費の抑制だけでなく，医療費の効率的な使用と重点対象への投下を主張していたことに注目する必要がある。医療費効率逓減論は，その後，保険外療養費制度（混合診療問題），そして現在議論されている費用対効果評価の議論につながる考えのバックボーンになっており，需要供給過剰論は医療経済学における供給誘発需要の考え方と実質同じであると筆者らは考えている。

なかった。第1次医療費適正化時代になって初めて，これらが連動することになった。

第3は，厚生省（当時）が主導して医療費の伸びのコントロールに乗り出したことである。適正化前史では，日本医師会の武見会長と自民党の執行部・厚生族議員の間で，医療費の改定率が取り決められていた。ところが1981年以降，厚生省が中心的な役割を担うことになった。これは，主導アクターが転換したことを意味する。日本医師会は，武見会長が引退し，組織率が低下し，さらに組織構成も開業医の団体から中小病院を含めた会員の団体に変容する。自民党上層部への直接的な影響力行使が難しくなったことから，政治献金を通じた族議員，医系議員との関係強化による影響力行使に転換する。

一連の医療費適正化政策によって，1981年から91年ごろまで第1次医療費安定期を迎えることになった。1986年から始まったバブル経済が，医療費比率の分母である国民所得を押し上げていたことも安定の原因である。しかし，1991年のバブル崩壊によって日本経済は安定成長期から低成長期へとさらに一段ステップダウンし，医療費比率は再び急増することになった。

この時期の医療費適正化政策は，従来の手法の延長にあったが，変化も訪れる。橋本内閣は，1996年に財政再建を推進するうえでの重点6分野の1つに社会保障を掲げ，いっそう強力な医療費の適正化を求めた。この時期，1996年に起きた厚生官僚の不祥事を機に，影響力を増大させつつあった自民党の厚生族議員らの動きが活発化していく。薬価における日本型参照価格制度（コラム⑨参照）やリスク構造調整，新たな高齢者医療制度の創設など，画期的な改革案も提案されたが，自民党内部の利害調整に難航し，実現することはなかった[4]。この時期を「模索期」と呼んでもよいだろう。適正化前史における調整期と同じような位置づけである。

第2次医療費適正化時代

1992年以降，国の基礎的財政収支は赤字に転落し，99年以降は社会保障関係費（なかんずく医療費）が債務残高の増加要因とみなされたことから，いっそ

---

4) この時期は高齢者介護の分野において新たな展開が生まれた。介護保険制度の創設である。介護保険は介護の社会化が本来的な目的ではあるが，社会的入院の解消，高齢者医療費の抑制も狙いに含まれていた。

う強力な医療費の適正化が求められるようになった。債務残高に占める割合が大きいと目された医療費の伸びを抑制することが，医療費政策の目標へと変容していった。

このような状況下で2001年に誕生したのが小泉内閣である。小泉は二度の厚生大臣経験を有し，1997年の健康保険法改正の際には，健康保険の被保険者本人の定率負担を2割に引き上げたほか，薬剤の一部負担を導入するなどの困難な改革を実現させており，医療費政策に強い関心を寄せていた。橋本内閣期に首相のリーダーシップが強化されたことを受け，小泉内閣は森内閣によって設置されたばかりの経済財政諮問会議を活用することになる。

当初は，制度改革の主導権をめぐり，経済財政諮問会議と自民党厚生労働部会が激しく対立した。経済財政諮問会議が，医療の効率化，総枠予算制度，伸び率管理制度，混合診療の解禁，株式会社の医療機関経営への参入，保険者による医療機関選択の拡大，医療のIT化など，個別具体的な論点を示したのに対し，自民党厚生労働部会は不満の意を表明していた。だが，結局「今までの自民党の言うことを聞いていては改革を実行できない」と考えた小泉が官邸主導の政治を確立する[5]。

首相の強力なリーダーシップのもとで，2002年には診療報酬改定史上はじめて診療報酬本体部分のマイナス改定が実施された。2003年には健保被保険者本人の定率負担が3割に引き上げられ，さらに2006年には後期高齢者医療制度の創設，医療費適正化計画の実施などを内容とする医療制度改革が行われた。この間，医療費比率も安定し，第2次医療費安定期が到来する。官僚主導や党主導では実現できなかった改革が，官邸主導によって実現したと言えよう。

この時代の適正化政策は，医療費問題のさらなる変質と関連する。第1次医療費適正化時代の医療費問題は，国の経済成長との関係であった。第2次医療費適正化時代の医療費問題は，国の財政赤字と強く結びつけられ，社会保障費全体の抑制問題の1つになっていることに特徴がある。この部分は現代に至るまで変わらない。

政策の内容面は変化したのだろうか。第1次医療費適正化時代は，医療保険

---

5)　飯島（2006，p.85）。また，小泉首相は，当時の厚生労働事務次官の近藤純五郎に対し，最も厳しい案を提示するように指示し，改革案を取りまとめさせた（2015年11月に印南一路が実施した近藤純五郎元厚生労働事務次官へのインタビューによる）。

政策，医療提供体制政策，予防政策がはじめて統合されたことに特徴があった
だが，第2次医療費適正化時代は，統合するだけでなく，目標設定と計画を通
じて統合したことに大きな変化がみられる。2006年の医療制度改革では，都
道府県は医療費適正化計画を作成し実施することが義務づけられ，特定健康診
査・特定保健指導，平均在院日数の短縮化が具体的な数値を示して目標化され
た。自民党政権末期から民主党政権時代は，医療費適正化政策は停滞するが，
安倍内閣時代になって復活する。2014年には，2025年の医療需要と病床の必
要量を算定し，その算定結果に基づいて各都道府県で，医療機能の分化・連携
を進めるための施設整備，医療従事者の確保・養成を行う地域医療構想の策定
が各都道府県に義務づけられた。2025年という中期的なターゲットに加えて，
各関係団体との合意を地域でつくるという点で，医療費適正化政策がもう一段
強化されている。

　これらの政策をみると，医療費適正化政策の強化は感じても，財政主導色は
それほど感じないかもしれない。それは，より厳しい財政主導の医療費適正化
政策案（総額管理や伸び率管理，あるいは都道府県知事の病床転換命令など）への対
案として，地域の合意に基づく政策が提案され採用されたという事情があるか
らである。

　政治過程としてみたこの時期の特徴は，首相官邸の機能強化である。1980～
90年代の政策形成（予算編成）は，各省庁，利益団体，族議員が結びついた状
態で行われていた。しかし，低成長が長く続き，問題解決が複雑化すると，こ
れまでの手法では対応が難しくなる。行財政改革を通じて，省庁を再編し，審
議会も再編されることになる。官邸の主導権発揮のための会議体である経済財
政諮問会議が創設され，各省庁の審議会の上部に位置づけられた。議員メンバ
ーの構成をみると，厚生労働大臣はメンバーになっていない。つまり，首相官
邸は，省庁と与党の厚生族議員の双方に対する主導権を確立したことになる。
小泉内閣時代はこの傾向が特に顕著であった。

　もっとも小泉改革後から，いわゆる「医療崩壊」が議論されるようになり，
地域や特定診療科における医師不足や救急患者の搬送遅滞（いわゆる「たらい回
し」），勤務医の負担軽減などの政策課題が注目を集めた。さらに診療報酬の引
き上げや医学部定員の1.5倍増をマニフェストに掲げた民主党が2009年に政
権を獲得したため，医療費適正化政策は，医療崩壊の議論の終息と民主党政権

が終わる 2012 年まではむしろ後退した。

　その後，再び自民党の安倍政権が誕生し，民主党時代に廃止された経済財政諮問会議が復活した。また，2014 年，2016 年の診療報酬は，薬価引き下げ分などを加えたネットではマイナス改定が行われている。振り返ってみれば，適正化前史終盤の調整期，第 1 次医療費適正化時代終盤の模索期には医療費比率が急上昇し，次の段階の医療費適正化政策が導入されたという経緯がある。現在も医療費比率は再び急上昇しており，OECD 諸国の平均を上回っている状態にある。新しい段階の医療費適正化時代に移行する可能性もあるだろう。

2　医療政策に関係する公的アクター

　現代の医療費適正化政策をよりよく理解するために，医療政策に関係する公的アクター（会議体）の変遷を図 1-2 にまとめた。厚生労働省，首相官邸，財務省，自民党・与党の順にみてみよう。

　まず厚生労働省に関係する会議体をみていこう。2001 年の中央省庁再編で厚生省から改組された厚生労働省は，医療政策全般の具体的な改革案をとりまとめる中心的なアクターである。医療保険制度の根幹を決める審議会は社会保障審議会である。社会保障審議会のルーツは社会保険審議会で，1992 年に医療保険審議会，97 年には医療保険福祉審議会に改組されてきたが，厚生省だけで 22 の審議会を抱えることとなり，行政改革の一環で，2001 年に再編されることになった。こうして誕生したのが社会保障審議会である。また，中央社会保険医療協議会（中医協）は，診療報酬改定の具体的な内容を審議・決定する役割を担う。診療報酬の改定率は，かつては中医協が決めていたが，現在は政府が決定することになっており，社会保障審議会が改定の基本方針を定め，中医協は具体的な改定項目について議論する仕組みになっている。なお，2015 年には厚生労働大臣の私的諮問機関として「保健医療 2035」が設置され，行政官，有識者らが平場で議論するという新しい試みも始まっている。

　次に官邸サイドのアクターをみていこう。医療政策に関係する首相直属の諮問機関として設置されていたのが社会保障制度審議会（社保制審）で，戦後の社会保障制度に関していくつかの重要な意見書を発表してきた。この社保制審をはじめとする首相直属の諮問機関が再編されて 2001 年に発足するのが経済

第1章　医療費問題と医療費適正化政策の展開　13

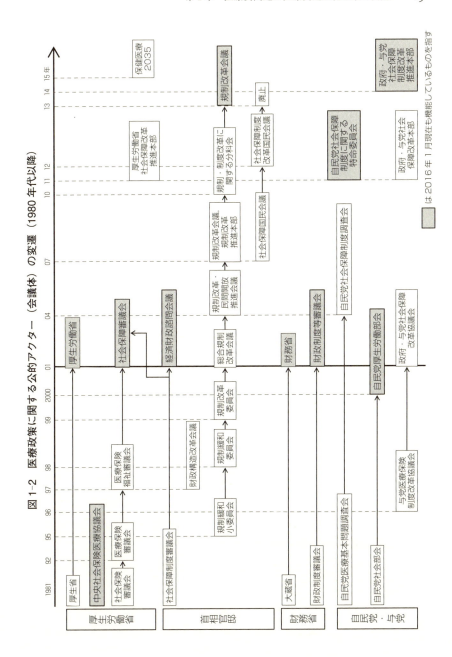

図1-2　医療政策に関する公的アクター（会議体）の変遷（1980年代以降）

財政諮問会議である。社保制審が担ってきた勧告，建議，意見具申，小委員会といった役割は経済財政諮問会議に継承され，個別の政策を審議する役割は厚生労働省の社会保障審議会に継承されることになった。また，発足当初から医療政策に関心を寄せてきたのが内閣府に設置された規制改革会議である。規制改革会議は，村山富市内閣期の規制緩和小委員会をルーツに持ち，7回名称を変えながら発展してきた。市場原理を活用した医療の効率化と質の向上を企図することが改革案の中心となっている。福田康夫内閣が設置した社会保障国民会議は，その後，社会保障制度改革国民会議へと受け継がれ，2013年に社会保障改革プログラム法を成立させて，実質的にその役目を終えた。

　橋本内閣で行財政の構造改革が推進され始めてから，医療政策に関心を持ち，強い影響力を有するアクターと会議体が官邸に増加したと言える。一方，財務省サイドは，2001年の省庁再編で財政制度審議会が財政制度等審議会に名称変更したにとどまり，大きな変化はみられない。

　自民党および与党内部でも1990年代以降から変化がみられる。1996年には与党医療保険制度改革協議会が発足し，画期的な改革案の検討が進められた。2001年には政府・与党社会保障改革協議会が発足した。現在機能しているのは自民党厚生労働部会，自民党社会保障制度に関する特命委員会，政府・与党社会保障制度改革推進本部の3つである。

3　財政主導の医療費政策

　すでに述べたとおり，医療費問題については主管官庁の厚生省・厚生労働省だけではなく，大蔵省・財務省や財政制度審議会・財政制度等審議会も関心を寄せていた。また1996年に設置された規制緩和委員会（現在の規制改革会議）や2001年に設置された経済財政諮問会議も医療費問題に対して積極的に改革案を提言してきた。これら財政サイドのアクターが提起してきた改革案をまとめたのが表1-1である。

　まず財務省（大蔵省）と財政制度等審議会（財政制度審議会）が提起してきた改革案をみていこう。彼らが1950年代から60年代前半にかけて提起していたのは，医師優遇税制の廃止，保険財政の国庫負担依存体質からの脱却，各制度間の保険者の統合による財政力格差の是正だった。この時期は，医療保険財政

第1章　医療費問題と医療費適正化政策の展開　　15

表 1-1　財政主導の医療費適正化政策

適正化策の種類	具体的な改革案
財源確保	医師優遇税制の廃止 国庫負担の抑制 保険者の統合・再編（職域保険の統合，地域保険の統合） 制度間の財政調整 賞与に対する保険料
予算制約	総額予算制度 伸び率管理制度 民間保険の活用（私的医療費支出の増加促進）
需要サイド	給付率の引き下げ（健保被保険者本人，後期高齢者） 薬剤一部負担 入院時食事負担 受診時定額一部負担（定率負担に加えて）
供給サイド	包括払い制度 混合診療の解禁（特定療養費制度） 診療報酬逓減による平均在院日数の短縮化 病床規制，地域医療計画 株式会社による医療機関経営 在宅医療の推進 かかりつけ医制度 領収証・明細書の発行 医薬分業の推進
需給両面	給付範囲の縮小（重度と軽度に分ける） 薬剤に関する給付範囲の見直し（ビタミン剤，湿布剤，うがい薬） 後発医薬品の普及促進 スイッチ OTC の促進 保険免責制 医薬品参照価格制度

の赤字問題解消のための改革案が中心と言える。

　しかし1966年に厚生省と大蔵省が協調して医療費問題を検討して以降，大蔵省は単なる財政赤字対策にとどまらず，給付率の見直し，被用者保険本人への定率一部負担の導入，実勢価格を反映させるための薬価基準制度の改革，給付範囲の見直しによる大衆保健薬（アリナミン等）の適用除外など，具体的な医療費適正化政策を提起するようになっていった。

　また大蔵省は1960年代後半から70年代にかけて，医療保険制度の改革だけでなく，医療提供体制の改革による医療費適正化にも関心を持つようになり，

80 年代からは積極的に提供体制の効率化を論じるようになった。

　さらに 2000 年代以降は，高齢者への一部負担の見直し，給付範囲の見直しと後発医薬品の使用促進を中心とする改革案を積極的に提起している。その一方で，医療の質の向上を目的とする改革案については，ほとんど言及していないことが特徴的である。

　一方，規制改革会議の提言内容を確認すると，そのほとんどが医療の質の向上を目的とする改革案である。医療費適正化政策については，かつては市場原理を導入した医療提供体制の効率化を積極的に提言し，さらに 2000 年以降は，混合診療の拡大や後発医薬品の使用促進による医療費適正化政策を実施すべきだと指摘している。しかし，給付率や一部負担，支払方式などに関する適正化政策については言及しておらず，保険財政赤字の解消策に大きな関心を持っているとは言えないであろう。

　最後に経済財政諮問会議の改革案を確認すると，2007 年ごろまでは，財政赤字対策，医療費適正化政策，そして医療の質の向上など広く医療政策に関心を有していることが窺えるが，それ以降は，医療の質に関する言及はほとんど見受けられなくなり，医療費適正化政策の中でも，給付範囲の見直しと薬剤費対策，そして医療提供体制の効率化に関心が移っていったと言えるのではないか。高齢者の一部負担の見直しや後発医薬品の使用促進を強く主張する傾向は，財務省や財政制度等審議会の主張と親和性があると言える。

　これまでの財政サイドの医療費適正化政策を概観してみると，一部薬剤の保険適用除外と後発医薬品の使用促進に対して強い関心を持っていると看取できる。

[三谷宗一郎・印南一路]

第**2**章

医療費適正化の根拠と意味内容

　どうして医療費を適正化しなければならないのであろうか。医療関係者にとってみれば，医療費は一般産業における産業規模を表すので，適正化によって医療費が縮小したり伸び率が抑制されたりするよりは，むしろ医療費が増大することを歓迎するはずである。しかし，内容はともかくとして，医療費の適正化自体が不要だという論者は少ない。ここでは，医療費適正化が必要である理由を検討し，あわせて関係者の意見の相違点を確認し，最後に，これらの議論に欠けている視点を明らかにしよう。

1　なぜ医療費適正化政策が必要なのか

　一般的に，医療費適正化政策が必要だとする理由としては，①国の財政赤字，財政再建，②医療保険財政の赤字，③社会保障の経済成長に対する悪影響，④国民の財政負担の上昇と給付レベルの低下に対する忌避，⑤医療の効率化と不適切な利用の弊害があげられる。それぞれの内容をみてみよう。

　また，2006年の医療制度改革によって導入された医療費適正化計画について検討し，最後に医療費適正化不要論についても考えてみよう。

①国の財政赤字，財政再建

　第1次，第2次医療費安定期の直前には，国の財政赤字と公的債務残高が急増し，財政再建（最近は，財政健全化と呼ばれることも多い）が政府の政策目標として掲げられた。第1次医療費安定期の始まりにあたる1981年に発足した第2次臨時行政調査会（第2次臨調）は，第1次答申（1981年7月10日）から「増税なき財政再建」を掲げ，第5次の最終答申では医療費をはじめとする社会保

障給付費が国民経済と無関係に増大することは問題であるという認識を示した。

　一方，第2次医療費安定期の始まりにあたる2002年1月には，「構造改革と経済財政の中期展望について」が閣議決定され，2010年の初頭に基礎的財政収支（プライマリー・バランス：PB）を黒字化することが目指された。歳出面での改革において，「社会保障については，医療制度改革を始めとする持続可能で公平な制度に向けた改革を推進することなどにより，可能な限り抑制する」と明言されている。しかし，さまざまな取り組みがなされたものの，2008年秋のリーマンショックの影響もあり，2010年初頭におけるPBの黒字化は達成されなかった。

　その後，国家財政はさらに悪化の一途をたどったため，改めて2010年6月に閣議決定された「財政運営戦略」の中で財政健全化の目標が掲げられた。具体的には，①国・地方の基礎的財政収支（プライマリー・バランス）について，その赤字を2015年度までに半減し，2020年度までに黒字化すること，また，②2021年度以降も国・地方の公債等残高の対GDP比を安定的に低下させることである。この財政再建の目標は，2010年6月に開かれたG20トロントサミットにおいて国際公約として掲げられ，現在に至るまで政府の公約として存続している。

　2015年末現在，日本の国と地方の債務残高は1035兆円に達し，対GDP比では200%を超えている状況にある。純債務残高でみても，対GDP比は125%を超えており，ギリシャに次ぐ深刻さである。財政制度等審議会の資料（財政健全化計画等に関する建議〔平成27年6月1日〕）によれば，2015年度の基礎的財政収支は16.4兆円（▲3.3%）の赤字で，2010年度の基礎的財政収支（▲6.6%）に比べ，赤字の対GDP比を半減するという目標をかろうじて達成する見込みである。

　なお，財政再建や財政健全化の議論の前提には，しなければ財政が破綻するという認識があるはずである。これに対し，日本が財政破綻するかどうかは判断が難しいという指摘がある（小黒，2014）[1]。国債の返済や利払いが滞り，国債の金利が急上昇し，さらに通貨の急落，物価の急騰が起きることが財政破綻と言われる。しかし，財政破綻が生じる原因は十分には解明されておらず（し

---

1)　小黒（2014）でも紹介されているが，岩本（2013）では，過去の各国の事例を通じて，破綻に至る事例やその原因について分析をしている。

第 2 章　医療費適正化の根拠と意味内容

図 2-1　国債残高の増加要因

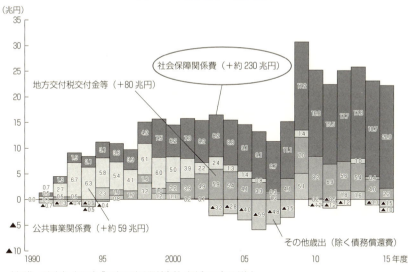

(出所)　財務省 (2015)「日本の財政関係資料 (平成 27 年 9 月)」。

図 2-2　社会保障関係費の増加

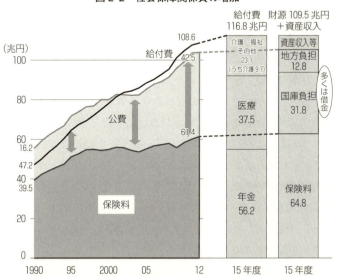

(出所)　財務省 (2015)「日本の財政関係資料 (平成 27 年 9 月)」(原資料：国立社会保障・人口問題研究所「平成 24 年度社会保障費用統計」, 平成 27 年度の値は厚生労働省〔当初予算ベース〕)。

Column③ 債務残高

　財務省関係者のプレゼン資料の中で面白いものをみつけたので紹介したい。2014年3月に開催された財務省財政総合政策研究所・アジア開発銀行研究所共催の国際コンファレンス「高齢社会における財政健全性を維持するための戦略 —— 財政健全性と社会保障制度をどのようにバランスさせるのか」での，ヘンリー・J・アーロン氏（ブルッキングス研究所シニアフェロー）発言抜粋の仮訳である。

　　「最後はあぶないジョークで話を締めたいと思います。……現在の日本の債務残高は非常に高水準にもかかわらず，目下のところ深刻な問題を引き起こしていないという主張を聞くと，次のような話を思い浮かべます。ある人が東京タワーのてっぺんから飛び降り，20階を通り過ぎている時，誰かが「調子はどうだい？（How are you?）」と叫ぶと，この人は「今のところ順調だよ（I'm fine.）」と落ちていきながら答えました。私はこのジョークこそが，日本の債務残高の対GDP比が（非常に高水準にもかかわらず）これまでのところ問題を引き起こしていないことをもって，将来も問題を引き起こさないだろうという主張への教訓になると考えています。」（関東財務局・佐藤正之「我が国の財政問題について」2015年3月5日）
　　　　　　　　　　　　　　　　　　　　　　　　　　　　　　　　　　　[印南]

たがって，事前に必ず予測できるわけではない），日本が累積債務残高を原因に，本当に財政破綻をするか否かは誰にもわからないというのが真実であろう。しかし，世界各地で起きた過去の財政破綻の原因がすべてわかっているわけではないので，日本の財政が破綻しないと言い切れる論者は少数である。スタンスの違いはあるものの，対GDP比の日本政府の債務残高が上昇し続けることが，財政破綻のリスクを上昇させるという認識は広く共有されていると思われる。

　財務省によれば，1990年度末から2015年度末までの公債残高増加額は約630兆円で，そのうち歳出の増加要因が約356兆円，さらにそのうちの約230兆円が社会保障関係費であり，医療費の占める割合は高い（財務省，2015b，p.9，p.15）。社会保障費，なかんずく医療費が毎年の債務残高の上昇の重要な要因となっており，国の財政破綻リスクが，医療費適正化の必要性の第一のまた最大の原因であると言えるだろう（図2-1, 2-2）。

②医療保険財政の赤字

　国家財政だけでなく，医療保険財政の悪化からも，医療給付の重点化，効率

化，あるいは高齢者医療費に対する抑制の必要性がたびたび指摘されている。

日本の医療保険制度は，全国民が加入義務のある皆保険制度を取っており，被用者保険制度と地域保険制度に大別される。被用者保険制度は，大企業を中心とする組合管掌健康保険（組合健保），中小企業を対象とする全国健康保険協会管掌健康保険（協会けんぽ），公務員や私学教員を対象とする共済組合から構成される。一方の地域保険は，被用者保険には加入していない非正規労働者，アルバイト，退職者，自営業，農業従事者を対象とした国民健康保険（市町村国保と言う），特定の職能者を対象とした国保組合，75歳以上を対象とした後期高齢者医療制度に分かれる。

保険制度によって保険加入者の収入，資産，年齢等は大きく異なる。市町村国保や後期高齢者医療制度，協会けんぽでは，加入者の保険料だけでは必要な給付財源を賄うことができていない。そのため，国はさまざまな支援制度を設け保険財政を安定化させている。

国民皆保険の基盤とも言える市町村国保は，設立当初から財政基盤に課題を抱えていた。財政基盤を安定化させるために，さまざまな形で補助金が投入されているだけでなく，突発的な高額医療費への対策として，財政調整基金や積立金等が用意されている。しかし，給付リスクが高く，保険料負担能力が低い加入者を抱える市町村国保の財政基盤は安定せず，毎年多くの保険者が赤字に陥り，一般会計から多額の繰入金を投入して保険財政を維持している[2)3)]。保険給付費が基準給付費[4)]の1.14を超えた保険者は，安定化計画指定市町村の指定を受け，保険財政の立て直しのための計画を立てる必要があった（本制度は2010年で廃止）。安定化計画には，医療費適正化等によって保険財政を安定化させる具体的な措置を明記することが求められていた。2010年の国民健康

---

2) 厚生労働省保険局国民健康保険課（2015）によれば，単年度の赤字保険者は全体の52.7％にあたる905保険者であり，決算補填のための一般会計からの繰入金は3544億円の見通しである。

3) なお，すべての赤字保険者の赤字が正当化できるかについては，異論がある。西沢（2015）は，国保の赤字の要因を詳細に分析しており，保険料を低く抑えて法定外繰入を行っているとみられる保険者は552，繰入金は1862億円と推計している。

4) 基準給付費とは当該市町村の5歳階級ごとの被保険者数に，全国平均の5歳階級ごとの1人当たり保険給付費を乗じた額の総計による保険給付費を指す。当該市町村の保険給付費を基準給付費で除した数が地域差指数である。

保険法の改正により，高医療費市町村を都道府県が検討し，「広域化等支援方針」に基づき，市町村に対して報告を求め，助言，勧告ができるようになった。すでにいくつかの市町村では，「国民健康保険財政健全化計画（名称は，市町村によって異なる）」を立てており，その中で医療費適正化についての具体的な取り組みが記載されている。

協会けんぽも，前身の政府管掌健康保険組合（政管健保）の時代から，厳しい財政状況が続いている。1992年度には，約1兆5000億円あった準備金は，2002年度はマイナス649億円の赤字に転落した。その後，2006年度まで準備金は回復したが，2009年度に再度赤字に転落し，その後保険料率の引き上げや国庫負担の引き上げ（13%→16.4%）に伴い，準備金が回復傾向にある（厚生労働省保険局，2014a）。2008年に協会けんぽに移行し，47都道府県単位で運用されるようになってからは，各都道府県において医療費適正化に関する取り組みが行われている。

比較的財政状況が良好とされている健康保険組合も2008年度以降赤字が続いており，2014年度は全組合の8割が赤字であった（健康保険組合連合会，2014）。健康保険組合連合会は，財政赤字の最大の原因として，保険財政の支出の4割を占める後期高齢者医療制度に対する支援金の急激な増加をあげており，この傾向が続けば解散に追い込まれる組合が続出すると警告している。実際，組合数は減少傾向にある（2007年，1518→2014年，1410）。健康保険組合は，被保険者にかかる医療費を抑制すべく，保健予防対策の実施，後発医薬品への切り替え，医療費の通知等，医療費適正化に関する取り組みを強化している。

保険財政の悪化は，医療費適正化政策が必要であるとする根拠の1つである。なお，この保険財政の悪化が医療費適正化の最大の理由ではないのは，保険料を上げればよいという単純な反論があるからである。実際，事業主の保険料負担は諸外国に比べ少ないという主張がなされることもある。しかし，経営者からみれば，保険料の増加は雇用負担の増加を意味するため，基本的に保険料引き上げには強い反対を示すことが多い。

③社会保障の経済成長に対する悪影響

医療費をはじめとする社会保障費の増大が，経済成長へ悪影響をもたらすことが懸念されてきた。国民負担率（租税と社会保障費の国民所得ないしGDPに対

図 2-3 国民負担率と経済成長率の関係

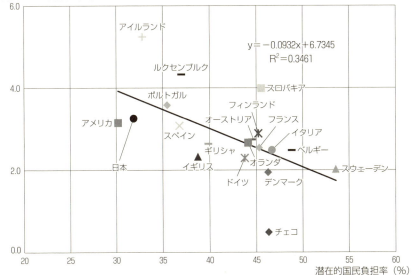

(注) OECD「National Accounts」により作成。1971年から2001年までの平均値。
(出所) 内閣府（2003）『経済財政白書（平成15年度版）』。

する比率）の上昇を抑制するという政策目標は，この考え方を具体化したものである。実際に，第2次臨調答申（1982年7月）や財政構造改革五原則（1997年3月），経済財政運営と改革の基本方針2003（いわゆる骨太の方針2003）では，具体的な政策目標として採用されている。それでは，国民負担率の上昇は経済成長に実際に悪影響を及ぼすのであろうか。

2003年度『経済財政白書』は，その第3章でOECD諸国における潜在的国民負担率[5]と経済成長の関係について分析し，潜在的国民負担率と実質GDP増加率の間に負の相関関係があることを指摘している（潜在的国民負担率が1％上昇すると，実質GDPの増加率が0.09％下がる。図2-3）。

さらに，翌年の2004年度『経済財政白書』では，多変量解析を用いて，1990〜2002年にかけて日本の競争力が43％低下した要因を分解し，その約8

---

5) 潜在的国民負担率とは，国民負担率（租税負担と社会保障負担を加えたものを国民所得で除したもの）に財政赤字負担率（財政赤字額を国民所得で除したもの）を加えたものを指す。

割は為替レートが円高になったこと，約2割は労働生産性上昇率が低下したこと，約2%は税や社会保険料の増加による影響であったと結論づけた[6]。税や社会保険料が国際競争力に負の影響を与えるものの，その影響力は小さいことを明らかにしたことになる。

　最近の研究では，篠原（2013）が，OECD 30カ国の1970〜2008年のパネルデータを用いて，1人当たり実質経済成長率に潜在的国民負担率が安定的に負の影響を与えていることを確認し，特に潜在的国民負担率が30%を超えている場合に経済成長が阻害されると結論づけている。ただし，歳出構成の違いが経済成長率に与える影響は大きく，特に政府消費，政府投資シェアの上昇は経済成長率に対して負の影響を与える一方，社会保障支出シェアの上昇は正の影響を与えていることを明らかにしている。

　次に，国民負担率が経済成長に与える影響に懐疑的な研究もある[7]。岩本（2006）は，国民負担率が経済成長に与える影響について，2つの観点から注意が必要だと指摘をしている。指摘の第1は，国民負担率が経済成長に悪影響を及ぼすのではなく，経済成長が国民負担率に影響を与えているという逆の因果関係が存在している可能性があることであり，第2は高齢化（労働人口の減少）などの第3の変数が国民負担率と経済成長に影響を与えているために，両者に見せかけの相関が生じているという可能性があることである。

　さらに，社会保障は経済成長にむしろ貢献していることを示す調査研究もある。医療分野は人件費比率が非常に高く（50%程度ある），一部の医薬品や医療機器を除いて，高度な技術を使うわけではないので，医療分野への投資は非効率であるという批判がある。これに対しては，医療経済研究機構が定期的に行っている産業連関に基づく分析が参考になる。直近の2010年の報告書（医療

6）　もう少し詳しく言えば，この2004年度『経済財政白書』では，国際競争力を付加価値当たりの労働コストであるとみなして，これを指数化した「国際競争力指数」を計算している。この「国際競争力指数」を被説明変数にとり，説明変数として労働生産性，1人当たり雇用者報酬（手取り分），税・保険料のくさび（個人所得税と社会保険料負担の実額），名目実効為替レートを入れて，分析を行っている。その結果，名目実効為替レート（偏回帰係数，0.96），1人当たり雇用者報酬（0.4），税・保険料のくさび（0.02）の順に，国際競争力に対して負の影響を与えるとしている。競争力低下の原因分析は，この結果に基づいている。

7）　本文で紹介した岩本（2006）の他に，懐疑的な研究としては宮島（1992）や佐藤（2006）がある。

経済研究機構，2010）によれば，医療・介護・福祉関連部門の拡大総波及係数[8]は 4.218〜4.830 であり，これは全産業平均の 4.149，サービス産業部門の 4.172，公共事業部門の 4.154 よりも大きい。また，100 万円の需要の増加によって生まれる雇用者数を表す雇用誘発係数をみると，医療・介護・福祉関連部門のそれは 0.109〜0.264 で，全産業平均と公共事業部門の 0.097 よりも大きい。社会保障分野への投資が，経済成長を促進するうえでの大きな足かせとは言えないであろう。現在では，むしろ医療は成長分野の 1 つとして位置づけられていることは周知のとおりである。

　紹介した研究結果をもとに類推すれば，公費や保険料を引き上げて医療の財源を確保した場合，経済成長に対する負の影響はあったとしても軽微にとどまると推察できる。もちろん，財政赤字に端を発する財政破綻が生じた場合はこの限りではない。基本的には，財政破綻を招かない方法での医療費負担増を考えるべきであろう。

④国民の財政負担の上昇と給付レベルの低下に対する忌避

　国民医療費の約 4 割は公費で賄われており，その原資として国債に頼っている部分がある。極論を言えば，国民が現在の公的医療保険の給付範囲の医療に必要な財源のすべてを，現在生きている国民の保険料や税金で賄うことに合意すれば，医療費適正化政策はそもそも必要ないかもしれない。または，現在の保険料負担や税負担に見合うように給付レベルを低下させることに了解すれば，やはり医療費適正化政策は不要になるだろう。現実には税金や保険料を引き上げることにも，給付レベルを下げることに対しても，国民の合意を得ることは困難が予想される。

　具体的に税金を引き上げることを想定してみよう。法人税は，国際競争力の観点から引き下げることが求められており，引き上げるどころか引き下げる方向で議論が進んでいる。所得税は，野党を中心に貧富の格差の縮小を念頭に，

8）　部門内の中間投入を通じた生産波及に加え，働く人々の所得増・消費増を通じた生産波及を踏まえた経済効果を示す。この分析の基礎となっている宮澤モデルでは，時間の観念がなく，無限に相互に影響が波及するという前提に立っているので，1 兆円投資すれば翌年にでも 4 兆円の経済効果をもたらすという意味ではない。なお，データは 2005 年のものである。

最高税率を引き上げることが求められているが，高所得者の海外流出を懸念する声もあり，簡単には引き上げられない（2015年分からは所得税の最高税率が40％から45％に引き上げられた）。もちろん，低所得者も含めた所得税全体の引き上げを主張する政党はなく，財務省も広く薄く課税ベースの拡大を図ることを主張している。

　消費税については，社会保障の基幹財源として引き上げの必要性がたびたび指摘されるものの，景気動向との兼ね合いから消費税率の引き上げを実施することは相当な政治的困難を伴ってきた。その意味で，民主党の野田佳彦政権が3党合意に持ち込み，消費税を10％に引き上げることへの道筋をつけたことは画期的であったと言える。医療費の財源でしばしば取り上げられるたばこ税の国の税収は，約1兆円（2015年度。財務省，2015a）であり，引き上げたとしても十分な財源にはならない。相続税は，2015（平成27）年度予算で約1.7兆円であり，課税件数割合（年間の死亡者数に占める課税件数の割合）は4.3％（2013年度）である。2015年1月1日から相続税の基礎控除は引き下げられ，相続税の税率も引き上げられた。課税対象件数や税率からみれば，たばこ税よりも期待できる部分があるが，それでも十分な財源とは言えない。

　一方の保険料の引き上げについては，政治的な合意プロセスの必要性が低く，各保険者の判断で行うことができるため，税金に比較すれば容易である。しかし，市町村国保や後期高齢者医療制度の財源の半分以上は税金であり，保険料を引き上げたとしても，保険財政の全体が改善されるわけではない。保険財政でみれば，給付と負担が不均衡の状態であり，不均衡部分を将来世代へ先送りし，赤字国債の発行で賄っている状況である。

　社会保障制度改革国民会議は，その報告書で，「自助・共助・公助の最適な組合せ」を提案している[9]。しかし，給付に見合うように自助，共助，公助を引き上げることは相当な困難が予想され，逆に負担に見合う給付に削減することにも大きな反発があるだろう。医療費適正化が求められる背景には，国民の財政負担の上昇と給付水準の低下に対する忌避があると言える。

9）　ここで言う共助は社会保険のことを，公助は税金による公的扶助を意味し，自助・共助を補完することが公助の位置づけとされている。「社会保障制度改革国民会議報告書」（2013年8月6日）。

⑤**医療の効率化と不適切な利用の弊害**

　厳しい国家財政，医療保険財政を背景に，医療の効率化や不適切な医療機関受診の抑制，あるいは適切な負担について，改善を求める声は大きい。

　長年，医療の効率化の対象として指摘されてきたのは，国際的にみても著しく長い平均在院日数である。OECD の Health Data（2015）によれば，全疾患の平均在院日数（2013 年）は，OECD の平均は 7.3 日だが，日本は 17.2 日である。この背景には，日本の医療提供体制において，急性期と慢性期，回復期等の機能分化が十分進んでいないことや，漫然入院や社会的入院の存在がある。長いとされる日本の平均在院日数であるが，2000 年の平均在院日数は 24.8 日であり，この 13 年間で 7.6 短縮している。2006 年の医療制度改革で導入された医療費適正化計画では，平均在院日数の短縮化に関する数値目標が導入された。また，診療報酬改定においても平均在院日数の短縮化を組み込んだ項目が多い。そのせいもあってか，診断群分類別包括評価[10]（DPC）対象病院（2013 年）の平均在院日数は 12.66～13.99 日であり，急性期の病院においては，在院日数が相当短縮されている（中医協第 169 回「診療報酬基本問題小委員会」）。近年は，一般的な平均在院日数というよりも，精神疾患の患者の平均在院日数が問題視されている。各国により定義が異なるが，日本の精神科病院の平均在院日数は 292 日（2012 年）と，OECD 諸国の中では突出して長い（1998 年には 496 日であったことを考えると，こちらも大幅に短縮している）。

　最近では，医療の効率化の対象として，医療費の地域差の大きさや過剰病床を指摘する声が大きくなっている。厚生労働省によれば，都道府県で比較した場合，2012 年のデータでは，市町村国保で 1.32 倍，後期高齢者医療制度で 1.53 倍，1 人当たりの医療費（人口構成は調整済み）に地域差があるとしている（厚生労働省保険局，2014a）。また，社会保障制度改革推進本部では，入院受療率を現時点で最小の県の水準まで全国的に低下させることができれば，2025 年の必要病床数は 115 万～119 万床となり，現在の 134.7 万床よりも 20 万床程度削減することができるとしている（松田，2015）。こうしたことを踏まえ，財務省財政制度等審議会（2014a）や一部の識者（NIRA，2015），経済財政諮問会

10）　診断群分類別評価とは，約 4000 の DPC（Diagnosis Procedure Combination；診断群分類）に基づいて入院患者を分類し，予め定まった入院 1 日当たりの金額を支払う制度である。2014 年現在，一般病床の約 55% に当たる病院がこの支払方法の届出をしている。

議（2015）は，医療費や受療率，病床数等の地域差について「見える化」を行い，適切な提供体制の変換と病床再編を行うことを提唱している。

不適切な医療機関の受診の代表例は，①受診の必要性が小さいにもかかわらず何度も医療機関に受診する多受診，②同じ疾患で複数医療機関を受診する重複受診（セカンドオピニオンを除く），③緊急性が低いにもかかわらず夜間外来や救急外来を利用する受診，④近くの診療所や病院を受診せず，大学病院やがんセンター等の高度医療機関へ直接受診することなどである。

日本では，国民が受診する医療機関を自由に選択できるフリーアクセスが認められている。フリーアクセスは，診療所といった1次医療機関から大学病院等の3次医療機関まで，自由に選択できる「垂直的フリーアクセス」と，同じ次元の医療機関の中で任意に受診できる医療機関を選択できる「水平的フリーアクセス」がある。OECD Health Data（2015）によれば，1年間の医療機関への受診日数は，OECD平均が6.7日に対し日本は12.9日と，韓国の14.6日に次いで多受診の国である。

上記の受診行動上の問題は，最初にどういった医療が必要になるかを判断する「ゲートキーパーとしてのかかりつけ医」[11]がシステム上存在していないことが原因である。この意味の「かかりつけ医」にかかることが前提となれば，重複受診や夜間・救急外来の受診，高度医療機関への直接受診は大幅に減る可能性が高い。長らくかかりつけ医の必要性については指摘されてきたが，フリーアクセスを全面的に認めてきた日本の経緯もあり，ゲートキーパーとしてのかかりつけ医は広まってはいない。

保険診療にかかる費用の負担の適正化についても指摘する声は大きい。たとえば，後発医薬品（ジェネリック医薬品）の普及，入院時の食事費や調理費，光熱費などの負担の見直し，高齢者を中心とした多剤処方，飲み残された多くの残薬，薬局などで販売可能な一般用医薬品と同一の有効成分を含んでいる医療用医薬品（たとえば，ビタミン剤や湿布薬等）の扱いなどである。

2007年6月の閣議決定の政府目標では，2012年度までに後発医薬品の全医薬品に占める割合を30%に引き上げるとしていた。だが，目標は未達成とな

---

11) ここで言う「かかりつけ医」とは，プライマリ・ケア医療を提供するとともに，最初に患者から医療相談を持ちかけられ適切な医療を受けられるよう道筋をつける医師である。日頃からよく受診している医師という意味だけではないことに注意が必要である。

り，厚生労働省は後発医薬品がある医薬品に対象を絞った新たな指標を用いて，2018年度までに60％に引き上げることを目標と掲げた（新指標では，2013年度現在46.9％）。しかし，財務省はこれまでの政策目標値に換算すると，以前のペースよりも下がること（従来の目標ペースでは68％になる），アメリカ，ドイツ，イギリス，フランスでは，後発医薬品がある医薬品に限った後発医薬品シェアは70％以上であることから，目標の再設定を行う必要を訴え，最終的には，2015年6月の閣議決定で，2017年央に70％以上，2018～2020年度末までのなるべく早い時期に80％以上とする目標になった。さらに，厚生労働省の後発医薬品の取り組みは不十分であるとし，後期高齢者支援金の加減算制度に後発医薬品の使用割合を反映させること，後発医薬品と先発品との差額分は患者負担とする参照価格制度の導入，市販品類似医薬品の保険対象外とする取り組みの加速化も主張している。このような動きを受けて，第2次医療費適正化計画には後発医薬品の使用促進が目標に入り，またDPC病院の評価項目（機能評価係数Ⅱ）にも取り入れられた。

　その他にも，入院時食事療養費の調理費，居住費の自己負担化，紹介状なしに200床以上の大病院に受診する者に対する定額自己負担化（選定療養）が定められた（2016年4月から）。受診時定額負担・保険免責制の導入も求めている。

　また，財務省は保険財政の負担の公平化についてもさまざまな提案を行っている。具体的には，70歳以上の高齢者の自己負担割合の引き上げ，後期高齢者の低所得者や元被扶養者の保険料軽減補助の引き下げ，前期高齢者医療納付金の総報酬割の導入，後期高齢者医療制度に関する支援金の全面的総報酬割の導入，市町村国保と被用者保険制度の保険料上限額の引き上げ，国保組合への国庫負担割合の見直しなどである。

予防政策の重視 ── 医療費適正化計画

　医療費適正化と表裏一体の問題として，予防政策と医療費適正化計画について簡単に述べておこう。医療は，患者の傷病を治療することを目的とするが，そもそも病気やけがをしないようにすれば，国民の健康は増進され，結果として医療費を抑制することができるはずである。国民の健康増進を第一と考える厚生労働省としては，この政策が最も望ましい。予防政策の重視は日本の医療政策の特長の1つでもあり，古くは国民健康保険の創立理念に謳われ，老人医

療費の無料化に終止符を打った老人保健制度も予防重視を謳っていた。

　近年では 2008 年に「医療費適正化計画」が導入された際には，国民医療費の 3 分の 1 を生活習慣病が占めることが指摘され，特定健康診査と特定保健指導を行うことで，国民の生活習慣病患者数の発生と重度化を抑制することが政策目標とされた。この特定健康診査・特定保健指導の根幹の概念は，現状分析・目標設定，介入，分析・評価の 3 つの要素を中心とするアメリカ型疾病管理にあり，経済財政諮問会議の主張であった医療費伸び率管理，免責制導入に対する対案として出された経緯がある（坂巻，2005）。

　現在，各都道府県は 5 年ごとに「医療費適正化計画」を作成し実行しているが，その計画の基本理念にも，医療費を削減，抑制すること自体は明示されておらず，「住民の生活の質の維持・向上」，「超高齢社会への対応」，「政策目標及び施策の達成状況等の適切な評価」の 3 点が掲げられている。

　具体的には，国および都道府県が策定する医療費適正化計画（第 1 期は 2008 〜2012 年度）の中で，「住民の健康の保持の推進に関する目標」として，特定健康診査の受診率（70%），特定保健指導の実施率（45%），メタボリックシンドロームの該当者および予備軍の減少（10%）が設定された（表 2-1）。

　最終年度にあたる 2012 年度の各目標値と比較すると，メタボリックシンドロームの該当者および予備軍の減少率は 12% となり，計画当初の目標を達成している。その一方で，特定健康診査の受診率が 46.2%，特定保健指導の実施率が 16.4% と，当初の目標値からみると大幅に下回っている。

　また，医療費全体に対する適正化効果についても厚生労働省は試算している。全体の医療費総額については，第 1 期医療費適正化計画の医療費見通しでは，2012 年度の医療費は 39.5 兆円（適正化前）→38.6 兆円（適正化後）と，差額 0.9 兆円を適正化効果として見込んでいた。実際の 2012 年度の医療費（実績）は 38.4 兆円であり，見通しよりもさらに 0.2 兆円下回った。また，生活習慣病対策による効果を算出している 44 都道府県の効果額を積み上げると約 250 億円であった。特定健診・保健指導の医療費適正化効果については，厚生労働省に設置された「特定健診・保健指導の医療費適正化効果等の検証のためのワーキンググループ」が検証し，その効果を確かめている（第 6 章）。

　この結果を受けて，第 2 期医療費適正化計画（2013〜2017 年度）は，政策目標の設定方法や内容について変更が加えられた（表 2-2）。まず，都道府県医療

第2章　医療費適正化の根拠と意味内容　　31

表2-1　第1期医療費適正化計画の評価

	2008年度	2012年度	政策目標
特定健康診査の受診率	38.9%	46.2%	70%
特定保健指導の実施率	7.7%	16.4%	45%
メタボリックシンドロームの該当者および予備軍の減少率	0%	12.0%	10%
医療費の見通し（政策目標ではなく，見通しであることに注意）		38.4兆円	39.5兆円⇒38.6兆円（▲0.9兆円）

（出所）　厚生労働省「第一期医療費適正化計画の実績に関する評価（実績評価）」，「高齢者の医療の確保に関する法律第8条第1項の規定に基づき定める計画」より作成。

表2-2　第1期医療費適正化計画と第2期医療費適正化計画の政策目標の比較

	第1期（2008〜2012年度）	第2期（2013〜2017年度）
特定健康診査の受診率	必須	任意（国は必須）
特定保健指導の実施率	必須	任意（国は必須）
メタボリックシンドロームの該当者および予備軍の減少率	必須	任意（国は必須）
たばこ対策に関する目標	―	必須
医療費の見通し（政策目標ではなく，見通しであることに注意）	任意	必須

（出所）　厚生労働省「高齢者の医療の確保に関する法律第8条第1項の規定に基づき定める計画」より作成。

費適正化計画の政策目標の記載事項として，「医療に要する費用の見通し」が必須となる一方で，それ以外の「特定健診・保健指導の実施目標」については，任意的記載事項となった。ただし，全国目標としては，特定健診の実施率70％，特定保健指導の実施率45％，メタボリックシンドローム該当者および予備軍の減少率25％（対2008年度比）は掲げられることになった。

　また，政策目標の項目についても見直しがなされた。新たな政策目標として，健康増進計画等との整合性の観点から，「住民の健康の保持の推進に関する目標」として，「たばこ対策に関する目標」が追加された[12]。

12)　ここでは，予防政策の観点から医療費適正化計画について記述したが，これらは「住民の健康の保持の推進に関する目標」の項目である。その他に，第1次医療費適正化計画では，平均在院日数の短縮に関する目標として，2006年度の全国平均32.3日を2012年度には29.8にするという具体的な数値目標が設定され，実績値は29.7日で目標が達成され

医療費適正化不要論を考える

　最後に，医療費の適正化自体が不要であるという立論は可能であろうか。思考実験としては，少なくとも以下の３つがあげられるであろう。

　第１は，権利としての医療・健康を求める立場である。ここでいう権利とは，医療を受ける権利，進んで健康を求める権利（健康請求権），さらに進んで健康であること自体が権利であるとする健康権をさす。権利，特に憲法上の人権として健康権を認めれば[13]，国民は国に対して作為請求権を持つことになり，その場合には，財政制約は問題にならず，むしろ権利実現のための財源の調達こそが議論の中心になる。

　問題は健康の定義である。健康を単に疾病からの回復と捉えれば，健康回復のための医療と生命保持のための医療とは近いところに位置づけられ，国家からの侵害排除権，第三者による健康侵害（たとえば，受動喫煙）に対する保護請求権までは，少なくとも認められるかもしれない。しかし，「健康」は通常，単なる疾病がない状態ではなく，身体・精神の完全性をもって定義されている。たとえば，世界保健機関（WHO）憲章は，「健康とは身体的・精神的・霊的・社会的に完全に良好な動的状態であり，単に病気あるいは虚弱ではないことではない」と明確に規定する（1999年の改正後の規定）。

　このような意味の健康を実現するための作為請求権として健康権を捉えると，極端に言えば，自分の気分がすぐれないのなら，国は何とかする義務がある（権利の裏返し）ということになり，財政制約は問題にならず，どんなに費用がかかっても実現すべきものになる。この立場では，医療費適正化自体が不要な概念となるか，そうでなくとも適正化の意味は不効率や不正請求の排除に限定されることになろう。後述するように，本書は医療保障の目的（理念）自体が医療費に対する財政規律の導入を要請していると考えるので，健康権を認める

　た。第２次医療費適正化計画では，「医療の効率的な推進に関する目標」として，医療機能の強化・連携などを通じた平均在院日数の短縮に関する目標と，後発医薬品の使用促進に関する目標が設定されている。

13）　井上（1991）は，国際人権規約にある健康権の規定内容，およびこの条約を日本国が批准していることを主たる根拠に，健康権が憲法の前文，第13条，第25条によって保障されているとする一方で，健康概念の抽象的性格は否定できず，立法，行政に一定の裁量の幅を認めざるをえないとする（84〜86，93頁）。詳しくは，印南ほか（2011）を参照されたい。

考えとは相いれないことになる。

　第2は，国際比較論である。つまり，どの程度の医療費水準が適切かということに関しては，絶対的な基準は存在しないので，われわれにできることはせいぜい似たような状況にある先進諸国の動向を参考にし，他国との比較で日本の医療費が多いか少ないかを論じるという方法である。この点に関しては，経済開発協力機構（OECD）が定義した国際的な保健医療支出推計の枠組みである「国民保健計算の体系（SHA）」に基づいて，毎年，医療経済研究機構が算出している推計値が参考になる。この推計の細かい問題点をあげればキリがないが，他に信頼すべき数値はないので，頻繁に引用されている。この場合の推計値は，経常個人保健医療支出（Current Personal Health Care Expenditure）のGDP に対する比率を用いる。OECD 諸国と言っても現在では34 カ国もあるので，G7 に該当する国のみを参照し，その中で，たとえば主要先進諸国の中では，日本はイギリスに次いで，この比率が最低水準にあるので，そもそも医療費適正化よりも医療費増加が必要であるといった議論がなされる。このような国際比較は，1 つの目安にはなる。しかし，対 GDP 比で経常個人保健医療支出を捉える指標は，医療費が増加しなくとも，GDP が減少すれば，支出水準が上昇してしまう。つまり，医療費の増減と無関係に GDP によって，医療費支出の水準の評価が変わってしまうため，根拠として用いるには適切ではない。

　ちなみに，現在の定義では，日本の対 GDP 比率は，先進諸国中第8 位である。近々新しい定義が用いられることになるが，この定義では介護費のかなりの部分が含まれるため，日本の総保健医療支出（介護を含む）は 50 兆円を超え，対 GDP 比で先進諸国中第3 位になる。このように国際比較論は，医療費の抑制にも増加にも，その時々の状況によって政治的に利用される「不安定な議論」であると言えよう。

　第3は，小さな政府や市場原理主義に基づく考えである。つまり，医療分野でも他分野同様なるべく政府の介入を減らし，市場機能を活用すれば，おのずと効率的な均衡価格が成立するので，とりたてて人為的な医療費適正化政策を行う必要はないということになろうか。公定価格である診療報酬点数表や薬価基準は廃止して，自由価格に任せればよいということになる。ただ，このような考えが実際に主張されることは滅多にない。医療分野には，情報の非対称性がある（消費者である患者ではなく，供給者である医師に医療サービスに関する圧倒的

34 第1部 医療費適正化の根拠と意味を考える

な情報がある）ため，患者は医師と対等な価格交渉力がなく，市場機能が本来
の機能を発揮しない（市場の失敗）ということが，基礎知識として広く普及し
ているからである。

　もし，診療報酬を自由化すれば，アメリカのように，おそらく医療機関や地
域によって同じ医療行為でも大きな価格差が生まれ，医療を受けられない患者
が出てくる可能性が大きい。国民全体の医療に対するアクセスを重視する医療
政策としては採用することはできないだろう。

　なお，市場機能を重視する論者は，医療分野においては規制が多すぎて，こ
れが既得権益の保護や創造的イノベーションの阻害につながっていると思って
いる節があるが，実は，むしろ規制が不足しているために，問題が解決できな
いのではないかと思われるような部分もある。その代表的なものは自由開業医
制である。医師は，施設基準さえ満たせば，どこででも自由に開業でき，しか
も診療科も自由に標榜できる。医療法や都市計画法による病床規制はあるが，
無床診療所は対象になっていない。しかも，保険医は登録制ではなく地域ごと
の定員もない。医師免許に定年もない。つまり，医師は国家資格を一度取れば，
いつでもどこでも開業でき，診療科を自由に標榜でき，いつまでも働ける制度
になっているのである。2006年前後に問題になった，いわゆる「医療崩壊」
の内容の1つは，勤務医の疲弊，診療科・地域による医師偏在・医師不足であ
るが，その根本的原因はこの自由開業医制にある。

　CT，MRI，PETといった高度診断機器も，欧米には規制があるが日本には
なく自由に購入できる。また，これらの機器の値段に国は介入しておらず，市
場原理に委ねている。医薬品や医療材料の価格も，メーカー・輸入業者，卸，
医療機関（調剤薬局・病院等）の間では自由取引である。

　最近では，新医師臨床研修制度によって，研修先の医療機関を自由に選べる
ようになり，一部の医薬品についてはインターネットを通じた販売も認められ
るようになった。また，マンパワーの養成については，競争政策という観点か
ら，この市場原理主義に近い主張がなされ，実際に政策として実行されている
ものもある。柔道整復師[14]の養成学校に関する厚生労働省の行政指導の撤廃

---

14)　柔道整復師は，柔道整復師法が定める国家資格である。医師の指示なしに急性外傷の
　　施術・応急処置が行えることになっており，その急性外傷に対するアフターケアとしての
　　「手技療法」を行うことも認められている。実際には，肩こり・腰痛等の慢性疾患に対す

第2章 医療費適正化の根拠と意味内容　35

をもたらした福岡地裁の判決は好例であろう。さらに，前述のように患者が自由に受診する医療機関を選択できるフリーアクセスも認められている

　こういった市場機能を活用した政策は，うまく機能している部分もあるが，弊害もある。端的な例は，臨床研修病院として人気のない医療機関や地域には医師が集まらず，医師の地域偏在が進んだことである。インターネットを通じた医薬品の販売では，不適切な利用により被害を受ける患者もこれから出てくる可能性がある。医療保障の観点からは，公平性や安全性が重要な政策目標であるため，市場機能を活用する際にも慎重にならざるをえない部分がある。柔道整復師等のマンパワーの増加は，社会保険制度のもとでは，競争原理による効率性の達成よりは，需要の掘り起こしと医療費の膨張を招く。毎年，養成学校を卒業した柔道整復師があらたに大学や駅周辺に開業し，患者を集め，保険請求するからである。医療分野における市場原理主義の導入は，制度全体の効率性の観点からみて，むしろ問題があることも多い。

2　関係者の間の相違点

　ここまで医療費適正化の必要性について考察してきたが，今一度，医療費適正化とは何かを考えてみたい。

　医療費には，多くの関係者が関心を持っており，関係者によって「医療費適正化」の目的，意味内容が異なるように思われる。仮に，「医療費適正化とは何か」と問えば，医療費の削減，医療費の伸び率の抑制，保健予防の徹底，医療提供体制の効率化，病床削減，保険給付範囲の見直し，自己負担の引き上げ等，さまざまな答えが返ってくるだろう。

　医療費適正化が多義的な意味や政策で使用されるのは，それぞれの関係者が持つ関心領域や利害が異なっていることに起因すると思われる。そこで，多くの関係者が合意するであろう医療費適正化の内容についてまとめ，その後，各関係者の立場を紹介しながら，合意しがたい医療費適正化政策についてみてみよう。

　るマッサージと区別がつかないことが多く，保険適用については問題点が多く指摘されている。

36　第1部　医療費適正化の根拠と意味を考える

医療費適正化とは何か──各関係者の一致する点

　実は，「医療費適正化」が「医療費総額の削減」とイコールではないということは，多くの関係者で一致していると思われる。医療費適正化を医療費抑制と考える向きもあるので，意外と思われるかもしれないが，ほとんどの論者は伸び率を問題にしているのであって，総額ではない[15]。今後も急速に高齢化や医療技術の進歩が進むことを考えれば，医療を含む社会保障費の増加自体は避けられない。そうであれば，予想以上の人口減少でも起きない限り，医療費総額が減少したり，あるいはそれを人為的に削減したりすることは不可能であると多くの論者は考えている。

　そこから導き出される次の一致点は，「医療費総額の増加を抑制することの『必要性』」である。医療にかけられる財源は無尽蔵ではなく，国民の負担が過大とならないようにすることの「必要性」については，多くの関係者が認めるところであろう。そのためには，生活習慣病の発症・重度化を予防すること，不適切な利用（多受診や重複受診）を控えること，医師と患者の合意の範囲内で後発医薬品の使用を促進すること，医療提供体制の機能分化と連携を推進し，IT を活用しながら医療提供体制の効率化を推進することについても，大筋において関係者が一致していると思われる。

　では，何が関係者によって意見が異なるのだろうか。それは，「医療費総額の増加を抑制する」ことを直接的な目標として位置づけるか否かということと（これは伸び率の管理につながる），その場合の「医療費総額の内容」である。これは，関係者の関心領域が異なることに起因している。

各関係者の立場と合意できない点

　医療費と一言で言うが，正確には，公的医療保険の給付対象である国民医療費のことであり，公的医療保険の給付範囲外である自由診療（たとえば美容整形に係る費用や交通事故に伴う医療費）は，議論の対象外となっている。この国民医療費は，負担面からみると患者自己負担と給付部分に分かれ，さらに給付部分は保険料負担と公費負担部分に分かれる。

15）　現在までに最も厳しい考え方は，2001 年に財政制度等審議会によって打ち出された「緩やかな総額管理」である。

財 務 省

　財務省は，財政健全化を目標としているため，公費部分の増加抑制が主な関心領域である。また，広く国民から集めた税金で賄っているため，公費負担の使途にも重大な関心がある。正確性を欠いていることは重々承知のうえ，わかりやすさを優先して簡便的に表現すれば，財務省の言う「医療費適正化」とは，「国民医療費に占める公費負担部分の増加抑制と給付範囲の見直し」である。したがって，財務省にとっては，公費負担を含めた国民医療費であったとしても，その「増加抑制と見直し」自体が医療費適正化の「目的」であり「内容」となる[16]。そのように考えると財務省の主張は理解しやすい。

　まず，「公費負担部分の増加抑制」が目的であるのだから，公費負担部分の伸び，つまり一般会計における社会保障関係費に上限を設けるべきという主張は当然である。実効性を持たせるために，国や都道府県が策定する医療費適正化計画の「目標」として，「医療費総額」を設定するよう要求するのも理解できる。また，公費に関心があるのであるから，それ以外の「患者自己負担」や「保険料」で賄う部分が大きくなる政策（たとえば，自己負担の引き上げや高額療養費の自己負担の引き上げ等）を主張することにも合点がいく。さらに，広く国民から徴収した税金であるため，保険料と公費の役割の違いを明確化し，公費で支援する対象を限定すること，医療費に大きな地域差があるのであればそれを是正すること，保険給付範囲や水準の見直しを求めることは，財務省の立場からみれば正当な主張と思われる。

厚生労働省

　一方，国民の健康を保持推進する立場にある厚生労働省は，「医療費の増加抑制」は，医療政策の「結果」であり，今後持続可能な医療政策を行ううえでの「制約条件」であっても，「目的」ではないと判断していると思われる。また，医療費の範囲も「国民医療費」全体としており，公費部分について特に言及していない。つまり，厚生労働省からみた「医療費適正化」とは，「予防政策と医療提供体制の効率化を柱とした国民医療費の伸びの抑制政策」と言える。

---

16)　実際，財務省は，医療費を含む社会保障関係費（国の一般会計予算）の伸びを，「高齢化による伸び」相当の範囲内にすることを求めている（財政制度審議会「財政健全化計画等に関する建議〔平成 27 年 6 月 1 日〕」）。

38　第1部　医療費適正化の根拠と意味を考える

表2-3　医療費適正化の目標と内容に対する関係者の立場の比較

関係者の一致点	関係者の不一致点
「医療費適正化」≠「医療費総額の削減」	医療費増加を抑制することの位置づけ ・財務省：医療費適正化の「目的」かつ「内容」 ・厚生労働省：医療保障の「結果」であり，「制約条件」
医療費増加を抑制することの「必要性」	医療費増加を抑制する場合の「医療費の内容」 ・財務省：公費負担部分の増加抑制 ・厚生労働省：国民医療費全体
下記の政策を推進すること ● 「生活習慣病の予防政策の推進」 ● 「不適切な医療機関の受診を控えること」 ● 「後発医薬品の利用促進」 ● 「医療提供体制の機能分化と連携の推進」 ● 「IT の活用による効率化の徹底」	関係者によって賛否が分かれる政策 ● 給付範囲と水準の見直し 　・市販品類似医薬品の除外 　・受診時定額負担 　・参照薬価制度 ● 負担能力に応じた負担の見直し 　・自己負担の引き上げ 　・総報酬制の全面導入 　・高額療養費の引き上げ ● 医療費の見直し 　・医療費の見通しの政策目標化

　実際，参議院の答弁において，「生活習慣病対策による国民の健康の保持及び医療の効率的な提供の推進により，医療費の伸びの適正化を図ることを意味する」と明言している（内閣参質175第1号，2008年）。

　その立場から言えば，財務省の主張する政策には，合意しがたい部分があるのは当然であろう。まず，医療費は医療保障の結果であるから，節約すること（あるいはその必要性）には合意できたとしても，目標値として管理すること自体に抵抗があることは当然である[17]。これは厚生労働省の存在意義，厚生労働省としての政策目標の優先順位に関わる重大な問題と言える。また，仮に目標値を掲げたとしても，医療計画を策定する各都道府県には，実行できる権限が限られているため，政策目標の実現可能性に乏しい。もし，医療費総額の増加を徹底的に管理したいのであれば，厚生労働省が，毎年の決められた予算範囲に収まるよう，診療報酬の1点単価を連動させることである[18]。しかし，これは厚生労働省の政策というよりも，財務省の意見を全面的に採用した内閣全体

---

17)　もっとも，小泉内閣時代に厚生労働省は伸び率管理制度を提案している。

の政策と言える。

　自己負担の引き上げや受診時定額負担制は，低所得者を中心に患者の受診抑制につながりかねないため，賛同しがたい部分があるだろう。市販品類似医薬品の除外や参照薬価制度は，診療行為に関わる内容であるため，財政だけの観点から賛成するのには慎重になるはずである。医療保障を提供する観点から総合的に検討することになる。混合診療の全面的解禁や医薬品のインターネットを通じた販売に，厚生労働省が慎重になるのは，財政だけでなく，国民の健康や医療の安全性まで政策の視野に入れているためである。医療へのアクセスは重視すべき政策目標だが，アクセスの向上と引き換えに国民の健康被害を引き起こしたならば，厚生労働省の存在意義が問われることになる。厚生労働省は，あくまで医療保障の観点から総合的に政策を検討する組織だからである。

保 険 者

　保険者は，被保険者に対する医療給付と保険財政に関心がある。その意味では，公費だけでなく，国民医療費全般に関心があり，国民医療費全体の伸び率について常に注視している。また，後期高齢者医療制度への財政負担が重荷になっていることから，被保険者の給付や予防対策だけでなく，国民医療費全体の負担のあり方にも強い関心がある。さらに，実際に支払いをする立場としてみれば，各診療報酬が医療行為の正当な対価であるのか，不正な請求がなされていないかにも重大な関心があると言える。そのような立場からみれば，予防政策の推進やレセプト（診療報酬明細書）の電子化，IT を活用した医療機関の連携と情報共有，後発医薬品の促進等については，基本的に賛成の立場であろう。

　一方，受診時定額負担制については，被保険者の必要な受診が抑制される点は望ましくないが，保険財政の厳しさを考えてか反対はしていない。参照薬価制度や市販品類似医薬品については，保険財政の改善につながるため，賛成の方針と思われる。一方，高齢者の医療費に対する負担能力に応じた財源負担に

---

18)　実際には，国民医療費総額に深く関わる診療報酬改定の改定率については，政府・与党間で 2 年ごとに高度な政治交渉がなされ決定されている。実際の医療費の伸び率は，後述するように，この改定率よりもほとんど常に大きいが，この改定率の操作により，実質的に緩やかな医療費総額の管理がなされていると言ってよい。

ついては，保険団体によって立場が異なる。基本的に，給与水準が高い健康保険組合の負担が増加するため，健康保険団体連合会は反対しているが，協会けんぽや市町村国保は，高齢者の医療費に対する負担金が減る保険者が多いため，賛成している[19]。

医療提供者

医療提供者の関心が最も高いと思われるのは，行っている（提供したい）医療行為に，正当な診療報酬がつくのか否かと，いわゆるプロフェッショナル・フリーダムの維持であろう。もちろん，国民医療費全体の伸び率に関心もあるだろうが，個々の医療機関や医師にとってみれば，提供する医療行為や経営に直結する個別の診療報酬の動向に関心があると言える。医師会や病院団体，あるいは学会といった団体は，国民医療費全体のうち，団体が関係する医療行為の配分に関心があるかもしれない。

一人ひとりの医師は，開業医や病院長か勤務医かによって基本的な立場が異なるうえ，そこに専門とする診療科の性質が加わるので立場が複雑になる。開業医と中小病院の代表である日本医師会と，病院団体の間では意見の相違もある。診療行為の選択の幅を狭めるような後発医薬品の促進や参照薬価制度は，医師の診療の自由（薬剤選択の自由）や治療の安全性や有効性の観点から難色を示す医師も多いと思われる。医療機関の機能分化・役割分担や連携については，大筋では賛成だと思われるが，必要となる設備投資や時間，調整等を考えると，賛成しがたいと感じる医療機関や医師もいるだろう。受診時定額負担制については，患者の受診時抑制につながることを主な理由として医師会は明確に反対している（日本医師会，2011）。負担能力に応じた負担の見直しについては，自己負担や高額療養費等，患者の自己負担が引き上がることにより受診が抑制される可能性があるため，難色を示す関係者が多いと思われる。

---

19)　社会保障制度改革国民会議（2013 年 4 月 4 日）において，健康保険組合団体連合会は，「国庫補助削減分の肩代わりの手法ならば反対」とし，高齢者医療制度の公費拡充とセットで考えるべきと主張している。一方，全国健康保険協会は，総報酬制に賛意を示している。また，同じ社会保障制度改革国民会議（2013 年 2 月 28 日）では，全国市長会，全国町村会ともに，国保財政の窮状を訴え，「早急に医療保険制度の一本化」を求めている。

3 従来の議論に欠けている視点は何か

　厳しい国家財政，保険財政のもと，国民医療費総額の伸び率を抑制することの必要性については，多くの関係者が合意している。しかし，その具体的な政策になると，各関係者の関心領域とおかれた立場が異なることによって，賛否が分かれることをみてきた。

財政主導の医療費適正化政策

　では，これまでの議論の中で欠けている視点，問題点はないのだろうか。

　それは，一言で言うならば，「財政主導の医療費適正化政策の論議に終始している」ことだと思われる。医療費適正化の議論が盛り上がるときは，いずれも国家財政が危うくなったときと軌を一にしている。もちろん，国民が医療をはじめ社会保障にかけられる負担には限界がある。国家財政や保険財政が破綻したのでは，持続可能な医療保障とは言えない。財政の重要性，財政健全化の必要性については，疑問を呈する余地はない。

　しかし，財政主導の医療費適正化の議論には，次のような懸念がある。第1は，積極的に新たな財源を確保する動機が失われることである。もし，与えられた財源の枠内で議論を出発することが前提になれば，医療保障上重要な課題に対しても積極的に必要な財源を確保しようとする努力は生まれず，与えられた財源の配分にのみ終始してしまう可能性がある。その結果，新しい医療技術や社会環境の変化に応じて，必要な財源を確保することができなくなる。もし，厚生労働省が財源のやりくりだけに終始するのであれば，新しい医療技術や医薬品に対する保険適用，在宅医療や介護等，新しい医療技術や社会環境に対応した医療サービスに，診療報酬が十分につかず，医療の質の重要要素である医療技術の進歩やイノベーションを阻害する可能性がある。

　第2の問題点は，医療保障上の優先順位が考慮されず，重要な医療保障が削られてしまう可能性がある点である。もし，財政破綻が現実になれば，最も財政削減効果の大きい医療費から削られるだろう。単純に考えれば，1件当たりの医療費が大きい高額な医療（高価な薬剤や手術，あるいは恒常的に使われる医療等）か，もしくは1件当たり医療費は少なくても多くの患者が利用する医療（初診料や再診料，入院基本料等）の診療単価を引き下げるか，自己負担を引き上

げることが効果的である。しかし，高額な医療が必要となるのは，生命に直結する医療であることが多い。医療政策は，国民の生命を等しく守るためのものと考えれば，この部分の医療費を削ることは，医療政策の自己否定につながる。

　一方，単純に初診料，再診料を大幅に引き下げれば，不必要な投薬や検査，処置等を引き起こすことになり，これは医学上無駄なことだけでなく，患者にとっても不必要な身体的負荷をかけることにつながる。初診料，再診料，入院基本料の自己負担を引き上げれば，低所得者を中心に必要な受診抑制が生じるだろう。民間医療保険ではない，公的医療保険でこのようなことをすれば同じく，公的医療保険としての存在意義が問われることになる。さらに，国庫が投入されている国保と後期高齢者医療制度の国庫負担を単純に減らせば，非正規雇用者，年金生活者を直撃することになる。

　医療政策に限らず，公共政策は財政の帳尻合わせのために実施しているのではなく，それぞれの公共政策の目的と必要性に基づいて実施すべきであり，財政はその意味では制約条件であって，目的ではない。自己目的としての医療費適正化は行うべきではない。

　一方で，これまでの医療費適正化議論は，医療保障のあり方から議論して見直すというよりも，国の財政赤字や保険財政の悪化に呼応する立場から議論することが多かったと思われる。もちろん，医療保障のあり方がまったく考慮されなかったということではない。むしろ，財政に基づく議論に負けないよう，さまざまな観点から苦心されてきたというのが実態であろう。しかし，医療の内容に踏み込んだ「優先順位づけ＝理念に関する議論」をせず，医療費総額の増大を招けば，いずれ必要な医療の財源も確保できなくなる時代が到来する。

　国を中心に展開される医療政策は，国民の生命や健康を守り，支援するためのものである。財政状況が厳しいときだからこそ，国が保障すべき医療保障の姿を問い直し，一方ではその理念に基づいて積極的に財源を確保し（財源の確保と重点投資），他方では理念に基づき医療保障の範囲や負担のあり方も同時に見直し（給付範囲と負担の見直し），現在の医療保障を改善していくための議論をすることが重要である。もし，保険財政や国家財源の健全化を目的とする医療保障でよいならば，それは財政政策における医療財源論であり，医療保障の目的よりも財政合理主義が最も重視される原理になる。

　いま求められているのは，単に財政主導の医療費適正化政策に対処するため

だけの，対症療法的，防衛的，現状維持的な政策ではなく，医療保障のあるべき姿（理念）に基づいた原因療法的，積極的，改革型の医療費適正化政策の議論であり，財政主導の医療費適正化政策への確固たる対抗軸の確立ではないだろうか。

本書の立場——理念に基づく医療費政策

ここで，本書の立場を明確にしておきたい。一言で言うならば，財政主導ではなく医療保障のあり方（理念）に基づく医療費適正化政策を提案する。ここで言う医療費適正化政策は，従来の財政主導に基づく医療費総額の伸び率管理政策のことではない。詳しくは，第4部で説明するが，筆者らは前著，印南・堀・古城（2011）『生命と自由を守る医療政策』で提唱した理念に基づく医療費適正化政策を求めたい。医療を自律に基づく救命のための医療と自立を支援する医療に概念的に二分し，国が国民に対し平等に保障すべき救命医療に対しては，積極的に財源を確保し，重点的な投資が必要であることを訴えたい。その一方で，自立支援医療については，財政規律を明示的に導入し，給付範囲および給付率の見直しと負担の見直しも必要と考える。つまり，医療についてその目的に従った優先順位をつける議論を行う。

従来の医療費適正化政策との違いを再度強調すれば，医療保障のあり方から議論を始めるということ，財政は重要な制約条件ではあるが目的ではないこと，理念に基づき判断するため医療費総額に対しては中立的な立場であること（積極的財源確保もあれば，保障の見直しもありうる），があげられる。医療費適正化政策の一般的なイメージと異なるので，以降は理念に基づく「医療費政策」という言葉を使うことにする。

繰り返しになるが，本書で問いかけたいことは，医療保障の理念に基づき医療保障のあり方を見直すことの重要性である。理念なき医療費適正化政策は，財政政策であって，医療政策ではないというのが本書の立場である。

本書が主張する医療費政策の具体的な内容については，この後すぐに展開するのではなく，医療費自体の分析を行い，医療費の増加要因を突き止め，同時に既存の医療費適正化政策を評価してから行うことにする。医療費問題を考え，医療費適正化政策を論じるには，なぜ医療費が増え続けるのかという原因を明

確に知っておくことが必要不可欠と思われる。しかし，実は医療費増加の真の要因は釈然としていないのである。その理由は，多くの要因が医療費増加に関係していること，それらが相互に絡み合っていること，また地域性があることがあげられる。また，これまで採用された医療費適正化政策が，本当に医療費抑制効果をあげているのかも合わせて検証する必要があるだろう。

［古城隆雄・印南一路］

第2部

医療費の増加要因を分析する

Introduction

　第1部で述べたように，1981年の第2次臨時行政調査会の提言を機に，日本は医療費適正化時代に入った。これまで，さまざまな政策が議論され，実施されてきた。しかし，過去30数年間を振り返ってみると，医療費の伸びを国民所得の伸びの範囲内に収められたのは実は二度しかなく，それも数年間の期間にとどまっている。ここ数年，医療費は再び伸び続けており，2013年の国民医療費は40兆円を突破した。もはや医療費問題は，国全体の財政と絡む大きな問題として位置づけられている。

　なぜ医療費は増え続けるのであろうか。過去の政策はどの程度機能したのであろうか。今後，さらに医療費が増え続けるとしたら，どのような政策を打てばよいのであろうか。

　第2部と第3部では，これらの疑問に対して一定の回答を出したい。まずは，医療費の増加要因を分析しよう。分解アプローチによりどこが増えているのかを明らかにし，次いで，どうして増えるのかという要因アプローチに移行する。過去30年間の都道府県の国民健康保険医療費，老人医療費のデータを，パネルデータ分析と呼ばれる手法によって分析し，医療費増加の最大の要因が何なのかを突き止めよう。ここまでが第2部である。そして，第3部では，既存の医療費適正化政策を評価し，国保医療費，老人医療費の将来推計を行い，さらに分解アプローチと要因アプローチを統合して，重点対策地域と重点項目を

図 第2部と第3部の医療費分析の流れ

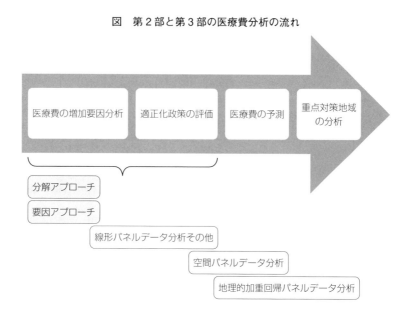

明らかにしたい。

　この第2部と第3部は，一般の読者には難しい部分があるかもしれない。細部にこだわらず，小見出しと結論を追っていただきたい（専門家は巻末の補論も参照されたい）。

第3章 医療費のどこが増えているのか

　医療費増加の原因分析の方法は大きく分けて2つある。1つは、医療費を性別や年齢、地域等によって分解し、医療費のどこの区分が、どの要素が増加しているのか、そのセグメントを明確にすることである。これを「分解アプローチ」と呼ぼう。もう1つは、医療費がどうして増加するのか、その社会的要因や政策的要因を、多変量解析（重回帰分析）のような統計モデルを用いて分析する方法である。これを「（社会的）要因アプローチ」と呼ぶことにする。具体的に言えば、国民医療費の増加の主因が1人当たり医療費の増加だと突き止めるのが分解アプローチであり、その1人当たり医療費がなぜ増加するのかを、人口の高齢化、病床数や平均在院日数、所得等の変数を同時投入して突き止めるのが要因アプローチである（図3-1）。分解アプローチは主として行政が、要

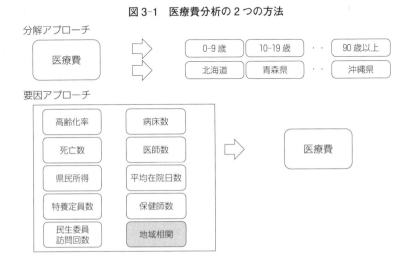

図3-1　医療費分析の2つの方法

48 第2部 医療費の増加要因を分析する

因アプローチは医療経済学を中心とするアカデミックスが好んで用いる傾向がある。もちろん，両者を融合することもできる。

本章では，まず分解アプローチを用いて，医療費のどの部分が増えているのかを明らかにしよう。

1 医療費総額を押し上げたのは誰か

国民医療費を分解して分析する方法はいろいろあるが，大まかに分けると2通りある。1つは，式1のように，はじめに年齢や地域，あるいは疾病区分などに分けてしまう方法である。もう1つは，式2のように，1人当たり医療費と人口の掛け算で表す方法である。

式1) 国民医療費 ＝ Σ（年齢区分別医療費），Σ（都道府県別医療費），
 Σ（疾病別医療費）
式2) 国民医療費 ＝ 1人当たり医療費 × 人口

この2つの方法の目的は異なる。式1は，医療費総額を押し上げている区分（誰か？）を明確にする場合に有用である。後で説明するように，やはり人数が多い区分（たとえば，高齢者や都市部）が，医療費総額を押し上げているということがわかる。ただし，人数自体は政策的には対応しがたい。そこで，政策的に対応可能な1人当たり医療費の医療費総額への寄与を明らかにする方法が式2となる。

名目ベースでみると1954〜2013年の59年間に，国民医療費総額は2152億円から40兆610億円へと約40兆円増加し（約186倍），1人当たり国民医療費は2400円から31万4700円へと約31万円増加した（約131倍）。国民医療費総額を押し上げた要因を，年齢，疾病，診療種類，都道府県の4つの観点からみることにする[1]。

---

1) 国民医療費には，そもそも都道府県別データがなく（健康保険組合や共済組合には地域別データがない），また疾病別医療費も大まかな分類（感染症および寄生虫症，悪性新生物，精神および行動の障害等）のみしか公開されていないので，詳しくは分析できない。ここではデータが揃いやすい1990年以降の医療費の内訳をみてみよう。比較の仕方によって年限はそれぞれ異なっているが，主因を明らかにするという目的には十分であろう。

第 3 章　医療費のどこが増えているのか　49

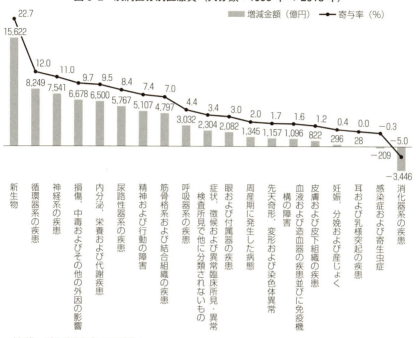

図3-2　疾病区分別医療費（大分類：1995年 ⇒ 2013年）

（出所）厚生労働省「国民医療費」。

　まず，年齢区分別にみると，1997〜2013年の間に国民医療費は約11.1兆円増加したが，最も増加したのは，75歳以上（後期）高齢者の約6.9兆円（寄与率61.6％）であり，次いで多いのは，65〜74歳（前期）高齢者の2.7兆円（24.6％）である。つまり，高齢者によって国民医療費増加分全体の86.2％である9.6兆円が押し上げられたことになる。

　次に疾病別にみてみよう。図3-2では，疾病の大きな分類と任意の特定の疾病についての医療費の内訳が示されている（ただし，国民医療費全般について疾病の内訳がわかっているのではなく，疾病がわかっている診療費に限定される）。最も増加したのは，（悪性）新生物（がんなど）で約1.6兆円（寄与率22.7％）であり，次いで循環器系の疾患（高血圧，心筋梗塞など）約0.8兆円（12.0％），神経系の疾患約0.75兆円（11.0％）あった。この期間に増加した疾病の内訳がわかっている診療費の増加額約6.9兆円（1995〜2013年）のうち，約3.1兆円（約45.7％）が，この3群によるものだった。特定疾病でみると（図表は省略），多い順から，

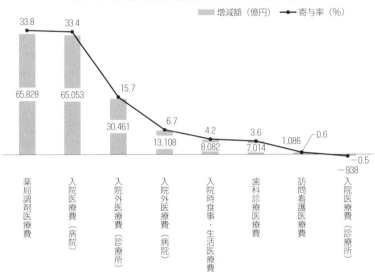

図 3-3 診療区分別医療費（1990 年 ⇒ 2013 年）

（出所）厚生労働省「国民医療費」。

悪性新生物（約 1.5 兆円，22.0％），糸球体疾患，腎尿細管間質性疾患および腎不全（約 0.58 兆円，8.4％），糖尿病（約 0.33 兆円，4.8％），高血圧性疾患（0.25 兆円，3.7％）となっており，昨今予防対策の必要性が指摘されている悪性新生物や生活習慣に起因する疾病が多いことがわかる。

診療区分でみると，どうであろうか（図 3-3）。1990～2013 年の間に国民医療費は約 19.5 兆円増加したが，増加額が大きいのは，薬局調剤医療費（約 6.6 兆円，寄与率 33.8％），入院医療費（病院）（約 6.5 兆円，同 33.4％），入院外医療費（診療所）（約 3.0 兆円，同 15.7％），入院外医療費（病院）（約 1.3 兆円，同 6.7％）であった（図 3-3）[2]。高齢者が増加しているため，入院医療費に注目が集まりがちだが，薬局調剤医療費が入院外によるものだと考えると，入院外医療費の方が押し上げ効果が高いことがわかる。入院外医療費と薬局調剤医療費を単純に合計すれば，約 10.9 兆円，寄与率にして 56.2％ に達する。

最後に都道府県別医療費をみてみよう（図 3-4）。期間は，1990～2011 年である。この間約 18.0 兆円増加したが，その内訳は多い順に，東京都（約 1.8 兆円，

---

2) なお，区分医療費の増加額と国民医療費の増加額は一致しない。

第3章 医療費のどこが増えているのか　51

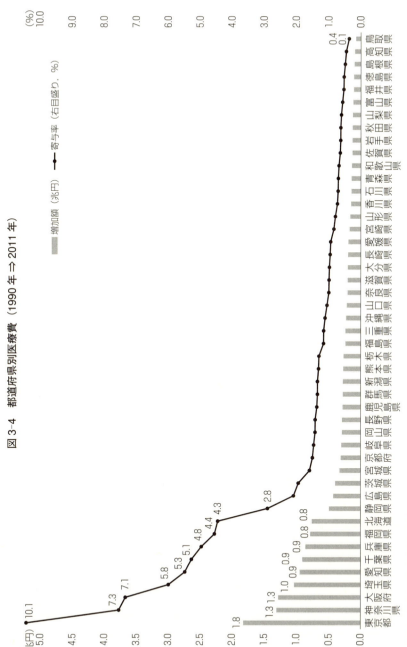

図3-4 都道府県別医療費（1990年⇒2011年）

(出所) 厚生労働省「国民医療費」。

52   第2部　医療費の増加要因を分析する

寄与率 10.1%），神奈川県（約 1.3 兆円，同 7.3%），大阪府（約 1.3 兆円，同 7.1%），
埼玉県（約 1.0 兆円，同 5.8%），愛知県（約 0.9 兆円，同 5.3%），千葉県（約 0.9 兆円，
同 5.1%），兵庫県（約 0.9 兆円，同 4.8%）であった。首都圏と大阪，愛知，兵庫
といった拠点都市の医療費増加分が，国民医療費を押し上げていることがわか
る。必ずしも，1 人当たり医療費が高い都道府県（たとえば，山口県，島根県，
香川県）とは一致しないことに注目したい。

　まとめると，1990 年以降の国民医療費を押し上げたのは，年齢では高齢者
（特に後期高齢者）であり，疾病区分でみると悪性新生物や糖尿病，腎不全，高
血圧等の疾患であり，診療区分でみると薬局調剤医療費と入院医療費（病院）
と入院外医療費（診療所）であり，都道府県でみると首都圏や大阪，愛知，兵
庫といった拠点都市であったということになる。もし，医療費総額を何として
でも抑制したいのであれば，大都市圏の高齢者の医療費を抑制することが重要
になる。

2　1 人当たり医療費を押し上げたのは何か

　国民医療費総額は，「1 人当たり医療費×人口」で分解できる（前述式 2）。
1985〜2012 年の間で国民医療費は約 23.3 兆円増加したが，1 人当たり医療費
による増加分は約 21.8 兆円（寄与率 93.9%），人口増減分による増加分は約 1.4
兆円（6.1%）であった。この時期の国民医療費の増加分の大半は，人口増では
なく 1 人当たり医療費の増加によるものだとわかる。

　1 人当たり医療費には，高齢化や診療報酬改定も影響を与える。厚生労働省
は，国民医療費の増加の要因を，診療報酬改定および薬価改定，人口増，人口
の高齢化，その他の 4 つの区分に分解して，毎年公表している。これを累積し
てみれば，4 つの区分のうち，何が最も国民医療費増加の原因であったかがわ
かるはずである（図 3-5）。

　4 つの区分のうち最も大きな要因は，人口の高齢化（正確には，すべての年齢
階級の人口構成の変化）で約 11.4 兆円（49.1%），次いで，その他が約 11.2 兆円
（48.2%）となり，この 2 つで増加要因をほぼ説明することができる（図 3-5）。
診療報酬改定および薬価改定による影響は▲約 0.7 兆円（▲2.8%）であり，人
口増減によるものは，約 1.0 兆円（4.5%）であった。期間を 2000 年から 2012

第3章 医療費のどこが増えているのか　53

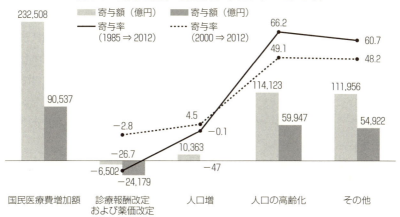

図3-5　国民医療費の要因分解（1985年 ⇒ 2012年）

（出所）厚生労働省「国民医療費」から算出。

年にしても，その傾向は変わらないが，総人口の減少を反映して人口増減による影響はほとんど皆無になる一方で，人口の高齢化とその他要因，診療報酬改定および薬価改定の影響が大きくなる。

まとめると，人口と1人当たり医療費を掛け合わせたものを医療費総額と考えると，その増加の主因は，1人当たり医療費の増加である。厚生労働省の説明で言えば，国民医療費の増加は，診療報酬改定および薬価改定，人口増，人口の高齢化，その他，の3つが影響しており，人口の高齢化とその他でほぼ説明がつくことになる。その他としては，医療の高度化が指摘されていることが多い。

しかし，患者の受診行動や医療機関の診療行動の変化も1人当たり医療費には影響している可能性が高い。1人当たり医療費は，一般的に受診率，1件当たり日数，1日当たり診療費（点数）という医療費の3要素に分けることができる。受診率は，被保険者1人当たりが月当たりいくつの医療機関に受診したかを示しており，1件当たり日数は，その医療機関に何日受診したか，1日当たり診療費は，1回の受診でどれくらい医療費が使われたかを表している。そう考えると，医療費の3要素は，患者の受診行動と医療機関の診療行動を合わせたものと考えることができる。この観点からすると，医療費の3要素を分析することが，次のステップとして重要であると言える。

54 　第2部　医療費の増加要因を分析する

　もう1つ，注意する必要があるのは，人口の高齢化の扱いである。医療費の増加は，人口の高齢化や人口増といった，政策的に対応が難しい要因が主因なので，抑制は難しいという意見を聞くことがある。しかし，厚生労働省が示している人口の高齢化は，年齢階級別にみた1人当たり医療費が翌年も同じだった場合に，各年齢階級の人口比重が変化した場合の影響を試算したものである。逆に言えば，各年齢階級の人口比重は変化しない中で年齢階級別にみた1人当たり医療費（たとえば，75〜79歳の1人当たり医療費）を変化させることができれば，医療費総額の増減も操作できることを意味している。その意味では，人口の高齢化による医療費増をまったくコントロールできないというのは言いすぎである。先にも述べたように，1人当たり医療費は，患者の受療行動と医療機関の診療行動を体現したものであり，そう考えると保健予防や，受診勧奨あるいは受診行動の適正化，あるいは診療報酬の支払い方式の変更などによって，大きな影響を与える余地があるということである。結論としては，いかに1人当たり医療費をコントロールするかが，医療費総額のコントロールのカギとなる。

3　医療費の3要素をみる

　厚生労働省は，医療費の3要素（受診率，1件当たり日数，1日当たり診療費）について公表している。式で表すと，

> 1人当たり診療費
> ＝（診療費総額）/（人数）
> ＝{（件数）/（人数）}×{（日数）/（件数）}×{（診療費総額）/（日数）}
> ＝（1人当たり件数：受診率）×（1件当たり日数）×（1日当たり診療費）
> ＝（受診率）×（1件当たり診療費）

である[3]。

　ここで言う件数とは，医療機関の作成する診療報酬明細書，いわゆるレセプ

---

3)　2013年に厚生労働省は，入院については新しい推計方法を公表した。これによれば「1人当たり入院医療費＝推計新規入院発生率×推計平均在院日数×1日当たり入院医療費」となる。

トの枚数のことで，これは患者1人につき1つの医療機関で毎月1枚つくることになっている。したがって1人当たり件数（受診率）は，加入者1人当たりが一定期間で医療機関に何回かかったかを示すことになる。ただし，これは延べ枚数を加入者数で割ったものであり，実際に受診した者の名前で名寄せされているわけではないので，実際の受診者数当たり件数ではない。それでも受診率として意味のある数字となる。

　1件当たり日数は1つの疾病の治療のために入院した日数（受療延日数），または医療機関に通った日数（受診延日数）を示し，診療実日数（受診延日数）をレセプト枚数で割ったものである。レセプトは毎月作成されるので，疾病の治療期間が1カ月を超えると，月替わりにレセプトも新たに作られることになる。したがって，1件当たり日数は必ずしも初診日からの治療日数や入院期間の累計を表すものではない。しかし，入院の1件当たり日数が多ければ，概ね入院期間が長く，入院外の1件当たり日数が多ければ，通院頻度が高いということになる。

　1日当たり診療費は，医療費の1日当たりの単価を表し，診療費を診療実日数（受診延日数）で割ったもので，1日当たり診療費が高いということは，1回の診療あるいは1日の入院にかかる費用が高いということを示す。診療密度を示すと言ってもよいだろう。さらに，1件当たり診療費は，1件当たり日数と1日当たり診療費を掛け合わせたもので，参考までに計算した。

　受診率は，主に医療を受ける（需要）側の受診意識や所得，感染症の流行などの疾病構造，疾病の程度（健康度）などに依存しやすく，また，供給側の要因のうち医療機関数，病床数，医師数，つまり医療へのアクセスに依存すると一般的に考えられている。また，1件当たり日数と1日当たり診療費は，患者の受診意識や疾病構造，症状など需要側の要因と，供給側の診療行動に依存するとされる。ただし，これらは一般的な議論であって実際のデータで確認されているわけではない（第5章で分析する）。

　図3-6から3-8は，国民健康保険医療費（国民医療費ではない）の「老人入院」「老人入院外」「一般入院」「一般入院外」のそれぞれの3要素の推移を示したものである。受診率でみると，「一般」は「入院」よりも「入院外」が高いが，「老人」では「入院」の方が「入院外」よりも高いこと，また「老人」の「入院外」の受診率が特に高いこと，さらに，1980年代末から2000年にかけ，こ

図3-6 国保医療費の受診率（1000人当たり件数）の推移

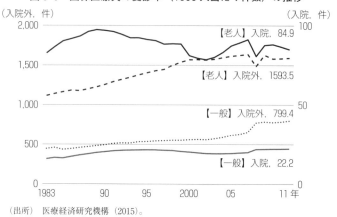

（出所） 医療経済研究機構（2015）。

図3-7 国保医療費の1件当たり日数の推移

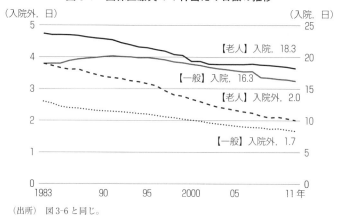

（出所） 図3-6と同じ。

の「老人入院外」の受診率がかなり増加していき，近時その伸びが鈍化していることがわかる。この受診率の推移を示すデータが2008年に変動するのは，後期高齢者医療制度創設に伴うデータの混乱が原因である。

1件当たり日数をみると，「一般入院外」「老人入院外」の日数が比較的安定した率で減少しているのに比べ，「一般入院」「老人入院」の日数の減り方は一定ではない。

1日当たり診療費をみると，いずれも増加しているのであるが，「一般入院」

第3章　医療費のどこが増えているのか　57

図3-8　国保医療費の1日当たり診療費の推移

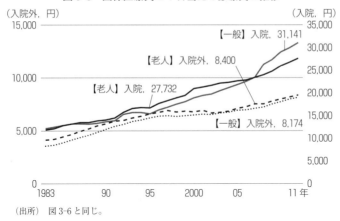

(出所)　図3-6と同じ。

「老人入院」の伸びが著しい。しかも，直近では「老人」よりも「一般」の方が高いのが特徴的である。

1件当たり診療費は，1件当たり日数と1日当たり診療費を掛け合わせたものである。1件当たり日数は減少傾向，1日当たり診療費は増加傾向なので，その総合効果ということになるが，日数が減少しているにもかかわらず，1件当たり診療費は「一般」，「老人」ともに上昇している（図表は省略）。

このようにしてみると，「老人入院外」の受診率の伸び，「老人入院」「一般入院」の1日当たり診療費の伸びが注目に値することになる。なぜ，これらが伸びているか，その原因を知りたくなるが，それにはこの「分解アプローチ」では足りず，「要因アプローチ」による社会的要因の抽出が必要になる。

［古城隆雄］

58　第2部　医療費の増加要因を分析する

第4章

医療費はなぜ増えるのか

　分解アプローチで医療費を分析することで，医療費のどこが増えているのか
ということは判明した。そして，医療費適正化のターゲットが高齢者，大都市
部，生活習慣病，1人当たり医療費，1人当たり1日当たり診療費であること
が示された。しかし，問題は適正化の手段である。それには，どこがではなく，
なぜ増えるのかという要因分析が必要である。

┃1　分解アプローチから要因アプローチ（多変量解析）へ

　まず，分解アプローチと要因アプローチの長所と短所を整理しながら，なぜ
要因アプローチを使うのかを説明したい。

データの整備と統計モデルの発達
　第1に，分解アプローチと要因アプローチは，それぞれデータと分析手法の
利用可能性が異なる時代背景のもとで生まれていることである。分解アプロー
チは，限られたデータしかない状況で，またコンピュータを駆使した統計モデ
リングが未成熟な時代に提案されている。そのため，ある理論体系を裏づける
ことを目的に収集された小規模なデータと簡便な数式（理論モデル）を用いて
現象を説明することができる。反面，その理論体系から外れるような現象は十
分に説明することができない。また，理論モデルを説明するデータをあらかじ
め計画し収集しなくてはならない。たとえば，年齢階級別の医療費をみるには，
あらかじめ年齢階級別にデータを収集しておかなければ，そもそも分析が不可
能である。
　一方，要因アプローチは，統計データが体系的に整備され，高度な統計手法

が個人所有のコンピュータでも簡便に行えるようになってはじめて普及した方法である。また，理論的な根拠・仮説さえあれば，事後的に関係のありそうな変数を自由に投入することができるという利点がある。また，分解アプローチで示された結果に対しても，要因アプローチを用いることができるので，より詳細な分析が可能になる。

複合的な要因の分析

第2は，相互に関連のある複数の原因を同時に投入し，その相関を考慮しながら比較をすることが可能かという点も重要である。

医療費の年齢階級別の要因に着目してみよう。分解アプローチでは，分解の区分は，たとえば65歳以上75歳未満，75歳以上80歳未満というように相互排斥的である。複数の変数で分解しクロス表の形にするにしても，2つか3つが限界である。一方の要因アプローチでは，たとえば病床数と医師数のように，相互に相関が強い変数も工夫すれば同時に統計モデルに投入し，病床数と医師数のどちらがどれだけ医療費に影響を与えるのかも明らかにできる。また，さらに高齢化率や県民所得など，病床数や医師数とも関係がありそうな多数の変数を同時に投入することができる。同時投入できることのメリットは，関係のありそうな変数の影響をコントロールすることができる点である。これは，因果関係に迫るうえでは非常に重要なポイントになる。

次に，医療費の地域的な要因に着目してみよう。医療費の地域的な特徴については，いわゆる「医療費の地域差」が指摘されてきた。分解アプローチの観点からは，医療費を都道府県や市町村に分解し，どの地域の医療費が相対的に多いのか／少ないのかを示すことになる。たとえば，厚生労働省保険局(2014b)は1人当たり医療費の地域差を示す指標として，都道府県別の年齢階級別診療別1人当たり医療費のデータを用い，全国平均の1人当たり医療費に対する年齢構成調整済み[1] の当該地域の1人当たり医療費の比率で計算される「地域差指数」を採用している。さらに，地域差指数が最小となる地域と最大となる地域とで指数の比率を計算し，医療費の地域差を表している。地域差指数を用いた結果，たとえば特定の市町村国保医療費の地域差は約1.3倍，老人

---

1) 仮に当該地域の加入者の年齢構成が全国平均と同じとして計算する。

医療費の地域差は約 1.5 倍などと発表している。

　地域間で医療費を比較する際に，地域人口の年齢構成を調整することは理解できる。しかし，年齢構成以外にも考慮すべき点は少なくない。高所得者は医療費に支払う経済的余裕があると考えられることから，所得の高い地域は医療費も高い可能性がある。また，医師数や病床数が多い地域では，医療へのアクセスもよいことから，医療費が高くなるかもしれない。塩分濃度の高い食生活や喫煙率の高いライフスタイルが顕著な地域では，脳血管疾患や悪性新生物死亡率が高くなり，医療費に差が出るだろう。分解アプローチで医療費の地域間比較を行う場合には，こうした医療需要／供給に関する要因や生活習慣など複合的な要因の影響を考慮することは容易ではない。

医療費の予測

　第3は，要因アプローチではモデルを作って分析するので，因果関係の考察に役立ち，さらに予測に使えるという点である。分解アプローチでは，どこに原因があるかはわかっても，なぜそうなるかはよくわからない。たとえば，高齢者の1人当たり医療費が他と比べて高いとわかっても，なぜ高いのかは自動的にはわからず，さらに細かい区分に分解するしかない。多変量解析を用いても，もちろん因果関係を「確定する」ことは不可能であるが，モデルに工夫を加えることで，かなりの程度因果関係に迫ることができる。加えて，因果的な構造が明らかになれば，それは将来予測にも使えるということになる（第7章で行う）。

　ただし，多変量解析にも短所はある。それは特に一般国民への説明が難しく，理解されにくいということに尽きる。中央社会保険医療協議会（中医協）をはじめとする審議会の資料にも多変量解析の結果はほとんど登場しない。しかし，医療費の増加要因のような複雑な現象をひもとき，有効な医療費適正化政策を打つには，要因アプローチを用いて，なぜ医療費が増えるのかという根本要因をつかみ，将来推計を行う必要があるだろう。

　多変量解析を行うには，要因とされるもの（概念）とその測定指標を適切に選択する必要がある。たとえば，要因が人口の高齢化であると考えるのであれば，65歳以上人口の全人口に対する比率である高齢化率を使うのか，75歳以上の比率を使うのか，平均余命を使うのか，といったことを決める必要がある。

第 4 章　医療費はなぜ増えるのか　　61

> **Column④　要因アプローチへの批判**
>
> 　要因アプローチに対して考えられる批判は，およそ以下のとおりである。①（経済学者から）経済理論に依拠しない分析である，②統計モデルは一部の研究者しか使いこなせないし，モデル構造をいたずらに難しくしている，③モデルを複雑にしても（簡便な予測方法と比較して）予測結果に大きな違いはない。
>
> 　このうち①については，統計学と経済学の学問的立場の違いとも言える。経済学は経済現象の「公理」から出発して理論モデルを作り出すことを目指す学問である。他方，統計学（あるいはデータサイエンス）は，「データがどのような真実を示しているか」に関心がある（竹内，1977）。筆者らは後者の立場をとることから，データ分析の結果が経済理論と合致しないのであれば，むしろ経済理論の方こそ疑うべきであると考えている。理論自体が未成熟な医療経済分野ではなおさらであろう。②は必ずしも適切な批判とは言えない。研究者でも実務家でも，エビデンスに基づく政策的意思決定を行おうとする場合には，常にさまざまな分析手法の可能性を模索すべきだし，使いこなせるようになるべきである。③を言うには，複雑なモデルも実行してみなければわからないはずである。予測の問題は精度が常に課題となるが，医療費については政治的な動向や政策の影響が大きいので，「将来予測が当たるか」や「将来時点で過去の予測が当たったのか」という単純な結果の比較よりも，予測時点でベストの方法を用いて予測したかどうか，考慮すべき要因を適切に考慮できているか，というプロセスを評価する方がはるかに重要である。予測を発表することによって，関係者の行動が変わり，その結果予測自体が狂うこと（予測の自己破壊）や，実際には不確実なのに，あえて確定的な予測をすることによって，かえって予測が当たること（予測の自己実現）も珍しくない。その点からすれば，予測結果のみに関心を払う③のような態度は，「データがどのような真実を示しているか」を明らかにするうえで，誠実な態度とは言えないだろう。また，手法自体の発展の可能性も低くなる。
>
> 　　　　　　　　　　　　　　　　　　　　　　　　　　　　　　　　　[古谷・印南]

　そこで，次節以降では，過去の研究や実務上の扱いを参考にしながら，医療費の増加要因（地域差の要因でもある）と推定されるものとその根拠について概観しておこう。

　医療費を増加させる要因と考えられるものは実は多数ある。これらを需要サイドの要因と供給（政策）サイドの要因とに分けて考えてみる[2]。なお，需要

---

2)　医療費の増加要因が需要要因と供給要因にきれいに分けられるわけではない。たとえば，一般に医師数は供給サイドの要因とされるが，医療へのアクセスを改善することによって需要を増加させる要因でもある。さらに，医療分野では後述するように，供給誘導需要の

62　第2部　医療費の増加要因を分析する

と供給に分けて考えるということは，医療機関への受診が，医療のニード（医学的必要性）に基づくだけではないということを意味する。もし，ニードのみによって，受診が決まっているのであれば，このような議論をすること自体が無意味になる。また，需要サイドの要因は，政策的に対応が難しいものが多い。しかし，需要サイドの要因がどれだけあるかを知ることは，政策的に対応可能な範囲がどこまでかを考えるうえでの基礎となる。なお，診療報酬改定や医療保険制度の改正も医療費に大きな影響を与える。これらについては第6章で分析する。

2　需要サイドの要因とその根拠

　需要サイドの要因とは，国民が患者として医療機関を受診する理由，なかんずくそれが増加する理由と考えればわかりやすい。高齢化，疾病構造，所得などの社会経済的要因が該当するだろう。以下，主要なものについて，適宜グラフもみながら議論しよう。

人口の高齢化と寿命の延伸

　医療費増加の第1の原因が高齢化であることは，白書をはじめとして多くが指摘する。しかし，若干議論が混乱しているようにみえる。

　まず，年齢階級別1人当たり医療費のデータをみてみよう。図4-1はその一例である。これをみると，小児期を除き，年齢階級が上がるにつれ，一般的に医療費は増加していることがわかる。それぞれの年齢階級別の人口数はわかっているから，社会全体の医療費はそれぞれの年齢階級別医療費にその階級の人口数を掛けたものになる。日本の全人口数が増加し，高齢者数が増加しながら高齢化率（65歳以上人口の全人口に対する比率）が上昇する場合，および全人口数が変わらず，高齢化率のみが上昇する場合（社会全体の高齢化）には，社会全体の医療費が増加するのは自明のようにみえるかもしれない。今後予想されるように，高齢化率が上昇しながらも全人口数がかなり減少していく場合には，高齢化による医療費増と人口減少による医療費減がどこまで相殺するかがカギ

───────────

　問題もある。ここでの分類は便宜的なものにすぎない。

第4章 医療費はなぜ増えるのか　63

図4-1　年齢階級別1人当たり医療費

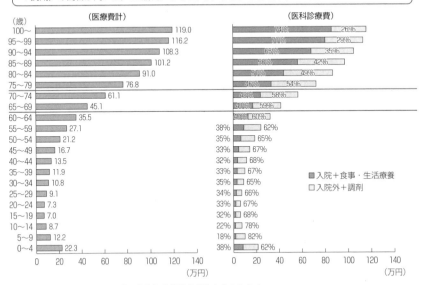

（出所）　厚生労働省保険局「医療給付実態調査報告」等より作成。

となるが，ここでは扱わない。

　このように「高齢化」が医療費増大の要因であると言う場合，その高齢化が意味するのは「社会全体の年齢構成の高年齢化」である。通常は全人口に占める65歳以上の人口の割合（高齢化率）で示され，これは長寿化と高齢者人口の増加を合わせたものである。

　次に出される議論は，高齢者医療費の大半は終末期（死亡前1年と定義する研究が多い）医療費であり，寿命が延伸しても，この終末期医療にかかる患者の年齢が高年齢の方にシフトするだけなので，高齢化（実際には長寿化である）は医療費の増加要因ではないというものである。この議論では，長寿化すると医療費も増加しているようにみえるだけであって，実際には，終末期医療の部分を除くと，長寿化が進展しても，1人当たり（生涯）医療費はあまり変化しないということになる。また，死亡率は年々低下しているから，この死亡率の低下と，健康増進に伴う効果も考えると，長寿化による医療費の増加を過大視すべきではないということになる（田近ほか，2014）。

この議論は，長寿化自体が医療費増をもたらすという，ある意味では寿命の延伸（特に健康寿命の延伸）をネガティブに捉える議論への反論として提出されているものが多い。この反論自体は，人口の高齢化が医療費増をもたらすという先の議論を否定するものではないが，終末期医療の部分は長寿化とともに増加するし，また時間の経過に従い，より高度で高額な医療技術が使われると予想されるので，将来長寿化とともに医療費が増えるのは否定できない。つまり，同じ高齢化と言っても，平均寿命の延伸，つまり長寿化と社会全体の年齢構成の変化である人口の高齢化は区別して議論した方がよいということである。

日本では，高齢化が医療費の増加要因であることは自明のようである。中には医療費増加の主要な要因（犯人探しで言えば主犯）と信じている方もいるに違いない。しかし，国際的な研究動向を知っている医療経済，医療政策の専門家の間では必ずしもそうではない。医療費の主たる増加要因が何であるかについては，日本だけでなく国際的な関心が持たれており，実は多くの研究がある。研究結果の一般的な（国際的な）傾向としては，医療費増加の最大の要因は，医療技術の進歩や所得の増加であって，高齢化そのものではないとされている（愈，2006）[3]。さらに，医療経済学者の一部からはレッド・ヘリング仮説と呼ばれる仮説が提出されている。これは，医療費の増加が不可避なこと（そしてその負担増）を国民に説明する際，高齢化という要因は比較的説明しやすいために，高齢化を過度に強調し，より本質的な部分を看過しているという仮説である（田近・菊池，2014）。

ちなみに，このレッド・ヘリング仮説が日本に当てはまるかどうかは，実際に高齢化という要因の医療費に対する影響が他の要因による影響と比べてどれほど大きいのか（相対比較），および政府が過度に高齢化による影響を強調し，より本質的な問題から目をそらせているか否か（政府行動）の2つの側面から検証されるべきである。前者の高齢化の相対的な重要度については次章で検証する（後者についてはしない）。

---

3) なお，最近の欧米文献のレビューによれば，医療費の増加要因については，これほど確定的なことは述べられていない。たとえば，Martin et al.（2011）は，2007年までの主要関係文献をレビューし，所得を主因とするもの，所得と高齢化を主因とするもの，終末期医療だとするもの，医療技術の進歩だとするものなど，多様な研究成果を紹介している。ただし，高齢化が主因の1つだとするエビデンスは見つかっていないとする。

第4章　医療費はなぜ増えるのか　　65

　医療政策全体にとってみれば，高齢化は与件であって，政策的操作の対象ではない。むしろ，健康寿命の延伸という意味では，政策目標に近いものである。したがって，医療費適正化の見地から，高齢化をみる場合にも，与件としてみることになる。ただし，医療費増加の要因として，他の要因と比べた場合，どの程度重要かという問題は残ることになる。

　この点に関しては，二木（1995a, pp.23-25）は，Getzen（1992）のOECD 20カ国の4時点での重回帰分析の結果などを示し，少なくとも高齢化は医療費増加の主因ではないと結論づけている。日本のデータで確認する必要があるだろう。

疾病構造

　医療に対する需要の第2の要因としては，疾病構造が考えられる。医療政策史の文献では，戦後は引き揚げ者による伝染病流行の話からスタートし，肺結核などの感染症から高血圧症，高脂血症，糖尿病，悪性新生物などの生活習慣病へシフトしていることが指摘されている。

　人口当たり死亡数で測定する死亡率は，医療需要の最も端的な指標と言える[4]。図4-2は，人口10万人当たりの死因別死亡数の推移を示したものである。死亡率（数）は，悪性新生物，心疾患と肺炎は上昇しているが，脳血管疾患は減少傾向にあることがわかる[5]。

　悪性新生物による死亡率は，ほぼ一貫して増加し続け，現在の日本の疾病別死亡要因としては1981年から第1位になっている。悪性新生物などの疾患が多い地域ほどより多くの入院日数や治療費を必要とするということが判明すれば，保健事業を強化するなど，疾病の発症や重症化を予防することで，医療費増加を抑制できる可能性を示すことになる。

　一方，脳血管疾患死亡率は減少傾向にある。先行研究においては，脳血管疾患死亡率が医療費に対して負の影響を持つと報告されている（山下，1998）。疾

4）　疾病構造を表す指標としては，死亡率の他に有病率や罹患率がある。有病率は一時点での人口対比，特定の疾病を有する者，特定の健康状態の者の数であり，罹患率は一定期間内に特定の疾病のリスクにさらされた人口対比の新規の発症件数である。

5）　なお，脳血管疾患死亡率等が1995年で変動するのは，国際疾病，傷害および死因統計分類が国際疾病分類第9版（ICD 9）から第10版（ICD 10）へ変更されたことに伴う定義変更によるものである。

図 4-2 死因別死亡数の推移

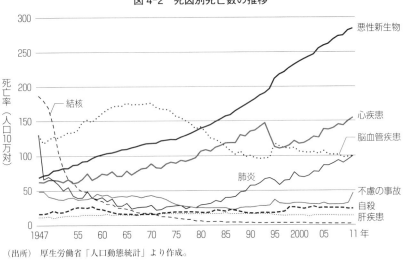

(出所) 厚生労働省「人口動態統計」より作成。

病によって，医療費への影響に差があるか否かは，検証する価値があるであろう。

死亡率や平均寿命等の寿命に関わる指標について，医療費との関連を示した研究は多い[6]。死亡率は地域全体の健康状態など，医療需要を反映した指標であると考えられている。

保健事業

基本健診やがん検診の受診率をはじめとした保健事業に関連する指標については，これまで多くの研究において，医療費に対して負の関連があることが示されてきた[7]。先行研究では，健診受診率等の保健事業について，特に高齢者の入院外医療費に対して負の影響があることを示す報告がある（畝，1996；山下，1998）。老人入院医療費や一般医療費に対しても負の関連があるかどうかが関心の的になる。

---

6) たとえば，星ほか (1994)，畝 (1996)，山下 (1998) などがある。
7) 畝 (1996)，多田羅ほか (1990)，国民健康保険中央会 (1994)，国民健康保険中央会 (1996)，川口ほか (1995)，福田ほか (1998)，竹内 (2002)，新庄ほか (2001)，足立ほか (2012) などがあげられる。

第4章 医療費はなぜ増えるのか 67

　保健師による保健指導や保健事業は，一般被保険者を中心に，短期的には外来を中心とした医療受診を促進させる要因となる一方で，長期的には高齢者の健康増進を促し，老人医療費を一定程度抑制する影響がある可能性がある。また，近年，保健活動において，地域のソーシャル・キャピタル[8]を醸成し，それを活用する役割が保健師に求められている[9]。見方を変えれば，これらの結果は，保健師活動のこうした側面の成果を示しているものとも考えられ，後述する民生委員訪問回数と同様に，ソーシャル・キャピタルの影響を示す指標として使える可能性がある。

　保健事業の多様性を反映して，保健事業に関する指標も数多くあるが，本書のもとになった研究では最も代表的な指標として，保健師総数（市町村勤務保健師数と保健所勤務保健師数の合算）を選択した。実際，保健師総数の都道府県別の傾向は，「各種保健事業の実施率」（加えて「第1次産業比率」）の傾向と類似している[10]。

　人口10万人当たり保健師数総数（以後，単に保健師数という）の推移をみると，全国的な傾向としては，1970年から一貫して保健師数は増加傾向にあり，1970年から2012年の間に2.8倍（13.5人→37.1人）になっている。高知県，長野県，北海道などは多く，一方で大阪府や東京都，福岡県などの都市部が全国値を下回っている。高医療費県である高知県や北海道が，低医療費県である長野県と同様に，保健師数が多いことが注目される。保健事業は，市町村国保や行政にとって最も操作可能な政策変数として考えられるため，医療費に影響があるのか否かは，大きな関心の対象になる。

　医療需要と関連していると考えられる社会・経済関連指標については，所得，高齢化率，産業構成率，世帯当たり人員，高齢者独居世帯率，人口密度など，これまで多くの指標が検討されてきた[11]。いずれも需要要因であると考えられる。

---

8)　一般的には人と人とのつながりを示す概念。水平的自主的協働関係と言ってもよい。

9)　たとえば，厚生労働省健康局長通知「地域における保健師の保健活動について」（2013年4月19日）。

10)　詳しくは，各種指標についての全国平均と代表的な都道府県の年次推移を示した印南（2015）を参照されたい。後述するパネルデータ分析に先立ち，年次別のステップワイズ多重回帰分析を行った結果，保健事業を代表する変数としては保健師（総）数がふさわしいと判断された。

11)　石井ほか（1993），畝（1996），山下（1998），張ほか（1998）等である。

68   第2部　医療費の増加要因を分析する

県民所得

　まず，「1人当たり県民所得」については，それが高いほど医療受診を促進し，結果的に医療費増加の要因となることが一般的に想定される。しかし，単年度のクロスセクション分析を中心とする先行研究においては，その関連が確認されない例が多く[12]，確認されてもその評価は安定していない[13]。すでに述べたように，国際的な比較研究では，所得は医療技術の進歩と並んで，医療費増加の主要な要因の1つと考えられているが，医療費の公定価格制度と国民皆保険制度を持つ日本で，どれだけ所得が医療需要と関連するかは確認する必要がある。ちなみに，社会疫学の分野では，所得水準と健康水準との間には高い相関があることが知られている。したがって，所得は社会経済的な変数であると同時に，医療の必要性に関連した健康水準としてみる場面もあるであろう。この場合には，所得水準が低いほど，日常的な医療の必要性が高いため，反対に受診率が高くなることになる。

　図4-3は，1人当たり県民所得の推移を示すグラフである[14]。全国的な傾向として，1970年から90年ごろまで一貫して増加傾向にあるが，90年ごろを境に，約300万円前後で一定に推移している。この動き自体は，後述する病床数の推移とたまたま一致する。都道府県別の水準をみると，選択した8都道府県では，一貫して東京都が圧倒的に高い数値となっており，その傾向は年を経るに従って顕著となっている。特に，1990年以降は全国値の1.5倍の約450万円前後で一定に推移している。東京都の次に県民所得が高いのは大阪府であり，いずれもいわゆる都市部である。その他の6道県は概して全国値より低い数値で推移しており，特に沖縄県，高知県が低い。

　また，高知県などの高医療費県が所得が低い水準で推移し，低医療費県である長野県，新潟県は，全国水準よりは低いものの，これらの県と比較してむしろ所得は高い傾向にあるのも注目すべき点である。所得が高いことが，必ずしも高い医療費に結びついていない。

---

12)　星ほか（1994），畝（1996），知野（2003）等である。

13)　石井ほか（1993），張ほか（1998），船橋（2006）等である。

14)　以下のデータについては，北海道，新潟県，長野県，東京都，大阪府，高知県，福岡県，沖縄県の8都道府県を「特徴ある都道府県」として抽出し，全国値とあわせて示した。「高医療費県」として，福岡県，高知県，北海道を，低医療費県として長野県，新潟県を，都市部として東京都と大阪府を選び，医療費が急上昇している沖縄県を加えた。

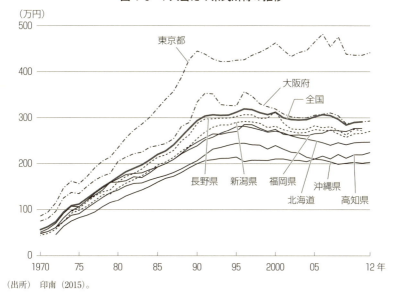

図4-3 1人当たり県民所得の推移

(出所) 印南 (2015)。

ソーシャル・キャピタル

　先行研究においては，一般的に，ソーシャル・キャピタルが高い地域ほど健康であることが指摘されている (Kawachi et al., 2008)。モデル構築時の仮説においても，これらの指標が医療費に対して負の影響を持つことを想定する。民生委員の活動（訪問回数）をソーシャル・キャピタルとみなすことができるかについては，慎重な議論が必要である。しかし，医療費とソーシャル・キャピタルの影響を分析した研究はこれまでほとんどないので，医療費分析に投入して結果を観察する意義は一定程度存在すると考えられる。

　以上のほか，第1次産業比率や高齢者単独世帯比率等，社会経済関連の指標と医療費の関係を示す研究は少なくないが，医療費と関連を持つ理論的説明が明確ではないものが多いので省略する[15]。

---

15) 印南 (2015) を参照されたい。

70 　第２部　医療費の増加要因を分析する

医療保険制度の仕組み

　需要サイドの要因は，結局は患者の医療機関への受診行動になって表れる。高齢者は，若年者よりも一般に疾患が多いから受診が多くなるのであるし，退職した高齢者は勤労者よりも時間的余裕があるので受診しやすい。これらと並んで，患者の受診行動に影響を与えるのは，医療保険制度の仕組みである。

　現在の日本の医療保険制度は社会保険制度を基本にしており，原則３割の自己負担率が課されている（世帯ごとの月額負担上限額を定めた高額療養費制度があるので，実質的には３割ではない）。歴史的に振り返れば，かつては被用者保険の被保険者本人は10割給付であったし，1973年から82年の老人保健制度の創設までは，老人医療費は無料であった。また，国保の給付率は現在よりも低かったことがある。入院と入院外で給付率が異なることもあった。さらに，最近では乳幼児や就学前児童，義務教育就学児についての医療費助成制度によって，自己負担部分が実質的に無料化されているケースもある。また，生活保護受給者は，医療券を提示することによって医療費は無料になる。

　このような医療保険制度上の仕組みが変わることによって，患者の受診行動が変わることは容易に想像できるであろう。実際に，医療費の３要素（受診率，１件当たり日数，１日当たり診療費）のいずれが変化するのかは第６章で分析することになる。

3　供給サイドの要因とその根拠

　供給サイドの要因としては，病床数，医師数，特別養護老人ホーム（介護老人福祉施設，通称「特養」）定員数の他に，病院における平均在院日数や，すでに述べた保健師数などが一般にあげられる。ただし，注意が必要である。と言うのは，医師数や病床数が増えることは，患者からみた医療へのアクセスの改善を意味する。その意味では，需要を増加させる要因でもあるからである。そもそも医師がいなければ，患者は診断されず，病気として判断されることもない。病床がなければ入院医療も生じない。したがって，医療費も発生しないということになる。

　すでに述べたように，医療機関への受診が医療のニードのみに基づいていれば，ニードは無限に存在するのではなく一定であるから，ニードを満たす医師

数がいれば，医師数がそれ以上増えても受診自体は増えず，医療費も増えない
はずである。しかし，実際にはニードを測定するのは非常に難しいため，結果
である受診率からニードを判断せざるをえない。そして，医師数の多い地域で
医療費は高くなる傾向がある。

　高齢化率や所得は，医療費政策のみならず医療政策全体にとって与件である。
これらに対し，病床数，医師数，平均在院日数などの医療供給に関連する変数
は，政策的な操作が可能な変数である。したがって，これらが医療費に対して
どのような効果を持つのかに関しては古くから関心が高い。

　一時点での複数主体の観察をもとにするクロスセクション分析を用いた先行
研究の多くは，病床数や病院数，医師数等の医療供給関連指標が，医療費の地
域差や増加に対して正の影響を持つ代表的な要因であるということで一致して
いる[16]。ただし，「入院」「入院外」別に分析をした研究では，知見に差がみら
れる。入院医療費については，病床数あるいは病院数が最も大きい影響を持つ
ことはほぼ一致しているものの[17]，入院外医療費については，医師数や医療施
設数の影響はあまりない，あるいは有意ではないとする研究もある[18]。

　以下，病床数，医師数，平均在院日数，特養定員数，医療技術の進歩・普及
の順番に医療費との関連を述べておこう。

病 床 数

　すでに述べたように，医療費適正化時代以前は，病床数については一部の公
的病院を除いて規制は存在しなかった。1973 年の老人医療費の無料化を受け，
70 年代にはいわゆる老人病院が急増し，老人医療費の高騰を招いたとする記
述は少なくない。1985 年の医療法改正により，地域医療計画が導入され，病
床数の増加に歯止めをかけるための総量規制が始まった。もっとも，地域医療
計画は都道府県の計画であり，その計画策定以前に許可が下りた病床は計画策
定後も建設可能であった。そのためいわゆる「駆け込み増床」が起き，法制定
後むしろ病床数は急増する。実際に，病床数の伸びが全国レベルで止まるのは

---

16) 郡司（1998b），石井ほか（1993），山下（1998），今井ほか（1998）等である。

17) 星ほか（1994），畝（1996），山下（1998），今井ほか（1998），張ほか（1998），新村ほ
　　か（1999），新庄ほか（2001）等である。

18) 郡司（1998b），石井ほか（1993），畝（1996），今井ほか（1998）等である。

第2部 医療費の増加要因を分析する

図4-4 病院病床数（人口10万人当たり）の推移

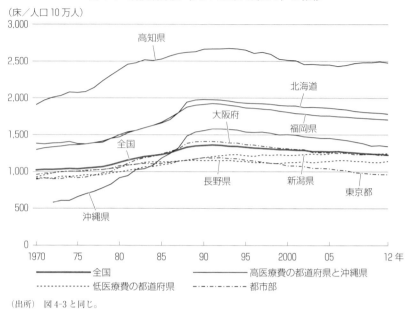

（出所）図4-3と同じ。

1991年からであり，以来，現在まで漸減傾向が続いている（図4-4）。ただし，「駆け込み増床」時期でも，長野県には特にその傾向はみられず，都道府県による跛行性があったことがわかる（駆け込み増床については第5章で分析する）。

病床数については，これもよく知られた事実であるが，高知県が全国値の倍以上と，圧倒的に高い数値で推移し，一方で新潟県，長野県，東京都の数値は低い傾向にある。どの都道府県も1988年ごろまで増加傾向となっており，特に沖縄県は72年から約2.5倍（583.6床→1451.2床）と増加傾向が著しく，87年以降は全国値を上回っている。なお，グラフは割愛したが，精神科病床数は，高知県，福岡県，沖縄県が全国的にみて高い数値となっており，特に，沖縄県は，復帰直後の1972年から88年までで約2.1倍（217.2床→453.5床）に増加している。沖縄県の顕著な増加傾向は，国保医療費，特に老人入院医療費と軌を一にしていることに注意したい。

これもグラフは省略したが，診療所数と一般診療所病床数について，簡単に述べておこう。診療所数は全国的な傾向として，一貫して増加傾向にある。都道府県別の傾向としては，東京都が圧倒的に多く，大阪府，福岡県も高い数値

となっており，都市部に診療所が多いことがわかる。一方で，沖縄県は増加しているものの，他の都道府県と比較して相対的には少ない。こうした都道府県別の傾向は，「1人当たり県民所得」の傾向と類似しているのが特徴で，所得の多い都市部に診療所を開業する医師が多いことが推察される。また，こうした診療所数の傾向は必ずしも病院数，病床数と同じものではなく，特に東京は病院数，病床数は全国値を下回っているのが特徴である。また反対に，北海道は，一般診療所数は病院数，病床数と比較してあまり多くないといった特徴がある。

一般診療所病床数については，全国的な傾向として，1970年以降，ほぼ一貫して減少傾向にあるのが大きな特徴であり，70年から2005年の期間で，約2分の1となり（270.7床→130.7床），2012年には人口10万人当たり100床を割っている。また，高知県，福岡県，北海道が高い数値で推移しており，減少傾向も顕著である。一方で，大阪府，東京都の都市部および新潟県は，全国値よりも低い数値で推移しているのが特徴である。

医 師 数

医師数は，1973年の一県一医大構想のもとで定員増が図られてきたが（1979年の琉球大学医学部の設立により構想は実現する），80年代初頭の医療費適正化時代の幕開けとほぼ同時期の82年には定員抑制が閣議決定され，85年と99年には定員削減が実施されて，伸び率は鈍化する。民主党への政権交代の直前の自民党福田康夫政権時代には，いわゆる「医療崩壊」への解決策の1つとして，医学部定員増が図られ，再び増加している状態である。

このときには，OECD諸国との人口千人当たり医師数の比較がなされ，OECD諸国の平均が3.1人であるのに対し，日本は2.1人と医師数の絶対数の不足が訴えられたことは記憶に新しい。しかし，日本はフリーアクセス制度を採用していることもあって，外来受診率はOECD諸国の平均の数倍に達しており，医師数の絶対的な数の少なさが受診を妨げているとは考えにくい。また，近時受診率は横ばいないし減少傾向にある。

図4-5は，医療機関従事医師数（人口10万人当たり）の推移をグラフ化したものである。全国的な傾向としては，医師数は一貫して増加傾向にあり，全国値は1970年から2012年までの間で，2倍以上となっているのが特徴である

図4-5 医療機関従事医師数（人口10万人当たり）の推移

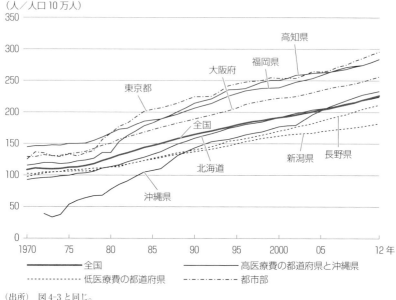

(出所) 図4-3と同じ。

(109.1人→237.8人)。

　また，都道府県別の傾向として，全国値と同様に，どの都道府県も増加傾向にあるのがわかる。特に，東京都，高知県，福岡県，大阪府が全国値と比較して高い数値にある。また，沖縄県は一貫して全国値よりも低い数値であるが，その間の増加傾向は著しく，1972年から2012年までの間で，約6.1倍となっている（39.6人→241.1人）。

　こうした都道府県別の傾向は，「1人当たり県民所得」や「一般診療所数」と同じ特徴があり，特に東京都，福岡県，大阪府の都市部については，診療所の数が多いことが，医療機関従事者医師数に反映されているものと推察される。一方で，こうした傾向の中で，高知県が東京都，福岡県と同水準の数値となっており，高知県については人口当たり「病院数」の多さが医療機関従事者医師数に反映されていると推察される[19]。

---

19) 人口当たり医師数も病床数の地域偏在は，もともと医科大学・大学医学部の西日本偏在（人口当たりでみた場合），それらの県の人口減少，都市部への開業の集中等によってもたらされている。医師数の地域偏在の歴史的原因については，上 (2015) を参照されたい。

第4章　医療費はなぜ増えるのか　　75

平均在院日数

　諸外国の病院（一般病院で精神病院は除く）と日本とを比べると，日本の病院の平均在院日数が長いことは有名である。これは病院の性質自体が，急性期に特化せず，慢性期あるいは福祉施設を兼ねた施設になってしまっていること（医療の福祉化），人口当たり病床数が諸外国と比較すれば異常と言えるほど多く，空床回避行動が存在したことなどが原因である。しかし，日本の平均在院日数のレベル自体は高いものの，徐々に減少している。政策的には，2000年代に入ってからは，平均在院日数の短縮化が病床の機能分化を進める有力な手段であるとの考え方に基づき，診療報酬上，高い入院基本料（看護基準7：1）の条件に平均在院日数が設定されたこと[20]，さらに2006年の医療制度改革時に策定が決定された医療費適正化計画の中で，平均在院日数の短縮を図ることが，特定健診・保健指導の実施とともに，公式目標になったことが重要である。

　図4-6は，平均在院日数（全病床）の推移をグラフ化したものである。全国的な傾向として，全病床における平均在院日数は一貫して減少傾向にあり，全国値は1981年の56.4日が2012年には31.2日となっている[21]。都道府県別にみても，ほぼ一貫して減少しているが，沖縄県は1988年ごろまで増加傾向，以降で減少傾向となっている。なお，水準でみれば，高知県が全国値の約1.5倍と，圧倒的に高い数値で推移し，福岡県，北海道も高い数値で推移し，新潟県，長野県，東京都の数値は低い傾向にある。つまり，病床数と平均在院日数の推移や水準は相関しており，病床数の多い都道府県で，平均在院日数も長いという関係になっている。

　このように平均在院日数は一貫して減少してきている。一方，医療費は増加傾向にある。素直に考えれば，平均在院日数の短縮化は医療費の減少要因ではなく，増加要因となるはずである。たとえば，手術による入院を考えれば，入院初期は検査，次いで手術に費やされ，その予後をみて，退院させることにな

20）　入院基本料は，看護基準や平均在院日数等を条件に段階的に設定されており，高い入院基本料を取るために病院は一定の看護基準と平均在院日数等の条件をクリアする必要がある。7対1の看護基準は，患者7人に対して看護師1人に比率をさすが，看護師は24時間勤務しているわけではないので，実際の看護師の雇用数は患者数（病床数）の7分の1よりも多くなる。

21）　グラフは省略したが，精神病床における平均在院日数の減少は著しく，1981年の534.8日が，2012年は329.1日と約4割も減少している。

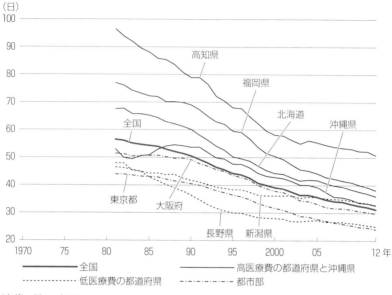

図4-6 平均在院日数(全病床)の推移

(出所) 図4-3と同じ。

る。平均在院日数を短縮化する際には、医療資源の利用が少ない後半部分を短縮化する。退院によって空いた病床に患者が入れば、ただちにこのサイクルが繰り返され病床の回転率が上がることになる。したがって、たとえば1カ月単位でみた病院当たり入院医療費は平均在院日数が短縮化するに従い、上昇するはずである[22]。

一方、医療密度が低い高齢者医療については[23]、平均在院日数の短縮化は、空病床がすぐに埋まらない限りは、医療費の減少をもたらす可能性がある。

なお、平均在院日数は、それが短縮化すれば病床回転率が上がり、実質病床数が増えることに等しいから、入院医療へのアクセスが改善し、より入院はしやすくなる(したがって、この意味でも平均在院日数の短縮化は医療費増になるという見方もできるはずである)。カギは、短縮化して空いた病床を埋められるかど

---

[22] もっとも、このような考えには根拠がないという指摘もある(新村ほか,1999)。

[23] 「老人」は差別用語であるとの指摘もある。本書では、「老人医療費」「老人保健制度」など、公式の制度名についてはそのまま使用し、それ以外の一般的な使用に当たっては「高齢者」を用いている。

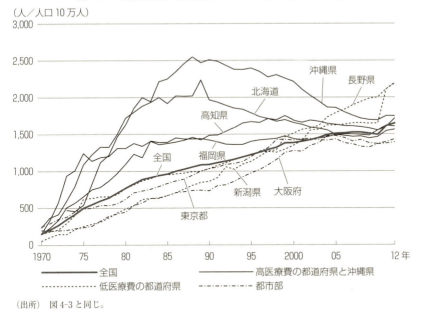

図 4-7 特養定員数（65 歳以上人口 10 万人当り）の推移

(出所) 図 4-3 と同じ。

うかがえるかもしれない。平均在院日数の短縮化は，重要な政策手段になっているので，後ほど詳しく分析することにする。

特養定員数

高齢者にとっては，医療・介護・住宅の問題は密接に関連している。歴史的にみると，高齢者介護施設の整備が遅れた一方，老人医療費の無料化により老人病院が急増したため，医療よりも介護を要する高齢者が病院に入院する，いわゆる「社会的入院」の問題が生じた。2000 年に創設された介護保険制度の目的の 1 つは，社会的入院の解消であった。社会的入院の解消には，退院後の受け皿となる介護施設が必要であるという考えに基づき，国はゴールドプラン，新ゴールドプランを通じ，介護施設の整備に努めてきた。地域の介護施設の入所定員数が増えれば，病院の入院医療に対する需要が減少し，また患者の早期退院が進むので，医療費は減少するという仮説に基づいていたと言えるであろう。

図 4-7 は，介護保険施設の 1 つである特別養護老人ホーム（通称，特養）の

定員数（65歳以上人口10万人当たり）の推移をグラフ化したものである。全国的な傾向をみてみると，1970年以降，一貫して増加傾向にあるのが大きな特徴であり，1970年から2012年までの期間で，全国値は，156.5人から1646.8人と約10.5倍となっている。また，都道府県別の傾向については，全国値と同様に，多くの都道府県で増加傾向にある一方で，沖縄県や北海道など，高い数値で推移している都道府県については，1980年代後半以降，減少傾向がみられる。高医療費の都道府県である北海道，高知県，福岡県，および沖縄県が全国値よりも高い数値で推移している一方で，その他の都道府県は全国値よりも概ね低い数値で推移しており，特に大阪府が低いのが特徴である。

　先行研究の成果を概観すると，介護保険制度創設以前の研究は，老人福祉施設の定員や福祉事業費など，福祉事業に関わる指標は，医療費に対して負の関連がある（つまり，代替的である）ということを指摘している（石井ほか，1993；今井ほか，1998）。しかし，介護保険制度制定後の研究では，介護費と医療費の間には共通の決定要因があり，両者は代替的であるというよりは補完的であるという指摘がある（堀ほか，2006）。

医療技術の進歩・普及

　近時，保険導入されたC型肝炎の治療薬であるソバルディやハーボニー，また粒子線治療等はきわめて高額であり，さらに，ハートシート等の高額な再生医療製品も次々と保険導入されている。そのため，医療技術の進歩による保険財政の悪化を憂慮する向きも少なくない。このような社会情勢を背景にして，日本でも医療技術の費用対効果評価を導入する議論が行われ，2016年度の診療報酬改定においては試行的に導入することが決まっている。

　一般の産業界における技術進歩は省力化と費用低下を伴うが，医療技術の進歩・普及と医療費の関係は複雑である（郡司，1998a，p.44）。かつての天然痘のワクチンの開発，直近で言えば，上述したC型肝炎の治療薬は疾病の完治をもたらすので，医療費に対する削減効果が存在するだろう（厳密には，費用対効果評価しなければ不明である）。抗潰瘍薬の発達で手術の適用が減り，腹腔鏡手術の普及や胃ろう手術の簡易化によって入院期間が縮まれば，医療費の削減につながる可能性はある。

　CT，MRI，PET等の高度な機器を用いた診断になると医療費への削減効果は

図 4-8　社会医療診療行為別調査による診療内容の割合の推移

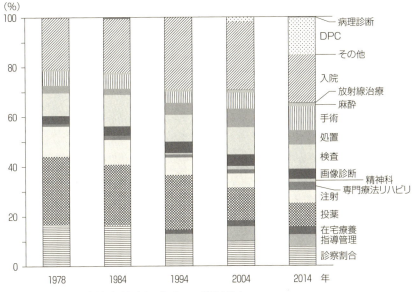

(出所)　「社会医療診療行為別調査」に基づいて，筆者ら作成。

微妙である。これらの機器による診断は，一方で早期の疾病発見・重症化予防につながるが可能性も大きいが，資本コストを回収するために過剰利用もされやすく，医療費に対する効果は，やはり費用対効果評価分析等の経済学的な分析をしないと結論は出ない。新しい術式になると習得するのに時間も教育も必要であり，どこまで費用に含めるかによって医療費に対する効果は変わってくる。

図 4-8 は，1978～2014 年までの医療内容の割合の変化を追跡したものである[24]。DPC（診断群別包括評価による入院診療)，入院，手術を合算したものの割合が増していること，注射，投薬の割合が減っている（DPC に包括されている部分もある）こと，画像診断，在宅医療の伸びが意外に少ないことなどがわかる。

すでに述べたように，国際的な研究では，医療技術の進歩が急性期医療費の高騰の主犯と考えられている（兪，2006）。その主張の嚆矢となった Newhouse (1977) が用いた思考法は，「他に大きな要因が考えられないから」という「残

---

[24] 1985 年以前と以後では調査対象が異なることなど，この社会医療診療行為別調査の限界については，二木（1995b）に詳しい。

余法」だったことをみれば，動かない立証がされているわけではない。国内の研究に目を転じると，医療技術の進歩と医療費との関係を総合的に論じた川上（1986）は，高齢化と技術進歩を医療費増加の二大要因としている一方で，二木（1995b）は，少なくとも1980年代以降（90年代半ばまで）は，厚生労働省が医療技術の進歩そのものを医療費適正化政策の対象としたため，医療技術進歩は日本では医療費増加の「主因」ではないとしている。

ミクロレベルでの医療技術の進歩の医療費に対する効果を検証するのは可能であるが，マクロレベルとなると，医療技術の進歩に関する適切な変数を同定できないという問題がある。医療技術の中心が薬剤だとしても，毎年の新規保険導入数を変数として扱うこと自体に意味はないであろう。二木（1995b）は，高度医療技術の代表として，MRI等の画像診断技術についてケース分析をしたうえで，これらの医療費に占める割合は非常に小さいとしている。

本書の基礎となった分析を行う際にも，医療技術の進歩・普及に関する変数を探したが，やはりみつからなかった。他の説明変数でどれだけ医療費の増加が説明できるかを確認したうえで，説明できなかった部分を医療技術の進歩と捉えるほかないようである。

4　供給誘導需要について

医療サービスの内容については，需要サイドである患者に比べ，供給サイド（医師）に圧倒的な知識がある（情報の非対称性と言う）。そのため，医療サービスの内容は医療サービスを受ける患者ではなく，提供する医師がほとんどの場合決定することになる。供給側に需要そのものを誘導する力があるというのが供給誘導需要の議論である[25]。

まず，病床数については，医療費の増加要因だと一般に思われている。病床数の多い地域の医療費，とりわけ老人入院医療費が高いというクロスセクション分析や単純な散布図の観察に基づくことが多い。実際には，医療費はほぼ一貫して増加し，病床数は1991年以来漸減している（前出の図4-4を参照）。病床数が減少するほど医療費は増えていると考えてもおかしくはない。

---

25)　Evance（1974）が嚆矢となった。供給誘導需要についての諸外国および日本の研究については，井伊・別所（2006）が整理している。

第4章 医療費はなぜ増えるのか　81

　病床数と医療費の関係は，少なくとも2つの方法で説明できる。第1は，病床数の増加は本来，空床の回避という因果のメカニズムを通じて医療費増を招くのであるが，現在は政策的に病床数が抑えられているので医療費増も抑制されているとする議論である。つまり，病床数はもともと医療費増加要因であるが，地域医療計画が総量規制としてその効果を発揮し，またその他の政策的効果により，病床数は少しずつ減少し，その分だけ医療費増加が抑えられていると解釈することになる。

　もう1つは，反対に病床数の減少そのものが病院収入を引き下げるため，空床回避ではなく別の経路（因果のメカニズム，たとえば，検査回数の増加等）を通じて，かえって医療費増を招いているという議論である。どちらも供給誘導需要であるが，因果のメカニズムが異なることになる。

　アメリカでは，当初病床数と入院受診率との相関を問題にした「作られた病床は埋まる（A built bed is filled bed）」（レーマーの法則）を根拠に，地域医療計画，高額診断機器等の必要性証明制度などが整備された。その後，供給誘導需要の議論は医師による供給誘導需要の議論として展開された。当初は地域の医師数（医師密度）と医療費，次には医師の行動と医療費との関係に焦点が当たり，供給誘導需要は存在するとしても，それほど大きくはないというのがアメリカでの結論であろうと考えられる。この議論を日本に当てはめながら，もう少し詳しくみてみよう。

目標所得仮説と空床回避

　まず，「作られた病床は埋まる」というのは，病院の空床回避行動をさしている[26]。その動機は何か。1つの説明は「目標所得仮説」である。つまり，病

---

26)　供給誘導需要は，医師誘発需要としてのみ議論されることが多い。アメリカのように，医師は病院に勤務せず，契約医として入院の意思決定を行うのであれば，病床自体が需要を生むという考え方はそぐわない。しかし，日本ではいわゆるクローズドシステムを採っているために，医師は原則勤務医であり，一定以上のランクになると病院経営に責任を負うことになる。また，ベッドの管理をしているのは，医師ではなく，看護師長であることが多い。病院が医師の個人的な意思決定ではなく，病院長（医師），経営的立場にある医師，看護師長らが組織的共同的な意思決定として空床回避行動を行っていると考える根拠は十分にある。もっとも，民間病院と公的病院では，空床回避行動の程度の強さは異なる可能性もある。

院は病院収入を常時（通常は月次で）モニタリングしている。季節変動の大きい医療費の世界では，対前年比で比較することが多い。民間病院では，営利企業さながら，毎月の病院収入が対前年比で比較され，減少傾向が把握されれば，収入増加の手段として，（検査回数の増加などとともに）空床回避が行われるというものである。これが，退院可能であるにもかかわらず，漫然と入院を続ける漫然入院，社会的入院を生み出す原因の1つとなっているとする考えもある（印南，2009）。

過剰病床が病床増加を生む？

　上記の空床回避行動とは別に，病床数の増加自体が医療費増をもたらすという考えもある。郡司（1998b），郡司（2001）によれば，もともと病床数の多い地域は患者獲得競争が厳しいが，日本では診療報酬が公定価格であることもあって，価格競争は起きず，むしろ過剰な設備投資（増床や高度診断機器の導入）を行う傾向にあり，それがコスト回収行動を促し，医療費増に結びつくとする（郡司，1998b，pp.71-72）。欧米諸国の数倍に及ぶ人口当たり病床数や高度診断機器の導入数をみれば，この考え方には一理ある。経済学では，公定価格制度が用いられている領域での経済主体の行動として，過剰な設備投資を行うアバーチ・ジョンソン（AJ）効果と呼ばれる仮説が存在する。この仮説については第5章で検証したい。

倫理的に許容される範囲内での密度操作

　病床数の減少がむしろ医療費を直接増加させるという見方も供給誘導需要が関係するが，基礎的な仮説は異なっている。空いている病床を埋めようとはせず，より密度の高い医療を提供する行動で，病院収入を補おうとする病院経営者（医師）の行動である。

　人間の体は複雑なシステムであり，同じ医療行為が万人に同じ結果をもたらすものではない。このような医療そのものの不確実性が存在するために，医師には，個々の患者に提供する医療の内容や量の決定についてかなりの裁量権が認められている。同一の医療行為であっても，患者によって効果の程度は異なるので，たとえば術後3日で退院できるのか，5日かかるのか等は完全には予測可能ではなく，様子をみるしかない場合もある。一般に，提供する医療行為

（投薬や検査等）の量と医療の質に関しては，逆Ｕ字型を描くとされているが，この曲線の頂点部分はかなりフラットで，最適部分は点ではなくゾーンであると考えられる（郡司，1998b，p.64）。倫理的に許される範囲を超えた過剰医療が提供されるのは稀であるはずであるが[27]，ゾーン内での医療行為の密度は通常は問題にされない。コラム⑤で書いたように，3日分の薬剤を処方するか5日分にするのかは，医師の裁量の範囲内であろう。その範囲内で病院収入の拡大のため，医療行為の量を操作することは十分考えられる[28]。実際，同一の病態であっても，生活保護患者や乳幼児医療費補助制度で自己負担が無料化されている患者については，より多くの医療が提供されている可能性がある。

　なお，郡司（1998a，p.58）は，伏見（1996）の研究結果を引用しながら，医師が高額医療ではなく，日常医療について，「倫理的に許容される（ethically acceptable）範囲内で需要誘発をしている（Richardson，1981）としている。

　つまり，この場合病床数の減少は引き金にすぎず，もともとは病院収入維持のための，医療行為の量の操作が行われるということである（日本では，価格は公定価格なので操作できない）。病床稼働率も平均在院日数も近時一貫して漸減しており，単純な空床回避は限定的かもしれない。その意味でこの説明には一定の説得力がある。

　まとめてみよう。供給誘導需要の基本的な動機は目標所得仮説によって説明され，毎年前年度と同じかそれ以上の医業収入を得ようとすることである。地域の競争状況が厳しい場合，これが病床規制前は病床増加，また病床規制とは

---

27) しかし，1970年代には過剰投薬，過剰検査が問題になった。現在の残薬の問題も関係する。

28) 人口当たり医師数（医師密度）が増えると，医療費が増えるか否かについての国内の最初の研究は西村（1987）であり，医師数の増加と1件当り医療費との間に有意な相関を観察し，医師誘発需要の存在を確認している。ただし，Escarce（1992）が，医師が増えることにより利便性が向上し受診率が上がるという側面（アクセスコストの低下による医療費増）と，医師が診療密度を高めるため，1件（あるいは1日）当たり費用が増加する部分（医師誘発需要による医療費増）とを識別する必要性を指摘した。そのため，国内における研究は両者を区別することを前提に行われている。鈴木（1997）は，老人医療費について医師誘発需要は存在してもかなり限定的であると否定的であるが，安達（1998），泉田ほか（1998），山田（2002）はむしろ肯定している。特に，安達（1998）は，医師誘発需要が存在する場合，患者負担率を増加させ受診率を低下させると，医師がその分の減収を補うため診療密度を上昇させる可能性があることから，医師数抑制だけでなく，医師の行動を変化させる政策の併用の必要性を論じている。

84 第2部 医療費の増加要因を分析する

Column⑤ 供給誘導需要と医師の裁量権

供給誘導需要とされるものには2つの極があり，実際の供給誘導需要はその中間にあると思われる。1つの極は，医療サービスの決定における医師の裁量権の行使である。患者の容態をみて，3日分の薬を出すのか5日分の薬を出すのかは医師の裁量権の範囲内であり，5日分出すのを無理やり供給誘導需要であると言えなくもないが，医療には不確実性がある以上仕方がないと言えるだろう。倫理的には問題にならない。もう一方の極には，架空請求，不正請求，水増し請求があり，これは供給誘導需要というよりは不適切な医療ないし違法行為である。

供給誘導需要とされるものはこの両者の間にあり，実に多様である。うつ病の診断を受けた患者に複数の向精神薬を処方したり（国際的なガイドラインに反している），不定愁訴の患者に毎月MRIによる画像診断を行ったり，平均在院日数を短縮化するために，患者の嚥下機能を確認せず，胃ろうの造設術を安易に行ったりするのは，比較的供給誘導需要（不適切な医療）だと認定しやすい。しかし，訪問診療を専門にしながら，看取りの段階で患者を救急車で病院に搬送するなどの行為は，患者の状態，家族の意向など多くの事情が関係し，ケースバイケースで判断しなくてはならないかもしれない。

診療ガイドラインの厳格適用を訴えても，実際には患者にはかなりの個別性があるために，限界がある。保険者による事後審査は実効性の確保が難しい。

1つの方法は，一定の地域単位での診療プラクティスのデータを集め公表することである。一人ひとりの患者は異なるが，一定の地域でみれば，大数の法則が働き，著しい診療プラクティスの地域差は正当化できなくなる。医師は，患者や保険者からの疑問に対しては専門知識で対抗できるが，同じ専門の他の医師の目は気にする傾向がある。カナダでは，このような診療プラクティスのデータを公表するだけで，かなりの地域差が解消したとされる。ナショナルデータベースが整備された日本でも十分実行可能であり，検討に値するであろう。　　　　　　　　　　　　　[印南]

関係なく高額診断機器等の購入につながり，そのコスト回収行動として空床回避，過剰な検査・診断が誘発される。さらに，これらとは別に，やはり目標所得を得るために，倫理的に許容される範囲内での密度操作が行われるというものである。

政策的な意味

供給誘導需要については，医療サービスの量の決定における情報の非対称性の存在，医師の持つ裁量権の大きさ，さらに根本的な問題である医療の不確実

性について否定しがたいことから，その存在について否定する論者はいない。しかし，その程度をめぐっては，古くから（また世界的にも）意見の対立がある。

　経済学的には，市場競争論派と供給誘導需要論（準市場）派に分かれる。前者の市場競争論派は，供給誘導需要の存在は認めつつも，その程度は大きくない（あるいは十分に実証されていない）とし，基本的には市場原理の活用による効率性の達成を是とし，病床数の規制，診療報酬点数表による公定価格制度などを，社会保障分野における不必要な規制として捉えることになる。競争政策を重視する公正取引委員会，社会的規制の最小化を求める総合規制改革会議等は前者に該当する。後者は，医療提供体制が民間主体でありながら，その収入を公的医療保険から受けている日本の医療保障体制の特性を重視し，市場原理と計画原理の適切な組み合わせを模索する立場と言えよう。この立場では，供給誘導需要は供給側の行動モデルの不可欠な要素とみなされ，その行動を織り込んだ政策が提案される。

　供給誘導需要の大きさをめぐる議論は，学術的な問題を超えて，実際の政策に大きな影響を与える。供給誘導需要が大きければ，診療報酬の引き下げ，平均在院日数の短縮，病院機能の分化，医薬分業の進展など，それらが医業収入の減少をもたらす限り，あらゆる医療政策に対し，医療機関は供給誘導需要で対抗するからである。中医協における議論を詳細に追っていけば，実務は供給誘導需要の存在とその大きさを当然の前提にしているとも言える。

　以上のように，供給誘導需要をめぐる議論は複雑であるが，分解アプローチのところで触れた医療費の3要素について，多変量解析に基づく要因分析を行えば，何らかの検証ができると期待される。

［印南一路］

86   第2部　医療費の増加要因を分析する

第**5**章

複雑な要因をひもとく

　第4章でわかったことは，医療費の増加に関連のある要因は数多くあり，複雑に絡み合っているので，単純な変数同士の相関をみるだけでは医療費増加の要因はよくわからないということである。問題は，要因が何かではなく，何が最も重要な要因なのかであり，それがどれだけ重要かである。そして，この要因間の相対的な重要性については，意外にも釈然としないのである。

　その理由はいくつかある。たとえば医師数と病床数のように要因の間に相関があること，多くの要因を包括的に扱った研究が少ないこと，地域性や都道府県などの個別性を分析に取り入れることが従来の方法（クロスセクションや時系列分析）では難しかったことなどである[1]。

　本書では，医療費の増加要因を探り，過去の医療費適正化政策の効果を評価するために，総合的なパネルデータ分析（線形パネルデータモデル，空間パネルデータモデル，地理的加重回帰パネルデータモデル）を行った[2]。

1　分析結果を理解するために

　パネルデータ分析とは，文字どおりパネルデータを用いた分析である。パネルデータとは，複数の主体の複数期間のデータをさす。複数主体の一時点でのデータを分析する手法がクロスセクション分析で，単一主体の複数期間のデータを分析する手法が時系列分析であるので，パネルデータ分析は両者を複合したものということになる。数式モデルの詳細は補論に譲るとして，ここでは分

---

1)　巻末の補論でもう少し詳しく論じているので参照されたい。
2)　なお本書では，特に断りがない限り回帰係数が5%水準で統計的に有意となる場合を，単に「有意である」と記述している。

析結果を理解していただくのに，最小限必要なことを書いておこう。

医 療 費

　分析する医療費のデータとしては，うるう年調整済の国民健康保険医療費（国保医療費）の30年分のデータ（1983～2012年分）を用いた。医療費の増加要因を分析するのに，国民医療費でなく国保医療費を用いるのは，都道府県単位でのデータが揃っているためである。したがって，都道府県という単位で地域性を考慮することができる。一方，都道府県別の国民医療費は，1987年から3年ごとに公表されているにすぎない。国保医療費の分析結果が国民医療費に一般化できるか否かは，第3節の最後に検討する。

　分析する国保医療費は，老人医療費（後期高齢者医療費〔医療諸費〕）と非老人（一般と呼んでおく）国保医療費（療養諸費）に分かれ，それぞれ入院・入院外（診療費）に分けることができる（図5-1）。入院・入院外診療費は，さらに医療費の3要素，すなわち受診率，1件当たり日数，1日当たり診療費に分けることができる。なお，入院・入院外医療費（診療費）は，療養諸費（療養の給付）から歯科医療費，調剤費を除いたものである。これら医療費の構成要素も含めすべて分析する（図5-2）。

モデルとその種類

　本書では3つの手法を用いる。線形パネルデータモデル，空間パネルデータモデル，地理的加重回帰パネルデータモデルである。いずれも，これまでのク

図5-1　医療費の定義

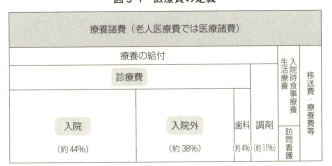

（注）　（　）内の数字は老人医療費におけるおおよその割合。

図 5-2　分析対象の医療費

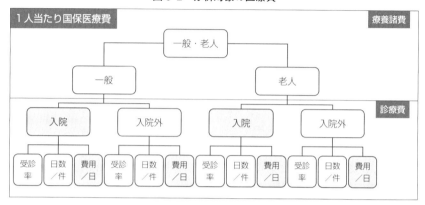

ロスセクション分析や時系列分析と異なり，主体（都道府県）には個別性があることを前提にする分析手法である。分析の前提となる主体間の地理的相関の有無を問題にするか否かによって，線形パネルデータモデル，空間パネルデータモデルに分けられる。そして，この2つの手法が都道府県全体の傾向を探る（要因構造自体には個別性はないという前提である）のに対し，地理的加重回帰パネルデータモデルは，隣接県の情報も取り込みながら，個別の都道府県の要因構造を探る点が異なっている。

医療費の要因分析と政策評価には線形パネルデータモデルを，医療費の将来推計のためには空間パネルデータモデルを，重点支援地域の選定と特性把握に地理的加重回帰パネルデータを用いる。

モデルの基本構造

モデルの基本構造は図5-4に示している。医療費は静的決定構造と年次ダミーの係数で示される効果を合わせたものとして決まると考える。

静的な決定構造は，線形，すなわちさまざまな要因（病床数等）に係数を掛けたものの合計（$ax+by+cz\cdots$の形）を取ると考える[3]。投入する変数は，水準実数，水準対数，増加率実数，増加率対数の4つが考えられるが，水準実数は

3）　医療費に影響すると思われる要因については，第4章で議論したので，ここでは繰り返さない。具体的な説明変数としてどのような指標を用いたかについては，補論およびその中で紹介されている研究報告書を参照されたい。

第5章 複雑な要因をひもとく　89

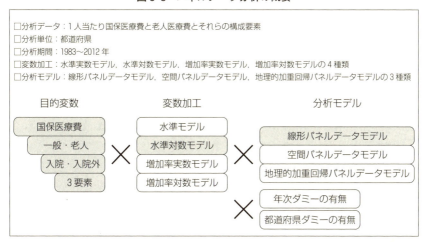

図 5-3　パネルデータ分析の概要

（注）　国保医療費（1973〜81年），国民医療費（1987〜2011年），調剤費についても分析している。

図 5-4　医療費の分析モデルの基本構造

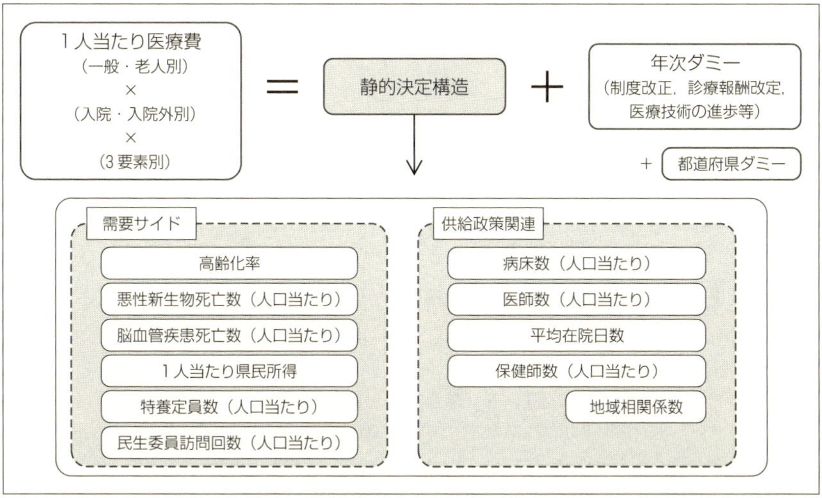

測定単位が変数ごとに異なるため相互に比較できないので基本的に採用しない。水準対数化した場合，その係数は弾力性を示すことになる。たとえば，病床数の係数が仮に0.3であれば，病床数が10%増えると医療費は3%増えるとい

うことになる。増加率は，対前年度比率を用いる。この場合の係数は，増加率の寄与度分解になる。さらにその対数を取る場合には，係数は増加率の弾力性を示すことになる。ほとんどの議論は，比較しやすく理解が容易な水準弾力性（水準対数の係数）を用いることにする。

医療費は，上記のような静的な決定構造だけでなく，ほぼ1年おきに行われる診療報酬改定，数年ごとに行われている医療保険制度改革，介護保険制度や後期高齢者医療制度の創設，医療費の定義の変更などの影響も受ける。これらの影響を捉えるために，年次ダミーを投入する。特に，増加率実数モデルにおける年次ダミーの係数は，静的な要因構造の影響を調整したうえでの対前年度増加率を示すことになる。年次ダミーを投入する前の静的決定構造の各変数の係数は互いに相関を調整した後の，直接効果を示し，年次ダミーを投入すると，各説明変数と年次ダミーの間の相関も調整されることに注意したい。

地域相関係数は都道府県間の空間的自己相関を，都道府県ダミーは都道府県固有の効果を捉えるために投入するものである。線形パネルデータモデル分析と空間パネルデータモデル分析の違いは，地理的相関を考慮するか否かである。

係数の意味

分析の結果として得られる係数の意味については，すでに簡単に述べたが，若干補足しておきたい。

(1) 総合効果と直接効果

1つは，総合効果と直接効果である（図5-5）。医療費の増加要因とされるものは多数あり，しかも相互に関係（相関）がある。他の変数のことをいっさい

図5-5 総合効果と直接効果

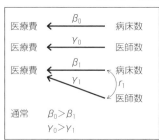
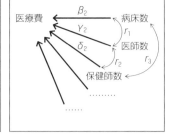

考慮せず，その変数のみをモデルに投入して得られる係数をここでは総合効果と呼ぶ（図5-5の β_0 や γ_0）。一方，他の変数も投入した場合に得られる係数を直接効果と呼んでおこう（図5-5の β_1 や γ_1）。総合効果は，他の変数の効果も含んだ最大限の効果（見せかけの効果も含む）であり，直接効果は他の変数の効果を除いたその変数固有の効果である。一般的に直接効果は総合効果よりも小さい。

　まず，病床数と医師数しか説明変数がなく，地域相関も年次効果も都道府県効果もないと仮定しよう。変数はすべて対数化してある。病床数のみを説明変数として投入すると，病床数のパネル偏回帰係数は2.24と出る（これは水準対数モデルの実際の分析結果で，1%水準で有意，モデルの説明度を示す自由度調整済み決定係数〔overall〕0.12，固定効果モデルが選択された）。同様に，医師数のみを投入すると2.48である（1%水準で有意，overall 0.62，変量効果モデル）。これだけみると病床数の係数も医師数の係数もどちらも1を超えているので，かなり弾力的である（つまり，医療費への影響が大きい）ということになる。病床数が10%増えると医療費は22.4%増え，医師数が10%増えると医療費は24.8%増えると解釈する。似たような大きな増えた方ではあるが，自由度調整済みの決定係数（overall）をみると，病床数モデルでは0.12であるのに対し，医師数モデルでは0.62であるから，医師数モデルの方が説明力がずっと高いということになる。

　ここで，両者を同時に投入すると，病床数の係数は0.12（1%水準で有意，overall 0.87，固定効果モデル）と18分の1近くに下がり，医師数は0.94（1%水準で有意）と約3分の1に下がる。このように係数の大きさに変化が生じるのは，病床数と医師数との間に相関があり，一般の重回帰分析同様，パネルデータ分析でも複数の変数を投入すると，両者の間の相関を除外した係数が求められるからである。この係数をみると，病床数が10%増えても医療費は1.2%増えるだけということになる。病床数を単独で入れた場合よりもかなり数値が小さくなるが，これは病床数の影響とみられたもののうち，かなりの部分は医師数という別の（単独モデルでは隠れていた）変数を媒介していたものだったからということになる。医師数の係数も小さくなっているが，これは病床数を媒介した影響力が除去された結果である。それでも0.98あるので，医師数の方が病床数よりも影響力の方が大きいと言えることになる。つまり，見せかけの

相関を含んだ総合効果の比較では不十分で，複数の要因を1つのモデルに同時投入してはじめて比較できたことになる。なお，病床数と医師数の双方を入れたモデルの決定係数は 0.87 とかなり高くなっているが，これは医療費データのバラツキの 87% が，病床数と医師数の2つの変数で説明できることを意味する。そして，これは病床数や医師数を単独で入れた場合の数字よりも大きいので，より説明力の高いモデルであるということになる。

　したがって，病床数や医師数の医療費に対する効果を議論する際には注意が必要である。たとえば，病床数の最大の効果を知りたければ，まずモデルに病床数を単独で投入し，その係数と有意性，モデル全体の説明度を確認し，その後関連のある変数を投入していって，係数，有意性，説明度の変化を確認していく必要がある（変数選択の場合，変数増減法と言う）。

(2)　間接効果と調整変数

　直接効果に対する言葉に間接効果（媒介効果）というものがある。これはいずれかの説明変数を中心にみた場合に，他の変数経由での関連を示す言い方である。先の例では，病床数と医師数の間には相関があるから，病床数自体の1人当たり医療費に対する影響は，単独で影響を及ぼすもの（直接効果）と医師数経由で医療費増加に影響するもの（間接効果）との合計（総合効果）であった[4]。通常の重回帰分析では，病床数と医師数の間の相関係数に，医師数の係数を乗じたものが間接効果に該当する。

　病床数と相関のありそうな変数を入れれば入れるほど，その変数と病床数との相関部分が除外されるので，病床数の直接効果を示す係数の値は一般的には下がっていく。このとき投入した相関のありそうな変数を，注目している変数に対する調整（統制）変数と言う。ここでは調整変数の影響を取り除いた病床数の直接効果は 0.12 だということになる。もちろん，病床数という変数にとって医師数やその他の変数は調整変数であるが，医師数からみれば，病床数は調整変数である。つまり，注目している変数以外で投入したものすべてが，注目している変数の調整変数だということになる。

　まとめれば，総合効果が見せかけの相関も含めた最大の係数であり，すべての変数を投入した際の直接効果が，他の変数の影響を取り除いた後の係数だと

---

4)　間接効果（媒介効果）を各説明変数の間で合理的に分配することは困難なので，各説明変数の影響を寄与率のように計算することはできない。

第5章　複雑な要因をひもとく　　93

言える（場合によって有意ではなくなったり，符号が変化したりする）。同一のモデルに同時に投入して得られた各変数の直接効果の係数は相互に比較できることになる。

2　最大の要因は医師数であった

さて，パネルデータ分析の結果はどう出たのであろうか。ここでは，最も単純な線形パネルデータモデルの中でも水準対数モデル，つまり変数をそのまま対数変換して投入したモデルで，かつ年次ダミーは投入しないモデルの分析結果を中心に，その要点をかいつまんで説明する。各係数は要因別の医療費に対する弾力性を示すことになり，相互に比較可能である。

結論から先に言えば，医療費増加の最大の要因は，これまであまり注目されていなかった医師数の増加であった。しかし，一方で医師数の影響力は圧倒的とまでは言えず，医師数さえ抑制すれば医療費全体を抑制できるというほどのものではないことも判明した。

まずは，全体の比較の結果を示し，次いで供給サイドの政策的に対応可能な医師数，病床数，平均在院日数，保健師数についてもう少し詳しく述べ，最後に需要サイドの要因について議論しよう[5]。診療報酬改定や制度改正の影響については第6章で，地理的な相関を考慮したパネルデータ分析の結果については第7章で議論する。

全体の分析結果

図5-6は，1人当たり国保医療費総額に関する線形パネルデータモデルの各医療費増加要因とその係数（水準弾力性）をグラフ化したものである（5%水準で有意なもののみ示してある）。年次ダミー投入前のものが上段，投入後のものが下段である。年次ダミー投入前の各変数の係数の大きさと組み合わせは，医療費水準を決める静的構造を端的に示し，年次ダミー投入後のものは，都道府県に共通する年次的な動きを年次ダミーで吸収した後に残る静的な決定構造を示すことになる。年次ダミーの投入によって多くの変数の係数が有意ではなくな

---

5)　ある変数が需要サイドのものか供給サイドのものかは，すでに述べたように曖昧である。特養定員数は，以下の分析結果の説明では，需要サイドの変数として扱った。

図 5-6 国保医療費増加の要因比較(一般・老人合計)

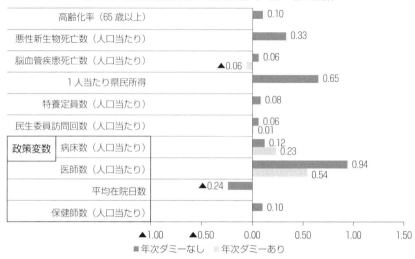

(注) 1. 線形パネルデータモデル(水準対数モデル)。
2. 数字は1人当たり国保医療費総額(1983〜2012年)に対する各要因の水準弾力性を示す。
3. 調整済み決定係数(overall)は、年次ダミーなし0.87、年次ダミーあり0.95。

り,有意であっても係数の大きさは減少し,また一部は符号が変化している。モデルの決定係数は,年次ダミー投入前で 0.87,投入後で 0.95 であるから,説明力はかなり高いと言える。

すでに述べたように,読み方には注意が必要である。1つはこれらの各変数の係数は,その他の変数との相関を取り除いた後のその変数の直接効果,ここでは弾力性を表しているので,たとえば,線形パネルデータ分析における1人当たり県民所得の係数は 0.65 であるから,県民所得が 10% 上がると医療費は 6.5% 上がるというように読むことになる(ただし,年次ダミー投入後では県民所得の係数は有意ではない)。また,変数自体の年次的な増減傾向を合わせて考える必要がある。たとえば,脳血管疾患死亡数,病床数,平均在院日数は現在漸減傾向にある。病床数の係数がプラスであるということは,病床数が減れば医療費は減る傾向にあるということを意味する。一方,平均在院日数の係数がマイナスであるということは,平均在院日数が減れば,医療費は増えるということを意味する。

分析結果をみて第1に指摘しなければならないのは,モデルの説明力が高い

第5章　複雑な要因をひもとく　95

ことから，30年間にわたって安定した医療費の決定構造があるというモデル
の前提がデータで支持されている点である。これは驚くべきことかもしれない
（第3節で，データを10年間ごとに分割して，係数がどれだけ変化するかも観察する）。
もう1つは，格別大きい係数の変数がないということである[6]。これは投入し
た変数をみる限り，医療費を劇的に抑制する単独の方法はないということを意
味する。

各要因の比較

　個別の係数の結果を年次ダミーの投入の前後の変化も含めて概観すると，最
も係数が大きいのは医師数であり（0.94と0.54），1人当たり都道府県国保医療
費の水準を高める最大の要因は医師数であるということになる。なお，「一般」
「老人」という制度区分，「入院」「入院外」という診療区分，3要素の分析結
果をみても，さらに，国民医療費の分析結果をみても，医師数が最大の要因で
あることは確認できる（次節）。

　医師数の次に係数が大きいのは，0.65の1人当たり県民所得であるが，年次
ダミー投入後は有意ではなくなり，また県民所得は最近ほとんど増えていなの
で，実際の影響力は大きくないということになる。3番目は，0.33の悪性新生
物死亡数であるが，県民所得同様に年次ダミー投入後は有意性がなくなる。

　次いで目立つのは，病床数である。年次ダミー投入前の係数は0.12とあま
り大きくはないが，年次ダミー投入後は0.23と増加し，直近の10年間の分析
でも係数は大きい（0.22）（図5-7）。病床数は，年次効果，都道府県の個別性の
存在を考慮しても，医師数と同様に都道府県の医療費水準に構造的な影響を与
えていることがわかる。

　興味深いのは，平均在院日数である。平均在院日数は，その短縮化が医療費
適正化の数値目標に掲げられるなど，医療費適正化政策の目玉の1つであるが，
分析結果ではマイナス0.24でむしろ医療費の増加要因であるという結果が示
された（年次ダミー投入後は有意性がなくなる）。この平均在院日数については，

---

6)　本書では割愛したが，医療適正化が始まる前の時期，1973～81年のデータの分析では，
　　年次ダミー投入前は高齢化率および1人当たり県民所得の係数が1を超え，年次ダミー投
　　入後はこれらの係数は非常に小さくなり，病床数の係数が0.35で最大である。詳しくは，
　　印南（2016）を参照されたい。

96 第2部 医療費の増加要因を分析する

次節と第6章で再度詳しく検討する。

高齢化率の係数は0.10で年次ダミー投入後は有意性がなくなる[7]。この数字をみる限り，人口の高齢化は1人当たり医療費の大きな増加要因ではない（ただし，高齢者人口の増加の医療費全体への影響は大きい）。また，予防活動を示すと思われる保健師総数，ソーシャル・キャピタルを示す民生委員訪問回数，入院医療の代替として期待される特養定員数の係数は，いずれもプラスで小さい。医療費適正化政策としての保健予防活動や特別養護老人ホーム建設（特養定員数の増加）は，医療費適正化効果についてはあまり期待できないことがわかる。高齢化や県民所得は，医療費政策にとっては操作の対象ではなく，むしろ与件である。同様に，悪性新生物による死亡率の上昇は，医療費政策にとっては，むしろ医療費を投下して減らすべき対象であるとも言える。その中で，政策的対応が可能な医師数と病床数が影響力の大きい変数として上位にきた意味は大きい。

そして，これらの結果は従来のクロスセクション分析研究と時系列分析研究の成果と矛盾するものではなく，むしろ両者を統合した結果にもなっていることに注目したい。

3 供給サイドの政策変数の影響をみる

医療供給を示す変数として，パネルデータ分析では病床数と医師数，平均在院日数，および保健師総数を投入した。このうち前3者の変数は，単純に医療提供体制の変数だということにとどまらず，医療分野に特有な現象である供給誘導需要と絡む重要な変数である。これらは政策的に対応可能な変数でもあり，その意味でこれらの変数の医療費に対する影響には重大な関心が持てる。さらに，3要素まで含めたパネルデータ分析を行った結果，供給誘導需要やアクセスの改善の関係に関する示唆も与えてくれることが期待された。まずは，医師数の影響を確認し，次いで病床数と平均在院日数については，過去の政策も絡め議論しよう。なお，保健師総数については，需要サイドの要因のところで述べる。

---

7) なお，パネルデータ分析では，老人医療費関係の分析には高齢化率の変数は投入していない。

第5章 複雑な要因をひもとく　97

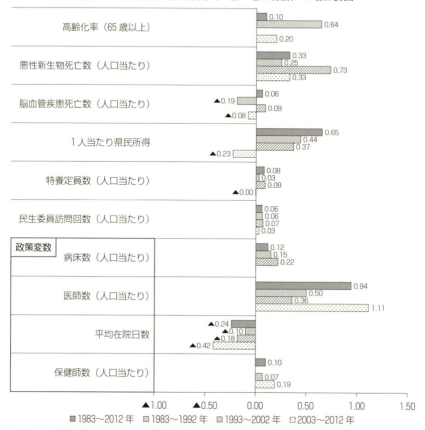

図5-7　年代別の国保医療費（一般・老人合計）の増加要因

(注)　1. 線形パネルデータモデル（水準対数モデル，年次ダミーなし）。
　　　2. 数字は1人当たり国保医療費総額（1983～2012年）に対する各要因の水準弾力性を示す。
　　　3. 調整済み決定係数（overall）は，全体が 0.87 で，1983～92年は 0.82，1993～2002年は 0.74，2003～2012年は 0.62。

医師数の影響は普遍的

　図5-7は，1983～2012年の30年間のデータを，10年ごとに分けて，同様の分析をしたものである（線形パネルデータモデルで年次ダミーなし）[8]。30年間分のデータの分析結果と比べると，直近10年間は全般的に政策変数の係数が大きくなり，特に医師数の係数は1を超えている（つまり，医師数が10%増えると，

---

8)　30年間のデータでは，すべての変数が定常性を満たすが，10年間ごとに区切ると一部の変数は満たさなくなる。

図 5-8 保険制度別の国保医療費の増加要因

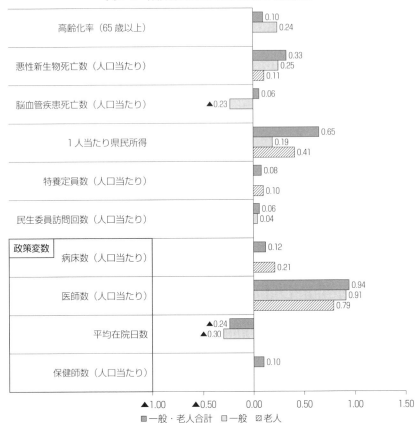

(注) 1. 線形パネルデータモデル（水準対数モデル，年次ダミーなし）。
2. 数字は1人当たり国保医療費総額（1983〜2012年）に対する各要因の水準弾力性を示す。
3. 調整済み決定係数（overall）は，一般・老人合計 0.87，一般 0.85，老人 0.69。

医療費はそれ以上の 11% 増えることになる）。また，図 5-8 は，国保内の保険制度別の各要因の影響をみたものであるが，医師数については一般，老人，一般・老人合計で傾向はあまり変わらない。さらに，図 5-9 に示されるように，一般入院・入院外，老人入院・入院外の診療区分別にみても，医師数については同じプラスの方向の影響になる（病床数は入院と入院外で影響の方向が分かれ，平均在院日数は一般と老人で影響の方向が分かれる）。つまり，医師数の影響はかなり普遍的であると言える。

第5章 複雑な要因をひもとく　99

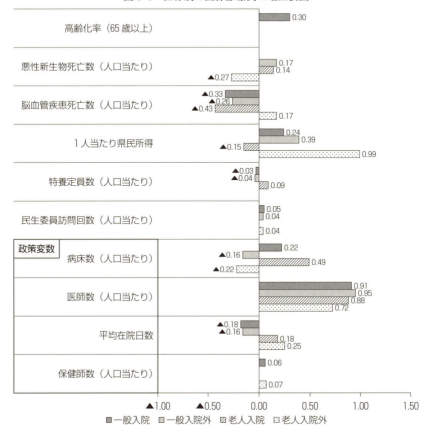

図 5-9　区分別の国保診療費の増加要因

(注)　1. 線形パネルデータモデル（水準対数モデル，年次ダミーなし）。
　　　2. 数字は1人当たり国保医療費総額（1983〜2012年）に対する各要因の水準弾力性を示す。
　　　3. 調整済み決定係数（overall）は，一般入院 0.78，一般入院外 0.75，老人入院 0.75，老人入院外 0.54。

　医師数は政策的には，1973年の一県一医大構想による医学部定員の増加⇒医療費適正化政策の1つとしての抑制（1980年代）⇒増加への転換（2008年），と紆余曲折を経て現在に至っている。医師数の問題は，地域偏在，診療科偏在の問題のみならず，これらを原因とする地域による医師不足問題，勤務医の過剰労働問題とも絡み，複雑である。厚生労働省，日本医師会，医系議員の態度も変化し続けている難しい問題であるため，医療費抑制の観点のみから医師数の抑制を論じるわけにはいかない。しかし，医師数の増大が医療費増加の最大

100　　第2部　医療費の増加要因を分析する

の原因であるという認識を共有することは必要であろう。なお，医師数と医療費の3要素に関する分析結果は供給誘導需要のところで検討する。

病床数の抑制の重要性は変わらない

　次に病床数についてみてみよう。水準対数モデルの図5-8にあるとおり，病床数は，「一般・老人合計」と「老人」でそれぞれ0.12，0.21と，プラスの係数である。「一般」では有意になっていないが，図5-9でわかるように，それは「一般入院」でプラス，「一般入院外」でのマイナスが相殺したためである。なお，同じように「老人入院」はプラス，「老人入院外」はマイナスであるが，「老人入院」の係数が0.49とかなり大きいため，「老人」全体ではプラスに有意になっている。病床が増えれば，入院診療費が増え，外来診療費が減るということで，クロスの弾力性を示したことになり，興味深い。

　一般診療費と老人診療費の3要素の分析結果を示す図5-10（105頁）と5-11（106頁）をみると，病床数が増えると「一般」でも「老人」でも入院受診率が大きく増え，1日当たり入院診療費が減ることがわかる。実際には，病床数は1990年代以降漸減しているので，病床数の減少に伴い，入院受診率が減少し，1日当たり入院診療費が増加していることになる。逆に言えば，もし病床数が増えると入院医療へのアクセスが増える一方，1日の医療密度が下がることを意味する。

　一般に受診率は供給サイドによる操作性は低いので，この受診率に対するプラスの係数は，病床数が入院医療へのアクセスの向上に一定の役割を果たしているとも言えなくはない（しかし，医師数の場合と異なり，国際的にみて日本はかなりの病床過剰である）。一方，平均在院日数が減ることによって，1日当たり入院診療費が増えるのは当然であるが，病床数と1日当たり入院診療費が関連するのは不思議である。1日当たり入院診療費が増えるのが，医療技術の進歩や平均在院日数の減少によるものだけであれば，この病床数と1日当たり入院診療費との関係は説明がつかない。過剰な病床数が低密度な医療をもたらしていること（印南，2009），また病床数を減らして，1日当たり入院診療費を増やす供給者行動（供給誘導需要）の存在が示唆される。

　すでに述べたように，クロスセクション分析を用いた先行研究の多くは，病床数や病院数，医師数等の医療供給関連指標が，医療費の地域差や増加に対し

第5章　複雑な要因をひもとく　101

てプラスの影響を持つ代表的な要因であること，また入院診療費については，病床数あるいは病院数が最も大きい影響を持つことということで一致しているものの，入院外診療費については，医師数や医療施設数の影響はあまりない，あるいは有意ではないとする研究もある。

　図 5-6〜5-11 に示されるパネルデータ分析の結果は，医療供給関連要因が医療費増加の大きな要因であることでは先行研究（クロスセクション分析研究）の知見と一致する。一方，相違点もあることに注意したい。入院診療費についても入院外診療費でも，病床数ではなく医師数が最大の要因であること，また入院外診療費に対しては，「一般」でも「老人」でも，病床数はマイナスに有意な結果が出ている点である（図 5-9）。

　図の 5-6 に示されるように，全体としてみると病床数の増加は医療費増加の重要な要因であるということになるが，実際には全国でみれば病床数は減少しているので，現在の病床数の抑制は医療費増加の抑制につながっていると言えることになる。むしろ，現在病床数が過少であるとされる地域も，病態別の患者数やその将来推計値から必要病床を割り出せば，過剰という評価に転ずる可能性もあることになる。人口減少が著しい地域ではなおさらであろう。

　したがって，現在の地域医療計画による病床数の総量規制には，医療費抑制の観点からみて大きな合理性があることになる。なお，本分析では病床種別（一般病床，精神科病床など）の分析は，データの制約上行っていない。病床数削減に向けたエビデンスのさらなる蓄積が必要である。

病床規制は何をもたらしたのか

　ここでは「駆け込み増床」がどれくらいあったのか，供給誘導需要の基礎仮説の１つである AJ 仮説（競争が厳しいほど設備投資をする，つまり病床が多い地域ほどさらに病床が増えるという仮説）が成り立つのか，および病床規制は地域差縮小に役立ったか，の３点を追加的な分析を行いながら検証してみよう。

　まず，医療費適正化政策の一貫として，1983 年に地域医療計画の導入を盛り込んだ医療法改正案が国会に上程され，85 年には成立した。２次医療圏ごとに必要病床数を定めた都道府県レベルでの計画策定は，1987 年の神奈川県に始まり 89 年の富山県で終了する。第４章の図 4-4 で明らかだったように（つまり，複雑な分析を行うまでもなく），この規制により病床数の増加傾向に歯止め

102　第 2 部　医療費の増加要因を分析する

がかかり，1991 年以降の都道府県別の人口当たり病床数は，全体的には漸減に転じている。

　病床規制がアナウンスされてから実際に 2 次医療圏別病床数の上限が決まるまで（すなわち，1983 年の法案提出，86 年の「医療計画策定指針等」公布から，それ以前の計画に盛り込まれていた病床建設の終了時である 90 年程度までの間）に約 5 年のタイムラグがあったため，全病床の 11% に当たる 17 万床の「駆け込み増床」が起きたと一般に説明されている（中島，2001）。しかし，病床数の推移をよくみれば，病床規制開始前の 1976 年からの方が増え方は大きいことがわかる（図 4-4）。

　1973 年から 90 年までのパネルデータを用い，各都道府県別の人口当たり病床数を目的変数とし，年次変数，83 年以降の年次ダミー変数でパネル回帰させた分析と，74 年から 90 年までの対前年度増加率を目的変数にして，同様のパネル回帰させた分析[9] を行った。前者の分析は，毎年の病床増加数に着目し，1983 年以降に増加のスピードに変化があったのかを示し，後者は 83 年以降に増加率自体に変化があったのかが示されたことになる。

　結果をみると（表は割愛した），まず 1973 年から 90 年まで，人口 10 万人当たり病床数は基準年の 1071 床から毎年 20 床増えていったが，83 年からはこれが毎年 23 床増えたことを示しており，駆け込み増床があったことになる（観察数 846，年次変数の係数 19.81***，駆け込み増床ダミーの係数 3.06***，定数項 1070.71***，overall 0.13，変量効果モデル）。一方，対前年度増加率でみると，1974 年から 90 年まで，人口 10 万人当たり病床数の対前年度増加率は，基準年の 0.3% から毎年 0.3% ずつ伸びたのであるが，83 年からはむしろ増加率は 0.02% 減少していることになる（観察数 799，年次変数の係数 0.003***，駆け込み増床ダミーの係数マイナス 0.002***，定数項 1.003***，overall 0.09，変量効果モデル）。つまり，1983 年までは増加率自体が毎年わずかずつ伸びていったが，医療法改正案の国会提出から始まった病床規制の動きによって伸び率自体は逓減したことになる（ただし，モデルの説明力自体はあまり高くないので，慎重な解釈が必要

9）　きわめて単純なモデルで，数式で表せば，$y = \alpha + \beta(1+D)x$ となる。x は年次変数，D は 1983 年以降を 1 とする駆け込み増床ダミー，y は i 年 j 都道府県の病床数または病床数の対前年度増加率となる。ただし，前者は毎年一定数の病床が増えているという前提を，後者は一定の増加率で病床が増えているという前提を置いている。

第5章　複雑な要因をひもとく　　103

表 5-1　AJ 仮説に関するパネルデータ分析結果

	人口当たり病床数水準 （1973〜90）	人口当たり病床数増加率 （1974〜90）
年次変数	21.646***	0.004**
上位 10 都道府県ダミー	11.440***	0.000
下位 10 都道府県ダミー	▲1.615	0.001***
定数項	1053.108***	1.012***
観察数	846	799
within	0.80	0.03
between	0.61	0.08
overall（固定ないし変量）	0.34	0.04
F test（u_j=0）（固定のみ）	0.00***	0.00***
Breusch-Pagan test（変量）	0.00***	0.00***
Hausman test Prob＞chi2	na	0.98
選択されたモデル	変量効果	変量効果

（注）　***：p＜0.01，**：p＜0.05，*：p＜0.1

である）。

　地域医療計画の導入の目的は 2 つあり，1 つは無秩序な病床数増加をコント
ロールすることであったが，もう 1 つは地域間の病床数格差の是正である。格
差が是正されたかどうかを直接みる前に，供給誘導需要のところ（第 4 章）で
触れた AJ 仮説を検証してみよう。AJ 仮説が成立すれば，病床の多い地域ほ
ど病床数が増えたはずであるから，病床規制以前に地域差は拡大していたはず
である。

　病床規制の場合と同様に，病床数水準と増加率について，1973 年時点で人
口当たり病床数の多い方からの上位 10 の都道府県と下位 10 の都道府県をダミ
ーにして分析した（表 5-1）[10]。結果をみると，まず 1973 年から 90 年まで，人
口 10 万人当たり病床数は基準年の 1071 床から毎年 22 床増えていったが，上
位 10 都道府県はこれが 33 床で，約 1.5 倍に該当する。もともと人口当たり病

10)　数式で表せば，$y = \alpha + \beta(1 + D_1 + D_2)x$ となる。x は年次変数，D_1 は 1973 年時点での
　　人口当たり病床数の上位 10 都道府県を表すダミー，D_2 は下位 10 都道府県を表すダミー，
　　y は i 年 j 都道府県の病床数または病床数の対前年度増加率となる。

床数の少ない都道府県にはこのような差は出ていない[11]。モデルの説明力はそれなりにあるので，病床数が多い地域ほど病床の増加ぶりは大きかったことになり，AJ 仮説は支持される[12]。つまり，1990 年までの病床規制開始前は人口当たり病床数の地域格差は拡大していたことになる。

　なお，増加率をみると，基準の増加率は 1.2% で，毎年の増加率自体は 0.4% 増加している。上位 10 都道府県のダミーの係数は有意ではないので，増加率には差がないことになる。むしろ，もともと人口当たり病床数の少ない都道府県の増加率が 0.1% で有意なので，増加率でみると病床数過少地域で増加率がわずかながら上昇したことになる。結果として，1991 年から現在に至るまでの病床数全般の漸減傾向を考慮すると，都道府県レベルでの人口当たり病床数における地域差の拡大は病床規制によって防止され，わずかずつ地域差が縮小に向かっているということになる[13]。つまり，病床規制は諸外国に比べ非常に多い日本の病床数の総量規制として機能し，病床数過剰地域のさらなる増床を防止し，病床数の地域差の拡大に歯止めをかけたと言えるであろう[14]。

平均在院日数の短縮化は何をもたらしているか

　日本の病院の平均在院日数が，国際基準からすれば非常に長いこと，しかし，一貫して短縮化していることは第 4 章で述べた。

　平均在院日数の医療費への効果は，一般と老人で際立った対照をみせている。「一般・老人」と「一般」の係数は，マイナス 0.24 とマイナス 0.30 であるが，

---

11)　第 4 章の図 4-4 で明らかなように，もともと病床数の少ない地域のうち，沖縄県は例外的に病床数が増加していった。本分析では，沖縄県を下位 10 都道府県に含めているので，統計的に有意にならなかった可能性もあるが，係数自体は大きくない。

12)　本来 AJ 仮説を検証するには，都道府県ではなく，より小さい地域単位で競争状況をきちんと定義し，分析すべきであろう。

13)　2 次医療圏における基準病床数との過不足でみた場合の病床規制の評価については，高木（1996）を参照されたい。長谷川（1998）は，基準病床数との過不足関係で言えば，格差縮小に貢献したようにみえるが，5 年に 1 回改定される基準病床数自体の算定に平均在院日数の低下を考慮していないので問題があるとしている。ただし，2006 年からは平均在院日数が考慮されている。泉田（2003）は，無医地区の解消という意味では，病床規制は有効性が低いとする。

14)　病床規制の開始が，地域差の縮小に貢献したとまでは言っていないことに注意したい。そこまで言うには，病床規制が地域差を縮小させる因果のメカニズムに関する考察とモデル構築を行い，1990 年以降のデータを中心にした分析をする必要がある。

第5章 複雑な要因をひもとく

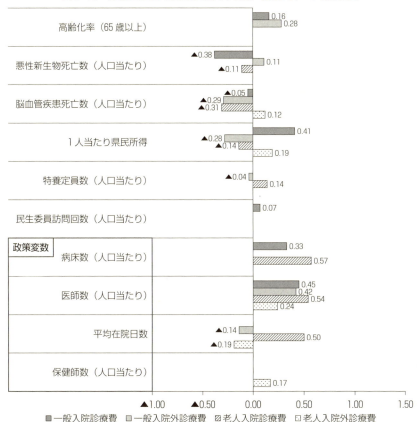

図5-10 診療区分別の国保医療費3要素（受診率）の増加要因

(注) 1. 線形パネルデータモデル（水準対数モデル，年次ダミーなし）。
2. 数字は1人当たり国保医療費総額（1983～2012年）に対する各要因の水準弾力性を示す。
3. 調整済み決定係数（overall）は，一般入院 0.48，一般入院外 0.70，老人入院 0.82，老人入院外 0.55。

「老人」は有意ではない（図5-8）。「一般入院」「一般入院外」もマイナス 0.18 とマイナス 0.16 であるが，「老人入院」「老人入院外」は，0.18 と 0.25 であった（図5-9）。これは，平均在院日数の減少が老人医療費（正確には診療費）の増加を抑える一方，一般国保と国保全体にとっては医療費増加をもたらしていることを意味する。なお，診療費である「老人入院」「老人入院外」がともにプラスで有意なのに，療養諸費の「老人」がプラスで有意にならないのは，診療費と療養諸費の違い，特に調剤費に原因があると推測され，実際分析してみる

図 5-11 診療区分別の国保医療費 3 要素（1 日当たり診療費）の増加要因

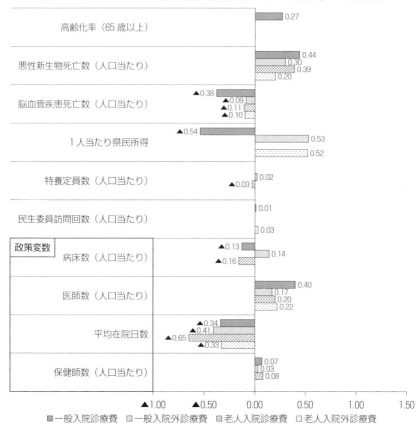

(注) 1. 線形パネルデータモデル（水準対数モデル，年次ダミーなし）。
2. 数字は 1 人当たり国保医療費総額（1983～2012 年）に対する各要因の水準弾力性を示す。
3. 調整済み決定係数（overall）は，一般入院 0.71，一般入院外 0.80，老人入院 0.82，老人入院外 0.61。

と，平均在院日数の短縮化に伴い，1 人当たり調剤費が増加し，その効果を相殺しているためである（後述）。つまり，平均在院数の短縮化は国保医療費全体の抑制には効果がなく，かえって増加要因になっているということになる。

さらに，3 要素の分析結果をみてみよう。一般国保では，入院受診率では有意ではないが（年次ダミー投入後の係数はマイナス 0.15 なので，平均在院日数の短縮化に伴い入院受診率が上昇するという期待どおりの結果である），外来受診率は増加し，平均在院日数の減少により，日数は入院，入院外とも減少し（0.12 と 0.40，

第5章　複雑な要因をひもとく　107

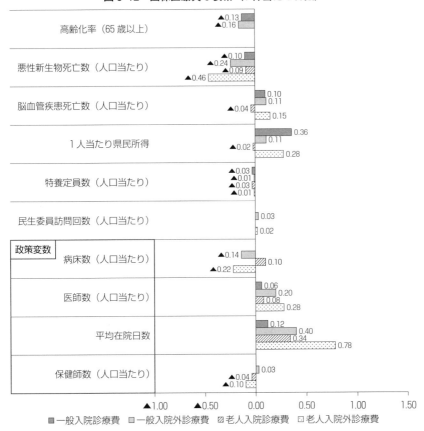

図5-12　国保医療費3要素（1件当たり日数）

図5-12），逆に1日当たり診療費が上昇する結果となっている（一般入院0.34，一般入院外0.41，図5-11）。一方，老人については，平均在院日数の短縮化は入院受診率の低下（0.50，図5-10）と入院外受診率の上昇（マイナス0.19，図5-10）をもたらすが，日数は入院，入院外とも減少し（図5-12），逆に1日当たり費用は入院（マイナス0.65，図5-11），入院外（マイナス0.33，図5-11）とも上昇している。

すでに述べたとおり，平均在院日数の短縮化はほぼ自動的に医療密度の上昇をもたらすはずであり，病床の回転率も上がるから，1ヵ月当たりの病院当たり入院診療費は上昇するはずである。その結果が，一般国保についてはそのま

108　第2部　医療費の増加要因を分析する

図5-13　国保医療費3要素（1件当たり診療費）

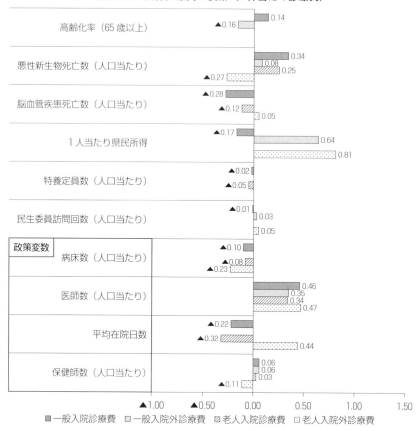

ま出ている。一方，老人医療費については，平均在院日数の短縮化は，空床が埋まらない限りは，医療費の減少をもたらす可能性もあると書いた（第4章）。この部分については，病床利用率，病床回転率の観察を含めた精査が必要であるものの予想どおりの結果である。

　全体としてみると，平均在院日数の短縮化は急性期病床の機能特化をもたらしており，同時に一部医療の外来シフトも生じさせているのではないかと思われる。これは医療の効率化を図るという意味では狙いどおりであるが，医療費適正化の効果は老人入院医療費の部分にしかないということになる[15]。

　平均在院日数の短縮化は，医療の質の向上および病床の機能分化を実現する

第5章　複雑な要因をひもとく　　109

Column⑥　横断仮説の誤謬と部分最適の陥穽

　病床数や平均在院日数に関する一般の議論をみていると，やや早急な結論を導いているようにみえる。たとえば，病床数（または平均在院日数）と1人当たり老人医療費の散布図と相関係数（あるいは単年度の単回帰分析の結果）を示し，病床数の多い（平均在院日数の長い）地域ほど，1人当たり老人医療費が高いので，病床数を削減する（平均在院日数の短縮化を図る）べきだという議論である。しかし，この散布図で言えるのは，まさしく病床数の多い（平均在院日数の長い）地域ほど1人当たり老人医療費が高い（横断仮説あるいは相関，共変関係がある）ということであって，病床を減らせば（平均在院日数を短縮化すれば）1人当たり老人医療費が下がる（縦断仮説あるいは因果関係がある）ということではない。

　加えて，老人医療費の増加が医療費全体の増加の大きな要因であるから，老人医療費の伸びを抑える政策を実施すれば，医療費全体の伸びを抑制できるという前提があるようにみえる。老人医療費の伸びを抑える政策が，老人医療費の伸びを抑えたとしても，他の部分の医療費を押し上げてしまえば，全体としては効果がない，あるいはかえって医療費を増加させるという可能性を考慮していないのではないか。

　一般に因果関係を探るには，①共変関係の確認（横断仮説），②原因が結果に対し時間的に先行していること（縦断仮説），③他の関連要因との統制が行われたうえでも共変関係が存在すること（競合仮説との対比）の3つが最低限必要である（意思決定論の世界では，原因と結果の時間的場所的近接性，原因があれば結果が常に生じるという恒常的連結性，因果のメカニズムや因果フィールド等さらにいろいろな条件が議論されている）。したがって，病床数が医療費増の原因かどうかを判断するには，病床数と医療費の時系列的な変化を追う必要があり，他の変数（たとえば，高齢化率，医師数，平均在院日数など）を同時投入して，それらの影響を統制する必要もある。本書が複数主体の時系列データ（パネルデータ）を用いた多変量解析を行っているのは，まさしくここに理由がある。

　ちなみに，病床数と入院医療費，平均在院日数と老人入院医療費をプロットすると，どちらも正の共変関係が認められる。一方，パネルデータ分析の結果をみると，病床数の削減は医療費の減少をもたらすが，平均在院日数の短縮化はむしろ医療費の増加をもたらすという逆の結果になっている（病床数，平均在院日数，医師数等の間の相関は統制してある）。平均在院日数の短縮化は老人入院医療費の減少をもたらすが（部分最適），それ以上に一般国保の医療費を増加させるからである（全体不最適）。総合的な多変量解析が必要な理由が端的に出ている。　　［印南］

15）　なお，分析で用いた平均在院日数は全病床のデータである。精神科病床，療養病床，一般病床の病床種別ごとに，都道府県別年度別の平均在院日数のデータを用いれば，より詳細な分析が可能である。

うえで重要な政策であるが，医療費にとっては複雑な関係を持っていると言える[16]。なお，後で述べる国民医療費の分析結果では，国民医療費も平均在院日数の短縮化に伴い増加するという結果が出ている。平均在院日数に関しては，医療費適正化計画の評価のところで再度議論する。

供給誘導需要は存在するか──3要素の分析

第3章では，医療費の3要素の推移を確認した。そこでは，1日当たり診療費の増加が医療費増加の大きな要因であることが確認された。また第4章では，医療費の増加要因の1つとして，供給誘導需要の議論を行った。さらに，3要素の分析結果の一部を示し，病床数を減らして1日当たり入院診療費を増やす供給者行動の存在が示唆された。ここでは，病床数以外の変数との関係で供給誘導需要が存在するのか否かについてもう少し詳しく検討したい。

まず，3要素を医療の需要と供給，特に供給誘導需要の指標として考えてみよう。第1の受診率は一般に患者サイドの需要によって決まる要因とされており，供給誘導需要の指標としては解釈しづらい。受診するかどうかの決定権は患者にあると思われ，アクセスの改善を示す指標であるとみた方がよいであろう。1件当たり日数については，入院については医師に一定の裁量権があると思われるが，患者も早期退院を要求することもできるし，外来の日数については患者サイドにも一定の決定権があると思われるので，供給誘導需要の指標としてはあいまいである。

これらに対し，1日当たり診療費は，公定価格制度のもとでは，実質的に提供される医療サービスの量を示すので，インフォームド・コンセントがきちんとなされていたとしても，医師のコントロール下にあるとみてよい。したがって，医師誘導需要の指標と考えることができる（コラム⑤参照）。さらに，1件当たり日数と1日当たり診療費を乗じて計算する1件当たり診療費も参考になるであろう。

誘導需要を可能にする要因は，情報の非対称性であるが，すでに論じたように，その動機は目標所得の確保であると考えられる。受診率の低下，入院・入

---

16) さらに，地理的加重回帰の結果をみると，都道府県によってこの係数はプラスとマイナスの符号に分かれることから，病床種別，医療費種別だけでなく，地域性も考慮する必要があることになる。

院外日数の低下による医業収入の落ち込みを，1日当たり診療費を上げることでカバーしようとする行動とみてよい。

このような観点から，平均在院日数と医師数について，3要素の受診率（図5-10），1件当たり日数（図5-12），1日当たり診療費（図5-11），1件当たり診療費（図5-13）に対する係数をみてみよう（病床数についてはすでに述べた）。

まず，確認のために，高齢化率に対する係数をみると，高齢化が進むほど「一般入院」も「一般入院外」も受診率が上昇する（図5-10）。これは一般的に加齢が進むほど罹患率が高くなるので当然の結果である。また，入院1日当たり診療費も上昇している（図5-11）。高齢化率の上昇に伴い，老人入院診療費ではなく一般入院診療費が上昇しているが，これは高齢化率の指標が，社会全体の高齢化の程度だけでなく，一般国保の受給者の中での高齢化の進展も示しているためと推測される。

平均在院日数と医療費の3要素

次に，くり返しになるが，平均在院日数をみてみよう。平均在院日数が短くなるほど，「一般入院」1日当たり診療費も「老人・入院」1日当たり診療費も高くなっているが，これも早期退院させるために，医療密度を上げるので当然であろう。また「一般」も「老人」も1日当たり入院外診療費も上昇しているがこれは外来シフトのせいであろう。ただし，「老人」の入院受診率が連動しているのが興味深い（図5-10）。平均在院日数の短縮化によって病床の急性期化が進展し，老人入院患者で埋められないので老人の入院受診率が減少し，さらに老人入院医療費も減少したのだと解釈できる。また，「一般」も「老人」も平均在院日数が短くなると，「入院外」の受診率が高くなっているが，これも「入院」から「入院外」（外来と在宅医療）にシフトしているとみれば自然である。「一般」も「老人」も平均在院日数の短縮化に伴い，「入院外」の日数も減少しているので（図5-12），平均在院日数の短縮化が引き金となって，医療全般の効率化が起きているとみてよいかもしれない。

しかし，1日当たり診療費は，「一般」「老人」ともに「入院」「入院外」双方で増加すること，また，日数と1日当たり診療費を掛けて得られる1件当たり診療費でみると，老人入院外診療費は減少するが，一般入院診療費，老人入院診療費とも増加することが判明した。このような1日当たり診療費の増加は，

112　　第2部　医療費の増加要因を分析する

高齢化やその他の変数の影響を取り除いた後のものであるため供給誘導需要の存在が疑われるが，医療技術の進歩による説明を排除できないので[17]，平均在院日数短縮化に伴って供給誘導需要が起きているとまでは言えない。

医師数と医療費の3要素

　高齢化の進展や病床数の減少，平均在院日数の短縮化による影響を取り除いた結果として，最後に医師数と医療費3要素の係数を確認しよう。

　図5-10〜13で明らかなように，人口当たり医師数が増加すると，「一般」「老人」とも「入院」「入院外」の双方で，受診率も，1件当たり日数も，1日当たり診療費も，そして結果として1件当たり診療費もすべて上昇する。結果は3要素以外の分析同様単純で，医師数が医療費増加の主因であることの結論の頑健性を示している。

　医師数の上昇に伴う受診率の上昇は，患者から見た利便性（医療へのアクセス）の向上を反映するものであるからわかりやすいが，その他の3要素の上昇理由は供給誘導需要以外には説明が難しい。すでに高齢化，病床数の変化，平均在院日数の短縮化の影響は統制されているからである。医師数と医療費との関係については，医師が増えると医療費が高くなるのではなく，医療費が高い地域に医師が集まるという逆の因果関係の存在を理由とする批判もあるが（Dranove and Wehner, 1994），日本の場合，医師の新規開業は首都圏などの都市部に集中しており，これは医療需要では説明できない。また，アメリカと異なり，日本では医療サービスの単価は公定されているので，診療費の上昇は，より多くの医療サービスを提供しているか，より点数（薬価）の高い医療技術（薬剤）を選択していることを意味する。1日当たり診療費の上昇分については，医療技術の進歩の影響を除外するのは難しいので，医師誘発需要が存在するとは断定できない。しかし，医師数の上昇に伴い1件当たり入院日数も入院外日数も増加している部分は，医療技術の進歩から見ればむしろ逆の動きであり

---

17)　ただし，図5-11をみると悪性新生物死亡数が増えるに従い1日当たり診療費も増える関係にある。悪性新生物は日本人の死亡原因の第1位を占めており，高額な治療薬・治療技術が次々と導入されている領域であることを考えると，悪性新生物死亡数が，医療技術の進歩の代理変数とみなせなくもない。そう解釈すると，医療技術の進歩の影響もその分は統制されていることになる。

（平均在院日数の短縮化は，医療の機能分化・高度化をもたらし，1件当たり日数は減少している），医師間の競争が厳しいほどより多くの医療サービスを提供するという医師誘発需要を示唆するものと思われる。

　ちなみに，鈴木（2005）は，2002年の診療報酬本体の初のマイナス改定による整形外科外来医療費への影響を，富山県の個票データを用いて分析している。国保医療費3要素のうち，医師が最もコントロールできると思われる1日当たり診療費は，改定当初は5%落ち込んだが，その後順次上昇していること，営利動機の強い民間病院のみならず，赤字回避の動きをみせている公立病院でもこの動きが観察できることなどを確認している。

　供給誘導需要全体についてまとめておこう。受診率の伸び悩み，入院日数，入院外日数の減少に直面している医療提供者は，前年同期と同じ所得（病院収入）を確保するという動機（目標所得仮説）に基づき，倫理的に許容される範囲で医療サービスに対する需要を操作する可能性がある。医療費の3要素のパネルデータ分析を通じ，高齢化率や悪性新生物死亡数等の影響を統制しても，病床数が減ると1日当たり診療費（一般および老人）が増加する事実，平均在院日数が減ると，1日当たり診療費（一般および老人の入院および入院外）が増える事実，医師数が増えると1件当たり日数（一般および老人の入院および入院外）が増える事実が確認された。

　国保医療費の3要素のパネルデータ分析の結果は，医療技術の進歩の分を差し引いて考えても，日本における供給誘導需要（特に医師誘発需要）が存在し，かつその医療費に対する影響が存在するという可能性をマクロレベルで示したことになる。国保の都道府県レベルではなく，被用者保険のデータを含め，2次医療圏単位，病院単位，保険者単位における詳細な分析を行い，客観的なエビデンスを蓄積すべきである。

国民医療費の増加要因に一般化できるか

　これまでの分析は，国保医療費・老人医療費に関するものであった。得られた知見を国民医療費全体に一般化できるであろうか。

　すでに述べたように，都道府県別の国民医療費のデータは1987年から3年に一度公表されているにすぎない。しかし，年次ダミーを3年の期間ダミーに置き換えて同じ手法を用いて要因分析を行うことは可能である。水準対数モデ

114 第2部 医療費の増加要因を分析する

ルを使って検証してみよう。比較のポイントは，1987年から3年ごとのデータにした場合，国民医療と国保医療費の間で係数の符号や大きさがどれだけ異なるかである。期間ダミー投入前の分析結果で比較した。なお，同じ国保医療費で1年ごとのデータと3年ごとのデータで，係数の符号や大きさがどれだけ異なるかも同時に検証する必要があるだろう[18]。

　結果は，国民医療費の増加要因の最大のものはやはり医師数であった（図5-14）。次は，1人当たり県民所得で，悪性新生物死亡数，平均在院日数が続く。ここでも平均在院日数の係数はマイナスであるから，平均在院日数が短くなるほど医療費は増えていることになる。国保医療費の分析結果は医療費全体についてもかなり一般化できると言えるであろう。

　なお，国保データ内部での3年ごとのデータとの比較では，病床数の係数の大きさ，所得の説明度の大きさが3年ごとのデータで小さくなっている。1991年ごろにどちらも増加から緩やかな減少に転じていることが原因と思われる。これは年次データか3年ごとのデータかというよりは，データの開始時期の差であろう。また，脳血管疾患死亡率にも差があったが，これは国際疾病分類第9版（ICD 9）から第10版（ICD 10）への移行の際の定義変更が影響している可能性がある。

4　需要サイドの要因を概観する

　続いて，患者の受診行動を変化させることを通じて医療費に影響すると思われる需要サイドの要因について検討しよう。

人口の高齢化は医療費増加の主因ではなかった

　第4章では，寿命の延伸と社会全体の年齢構成の変化である人口の高齢化とを区別し，人口の高齢化が医療費増加の要因であるとしても，他の要因と比較した場合の「強さ」の程度が問題になるとした。

　年次ダミー投入前の水準対数モデルのパネルデータ分析の結果をすでに図

---

18)　国民医療費のデータは1987年からの3年ごとで2011年までのデータなので，これまで分析したデータとは，年次データか3年ごとのデータかの違いだけでなく，開始年と終了年の違いもある。

第5章 複雑な要因をひもとく　115

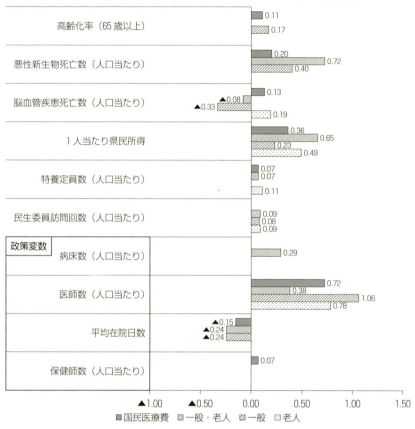

図5-14　国民医療費と国保医療費（1987～2011年）の要因比較

(注)　1. 線形パネルデータモデル（水準対数，期間ダミーなし）。
　　　2. 数字は1人当たり国民医療費総額（1987～2011年）に対する各要因の水準弾力性を示す。
　　　3. 調整済み決定係数（overall）は，国民医療費 0.81，国保医療費総額 0.83，一般国保 0.76，老人 0.53。

5-8と図5-9に示した。「一般・老人」では，高齢化率の変数が有意で0.10，「一般」では0.24，「一般入院」で0.30であり，高齢化は一般国保の入院医療費の増加に関連していることがわかる。「一般入院外」の係数は有意にはならなかったが，高齢化が「一般入院外」に無関係なわけではない。医療費の3要素のレベルに踏み込むと（図5-10～13），高齢化の進展により，「一般入院」「一般入院外」とも受診率は上昇し（0.16，0.28），日数はともに減少するが（マイナス0.13，マイナス0.16），1日当たり診療費は「一般入院」のみが上昇するため

116 第2部 医療費の増加要因を分析する

(0.27),1件当たり診療費では,「一般入院」は増加 (0.14),「一般入院外」は減少 (マイナス 0.16) となり,「一般医療費 (療養費)」全体も増加する (0.24)。他の要因を同時投入しても,高齢化の直接効果はプラスに有意に出たわけであり,人口の高齢化は医療費の増加要因だと言える。しかも,高齢化が進行するにつれ,「一般入院」も「一般入院外」も受診率が上昇していることはわかりやすい。

すでに議論したように,日本では高齢化が医療費の増加要因であるとされているが,主要な要因であるかどうかが問題であった。パネルデータ分析の結果をみる限りは,医師数,1人当たり県民所得など,高齢化を上回る係数の変数が複数あることから,人口の高齢化は説明のしやすい1人当たり医療費増加の一要因ではあっても,主要な要因とは言えないということになる。二木 (1995a) ほかの研究結果を確認したことになる。したがって,レッド・ヘリング仮説が言うように,他の重要な要因を看過しないことが重要である (パネルデータ分析の結果は,必ずしもレッド・ヘリング仮説全体を支持するわけではない)。

悪性新生物と脳血管疾患とで医療費への影響は異なるか

死亡率は地域全体の健康状態など,医療需要を反映した指標であると考えられているため,パネルデータ分析全体を通じて,死亡率の代表的な指標として,悪性新生物死亡率 (人口 10 万人当たり死亡数) と脳血管疾患死亡率を投入した。悪性新生物は,ほぼ一貫して増加し続け,現在の日本の疾病別死亡要因としては第1位になっている。一方,脳血管疾患死亡率は減少傾向にある。ここでの関心は疾病により,1人当たり医療費への影響が異なるかどうかであった。

図 5-6〜5-9 をみると,悪性新生物の死亡率の上昇が,比較的大きな医療費増をもたらすのに対し,脳血管疾患死亡率の上昇は医療費の若干の減少をもたらす結果となっている。悪性新生物の死亡率の上昇は,「一般」「老人」とも医療費増につながるが,脳血管疾患の死亡率の減少は,「一般」では医療費上昇,「老人」では有意性なしになっており,先行研究の結果を支持するものになっている。区分医療費,3要素の分析結果は,それなりに複雑で,悪性新生物と脳血管疾患の疾患としての性質を反映したものであろう。

所得は医療費増の主因か

すでに述べたように，高齢化が医療費増の主因であるという考えに対抗する要因としてあげられるものは，クロスセクション分析では病床数・病院数であり，時系列分析では所得である。単年度のクロスセクション分析を中心とする先行研究においては，所得と医療費の関連が確認されない例が多く，確認されてもその評価は安定していないことは述べた。特に国際的な分析では，所得（GDP）は医療技術の進歩と並んで，医療費の主要な増加要因であるとされることが多い[19]。

今回の分析結果はどうであっただろうか。水準対数モデルに注目し，一般国保・老人の制度別分析結果（図5-8），入院・入院外別分析結果（図5-9），3要素区分別分析結果（図5-10〜5-13）の順にみていこう。まず，所得の増加は「一般・老人」で0.65，「一般」で0.19，「老人」で0.41と，一貫して医療費増加要因である。「一般」では，入院，入院外とも増加要因であるが，「老人」では，入院は減少要因，入院外は増加要因という結果が出ている。3要素をみると，一般入院では，受診率に0.41，日数にも0.36であるが，1日当たり診療費ではマイナス0.54となり，「一般入院外」では，受診率にマイナス0.28，日数と1日当たり診療費には0.11と0.53という結果が出ている。「老人入院」では，受診率と日数にマイナス0.14と0.02，「老人入院外」では，受診率0.19，日数0.28，1日当たり診療費0.52とすべてプラスの係数になっている。一部の例外

---

19) 国際的な視野も入れて，高齢化と医療技術の進歩とどちらが主因かの議論について論じるには，本書と同様の手法で，OECD医療費のパネルデータ分析を行えばよいのであるが，本書では行わない。どの国を分析に含めるか，どの年次からのデータを入れるかであまりにも恣意性が高く，また各国の医療制度やその発展段階がまったく異なるからである。医療技術の進歩が医療費に影響するとすれば，新しい医療技術の保険制度への取り込みの程度とその価格の両者に依存するはずであるが，日本では価格については公定価格で統制されているため，日本での議論は日本に限定した方がよいし，日本での状況がどうであるかを議論すれば十分であるという判断による。また，欧米の医療経済学者の研究では，医療費は急性期医療費を中心に議論しており，長期ケア費用とは明確に区別されている。しかし，機能分化がしだいに進展してきているとは言え，日本ではいまだにいわゆる急性期病院に慢性期患者が多く入院している傾向がある。医療費自体に慢性期や長期ケアの部分が混在しているという事情もある。また，日本の社会の高齢化の上昇スピードは欧米よりもかなり速く都道府県間のばらつきが大きいため，欧米よりも高齢化率の医療費への影響が出やすい傾向がある。逆に言えば，この意味でも欧米では高齢化の影響を過小評価しやすいと言える。

的係数もあるが，概ね所得は入院外から入院へのシフトなどを通じて，1人当たり医療費の増加要因となっている。

医師数が最大の増加要因であったことと並んで，所得が増加要因であることが確認されたことは，ある意味では，クロスセクション分析研究と時系列研究の知見が統合されたことを意味する。同時に，所得が医療費増の最大の要因ではないことも確認された。

国際的な研究結果との乖離の原因としては3つほどあげられる。まず，諸外国と異なり，日本は公定価格制度を採っており，医療サービスの価格がかなりコントロールされているので，医療サービスの利用に関して所得に依存する部分が少ないということである。また，一般国民は国民皆保険，月額の世帯単位での支払い上限額である高額療養費制度の整備，さらに医療機関を自由に選択できるフリーアクセスのおかげで，原則として所得に関わりなく，かなりの程度の医療へのアクセスが保障されているので，この意味でも所得への依存度が小さいことになる。もう1つは，県民所得自体の上昇度がそれ以前の時代と比べて，小さいことである。変化の小さい変数の係数は大きくは出ない。1973〜81年の分析も行ったが（結果は本書では割愛した），そこでの最大の医療費増加要因は所得であり（しかも係数が1を超える），実際この時期に県民所得は急増している。

保健活動やソーシャル・キャピタル，特養定員増は医療費抑制効果があるか

保健師による保健指導や保健事業は，一般被保険者を中心に，短期的には外来を中心とした医療受診を促進させる要因となる一方で，長期的には高齢者の健康増進を促し，老人医療費を一定程度抑制する影響があることが期待される。保健事業関係は，特に，市町村国保や行政にとって最も操作可能と考えられる活動であり，実際，保健師数は年々増加する傾向にある。

まず，図5-8，5-9をみると，保健師数は，「一般・老人」「一般入院」「老人入院外」でプラスの係数となっており，期待に反して，医療費抑制要因というよりは，医療費増加要因である。一般診療費の3要素に関する図5-11をみると，保健師数の増加が受診率の増加をもたらしているとは言えず（係数が有意ではない），むしろ1日当たり診療費とプラスの関係がある。ただし，老人診療費の3要素をみると，保健師数の増加は，入院日数の減少，入院外受診率の上

昇，入院外日数の減少，そして1件当たり入院外診療費の減少には一定の効果をもたらしている（図5-10〜5-13）。なお，悪性新生物と脳血管疾患の死亡率を目的変数とし医療費を説明変数の1つとする分析も行った。その結果，保健活動が活発化すると，脳血管疾患の死亡率は減少することが確認されている。

保健活動の医療費抑制効果はより詳細に分析する必要があるだろう。ソーシャルキャピタルを示す変数として，民生委員訪問回数を投入したが，わずかな医療費増加効果が認められる結果となった。

特養定員数は，それが増加することによって，高齢者の（社会的）入院が減少し（つまり，代替効果がある），医療費抑制効果をもたらすことが期待されるが，実際の分析結果はどうだったのであろうか。主だった係数を観察すると，国保医療費全体に対しては0.06（図5-6），「老人」に対し0.10（図5-8），「老人入院」に対し0.09（図5-9），「老人入院」の受診率を増加させる（0.14，図5-10）という結果になった。つまり，むしろ医療費増加要因である。ただし，入院の代替施設としては，特別養護老人ホームの他に，いわゆる老健や，介護療養型病床，さらに最近ではサービス介護付き高齢者住宅や小規模多機能施設などがあり，これらはデータ上の制約から分析に投入していないので，結論を急ぐことはできない。

5 やはり魔法の杖は存在しない

ここまでの分析結果全体を通じた考察もしておこう。

まず，マクロ医療費については初とも言えるパネルデータ分析を行った結果，都道府県単位の1人当たり国保医療費およびその構成要素について，主要要因の関連と影響度を要因間で同時比較しながら確認することができた。

水準対数モデルの決定係数は，3要素の分析に至るまで，年次ダミー変数投入前でもかなり高く，都道府県の個別性を前提としながらも，30年間にわたって変化していない静的な決定構造があるという仮説が支持された。なお，（本書では割愛した）増加率対数モデルの決定係数は，年次ダミー変数投入前は低く，プールドOLS（最小二乗回帰）モデルが多く選択されることから，都道府県の個別性は少ないと思われた。増加率は，むしろ制度改正や診療報酬改定の影響を多く受けると言ってよいだろう。

120　　第2部　医療費の増加要因を分析する

　「一般・老人」の水準対数モデルの各説明変数のパネル偏回帰係数（変動比率,直接効果）でみると, 医療費増加の最大の要因は医師数（0.94）であり, 次いで1人当たり県民所得（0.65）, 悪性新生物（0.33）, 平均在院日数（マイナス 0.24）, 病床数（0.12）, 高齢化率（0.10）と続くことになる（図5-8）。このうち, 医療費抑制を念頭に置いて政策的に対応が可能なのは, 医師数, 病床数, 平均在院日数である。しかし, いずれも, 弾力性が1を大きく超えるものはない。つまり, 非弾力的である。特定の変数が動けば, 医療費増加率がそれ以上に変化するという「魔法の杖」は存在しないことになる。

　また, これらの変数は一様に働くのではない。たとえば, 平均在院日数の短縮化は, 老人入院医療費の抑制に効果はありそうであるが, 一般国保医療費には反対に働くというように単純ではなく, また地域ごとに変わる可能性もあるため, より詳細な分析が必要である（第6章で行う）。さらに, 供給誘導需要の存在も示唆されたことから, 供給に関わる変数を操作しても, 単純に期待される結果が出るとは限らないことが考えられる。このように考えると, 医療提供体制を緩やかに変える政策では, 十分な医療費適正化効果を上げられない可能性があると言えよう。この意味でも, 「魔法の杖」は存在しないようである。

　なお, 本分析では, 一般的に医療費の増加要因として重要視されている「医療技術の進歩」については, 変数として投入していない。これは, 都道府県レベルで長期間にわたって同一の基準で測定された適切な指標がないことによるものであることはすでに述べた。

[印南一路]

第3部

医療費適正化の政策評価と重点対策地域

Introduction

　第2部の後半では，高齢化率等の需要サイドの要因とともに，①病床数，②医師数，③平均在院日数という，供給サイドの要因の医療費に対する影響を評価した。第3部では，2つのことを行う。まず，第6章では診療報酬改定と保険制度改革，医療費適正化計画について評価し，近時伸びの著しい調剤費について，その原因を考察しよう。第7章では，医療費分析の締めくくりとして，医療費の将来推計を行い，また空間パネルデータ分析を通じて，重点対策地域と要対策項目を洗い出そう。医療費分析全体を通じた政策的示唆の検討と，医療費適正化政策への改善案の検討は第4部に譲ることにする。

122 第3部 医療費適正化の政策評価と重点対策地域

第**6**章

医療費適正化政策を評価する

1 診療報酬改定と制度改正の効果は限定的

診療報酬改定と制度改正の経緯

表6-1 と表6-2 は 1983 年からの診療報酬改定（率）と保険制度改正（医療費に影響の大きいと思われる給付率の変更中心）の経緯を一覧にしたものである。

まず，診療報酬改定については，1980 年代初期と 89 年を除いて，2 年に一度の改定が繰り返されている。データの起点は 1983 年であるが，すでに 81 年から医療費適正化時代に入っているので，表6-1 にあがっている改定率自体は従前に比べれば小幅である（1970 年代には 2 桁のプラス改定率も珍しくなく，74 年改定は年 2 回行われ，合計 35% の値上げであった）。診療報酬改定率には医療本体の改定率と薬価引き下げ分を合算した医療費全体（ネット）の改定率の 2 つがある。後者の医療費ネットベースでは，1983 年，84 年，98 年の 3 回，2002 年から 2008 年の 4 回，2014 年，2016 年の 2 回と，合計 9 回に及ぶマイナス改定があり，そのうち 2002 年と 2006 年は医療費本体でもマイナス改定であった。

もう 1 つの医療保険制度改革は，被用者保険と老人保健・後期高齢者医療制度とに分けられる。まず，被用者保険については，1984 年には被用者健康保険の被保険者本人に 1 割負担が導入され，97 年にはそれが 2 割に，2003 年には 3 割に引き上げられて，被用者保険と国民健康保険（国保）の間で，また入院と入院外の間でも統一された。また，1983 年の老人保健制度施行により，73 年以来の老人医療費の無料化に終止符が打たれ，以後，順次自己負担額が増加する。2002 年に 1 割負担になり，2008 年には後期高齢者医療制度が導入されたが，自己負担率は維持されている。

表6-1 診療報酬改定率と医療保険制度改正の一覧 (1983～96年)

年	診療報酬改定率 (%) 医科	歯科	調剤(薬局)	本体平均	薬価基準改定率 (%) 薬価ベース	医療費ベース	ネット (%)	自己負担率の改正 健康保険(被保険者)	健康保険(被扶養者) 入院:2割 外来:3割	国民健康保険(被保険者) 3割(全世帯員)	高齢者(70才以上)
従前								定額負担			無料(老人福祉法)
1983年	一般平均 0.3 (老人点数表を設定)				▲4.9	▲1.5	▲1.2				老人保健制度 (2月施行) 入院:300円/日 (2カ月を限度) 外来:400円/月
1984年	3.0	1.1		2.8	▲16.6	▲5.1	▲2.3	1割 (10月施行)	入院:2割 外来:3割	3割 (全世帯員) 退職者医療制度 被保険者:2割 被扶養者入院:2割・外来:3割	
1985年	3.5	2.5		3.3	▲6.0	▲1.9	2.4				
1986年	2.5	1.5		2.3	▲5.1	▲1.5	0.8				
1987年											入院:400円/日 (無制限) 外来:800円/月
1988年	3.8	1.0		1.7	▲10.2	▲2.9	—				
1989年	0.11% (消費税導入に伴う引上げ)				2.4	0.65					
1990年	3.8	1.4		3.7	▲9.2	▲2.7	1.0				
1991年											
1992年	5.4	2.7		5.0	▲8.1	▲2.5	2.5				入院:600円/日 外来:900円/月
1993年	医療法改正に伴う診療報酬の改正										入院:700円/日 外来:1000円/月
1994年	3.5 (1.7)	2.1 (0.2)	2.0 (0.1)	3.3 (1.5)	▲6.6	▲2.1	1.2 (—)				
1995年											外来:1100円/月
1996年	3.6	2.2		3.4	▲6.8	▲2.6	0.8				入院:710円/日 外来:1020円/月

(注) 1. 薬価基準引き下げの医療費ベースは1992年からは治療材料引き下げ分を含む。
2. 1994年は2度改定が行われた。( )内は10月改定分。

表6-2 診療報酬改定率と医療保険制度改正の一覧 (1997~2014年)

年	診療報酬改定率(%)				薬価基準改定率(%)		ネット(%)	自己負担率の改正			
	医科	歯科	調剤(薬局)	本体平均	薬価ベース	医療費ベース		健康保険(被保険者)	健康保険(被扶養者)	国民健康保険(被保険者)(全世帯員)	高齢者(70才以上)
1997年				0.77（消費税率引き上げ等に伴う改定） 0.93（診療報酬の合理化を図るための改定）	▲4.4	▲1.32	0.38	2割 薬剤一部負担	入院:2割 外来:3割 薬剤一部負担	3割 薬剤一部負担	9月～ 入院:1000円/日 外来:500円/日（同一保険医療機関月4回限度） 薬剤一部負担
1998年	1.5	1.5	0.7	1.5	▲9.7	▲2.8	▲1.38				
1999年											入院:1100円/日
2000年	2.0	2.0	0.8	1.9	▲7.0	▲1.7	0.2				入院:1200円/日 外来:530円/日
2001年											1月～ 入院・外来:1割 （上限あり。外来は定額負担との選択） 10月～ 70歳以上:1割 70歳以上一定以上所得者:2割 （外来の定額定率選択制は廃止）
2002年	▲1.3	▲1.3	▲1.3	▲1.3	▲6.3	▲1.4	▲2.7				
2003年								4月～ 3割（薬剤一部負担廃止）	4月～ 3割（薬剤一部負担廃止）		
2004年	±0	±0	±0	±0	▲4.2	▲0.9	▲0.9				
2005年											
2006年	▲1.5	▲1.5	▲0.6	▲1.36	▲6.8	▲1.8	▲3.16				10月～ 70歳以上の現役並み所得者:3割
2007年											
2008年	0.42	0.42	0.17	0.38	▲5.2	▲1.2	▲0.82				4月～ 後期高齢者医療制度 1割（75歳未満の2割は凍結） （現役並み所得者は3割）
2009年											
2010年	1.74	2.09	0.52	1.55	▲5.75	▲1.36	0.19				
2012年	1.55	1.70	0.46	1.379	▲6.0	▲1.38	0.004				
2013年											
2014年	0.82 (0.71)	0.99 (0.87)	0.22 (0.18)	0.73 (0.63)	▲2.65 (2.99)	▲0.63 (0.73)	0.10 (1.36)				
2015年											
2016年	0.56	0.61	0.17	0.49	▲1.22	▲0.84	▲0.84				

(注) 1. 2014年改定のうち消費税対応分は（ ）内に記入。
　　 2. 2014年改定は消費税分を除くと▲1.26である。
　　 3. 2016年の薬価引き下げで、別途に「医薬品の適正化」で▲500億円、医療費全体はその他で▲1,100億円を見込む。
　　 4. 2002年10月から3歳未満乳幼児は2割負担に軽減。2008年4月から義務教育就学前に範囲を拡大。

第6章　医療費適正化政策を評価する　125

Column⑦　改定率は4人で決めるもの？

　2015年12月25日付の日本経済新聞電子版に，診療報酬の改定率に実質的な影響力を持つ自民党厚生労働族議員の「4人会」の存在が紹介された（「診療報酬本体プラス，動いたのは…」「日本経済新聞電子版」2015年12月25日付）。診療報酬改定の舞台裏には，厚労族議員の約10人のボスがいて，その中でも選りすぐりの最高幹部である元衆議院議長の伊吹文明と厚労大臣経験者で元参議院副議長の尾辻秀久，安倍首相補佐官の衛藤晟一，元厚労大臣の田村憲久の4人が最終的な改定率を決定したということを，そうではないという別の見方とともに載せている。

　このような族議員の改定率への関与は，今に始まったことではない。元健康政策局（現医政局）長で，1979年に厚生省保険局医療課長だった仲村英一氏に，筆者らがオーラル・ヒストリー・インタビューを実施したときには，以下のような証言が得られている。

　　　議員会館の誰の部屋だったかな。族議員四天王と呼ばれていた議員が集まって，医科は8.1かな。2%オンして，歯科は5・何%にして。それから柔道は幾らにするというのを誰が言いに行くかと言って，お互いに行かせたがっているんです。（中略）関係の何人かが集まって。それがボスなんだよね。誰がいたかなあ。何人か社労のボスが集まって，団体に何%アップと申し渡しに行く。昔はこんなやり方をしていたんですね。（仲村ほか，2013，p. 59）

　当時の族議員四天王が誰なのか，いつから族議員が関与するようになったのか，当時の四天王の役割が日経新聞で紹介されている「4人会」と同一なのか否かは明らかではないが，診療報酬の改定率の決定がかなり政治的であることは十分うかがえる。

[三谷]

診療報酬改定と医療費増加率との関係

　図6-1は診療報酬のネット改定率と1人当たり国保医療費（一般・老人），1人当たり国民医療費の実際の対前年度増加率（の水準）を比較したものである（閏年調整をしてある）。このグラフからいくつかのことがわかる。

　まず，国保医療費と国民医療費の増加率の動きをみてみよう。まず，両者はかなり連動しているものの，国保医療費の増加率がほぼ全期間で国民医療費の増加率を上回っている。両者の乖離が大きいのは1984年と2009年である。1984年は被用者保険被保険者本人の1割負担導入により，被用者保険を含む医療保険全体の医療費である国民医療費は影響を受けたものの，国保医療費は

126　第3部　医療費適正化の政策評価と重点対策地域

図6-1　診療報酬改定率（ネット）と国保医療費と国民医療費の増加率

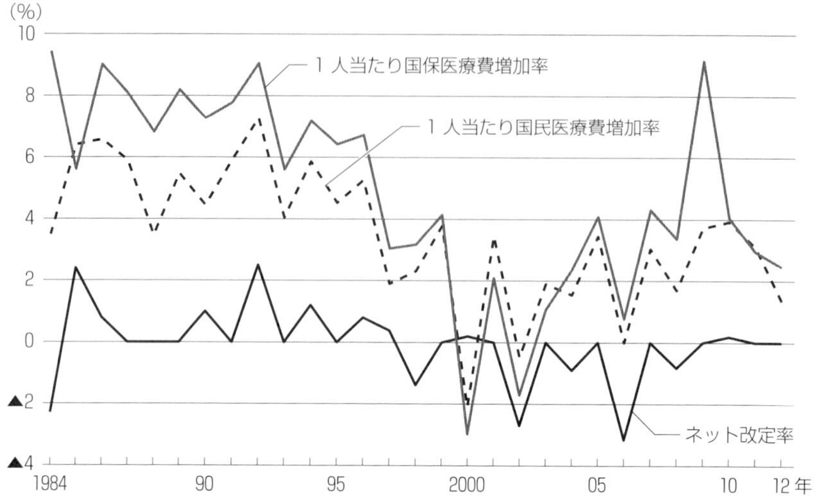

（注）　国保医療費も国民医療費も閏年調整をしてある。

それほどの影響がなかったためである。2009年の大きな乖離は，2008年の後期高齢者医療制度の創設に伴って被用者保険から高齢者が移動したこと，医療費測定上の混乱，リーマンショックによる受診行動の変化などが複合したものと考えられるが，その区別は困難である。全体としてみると，1980年代には国民医療費と国保医療費の増加率の乖離幅が大きいが，99年以降は乖離幅が縮小している。

　次に，ネット改定率と実際の（国保・国民）医療費の増加率をみてみよう。両者は全般的に連動しているもののかなりの乖離があり，診療報酬だけで医療費の増加は説明できないことがわかる。最も大きい乖離は，上述した2009年の変化である。また，マイナス改定の効果も限定的である。ネットでのマイナス改定は9回に及ぶが，実際に医療費がマイナスの伸びになったのは，大きなマイナス改定が行われた2002年と2006年の2回しかない（介護保険制度創設による混乱があった2000年を除く）。しかも，全体を通じて改定率を大きく上回って医療費は伸びている。つまり，通常レベルの診療報酬改定では医療費の増加は抑えられないということを端的に示している。

年次ダミーの係数で増加率の変化をみる

　次に，保険制度別療養諸費，区分別診療費の年次の増加率をみてみよう。その際，高齢化率や病床数，医師数といった静的な要因構造の影響を取り除いた方がよいだろう。それには，本書で行ったパネルデータ分析の年次ダミー変数の係数が参考になる。すでに述べたように，線形パネルデータ分析，空間パネルデータ分析，地理的加重回帰パネルデータ分析のいずれにも，また水準対数モデル，増加率実数モデル，増加率対数モデルのいずれにも，要因変数に加えて年次ダミー変数を投入している。対数から逆算する必要がない増加率実数モデルの年次ダミーの係数の意味を考えるのが最もわかりやすい（表6-3）。

　なお，年次ダミーの係数は，該当する年のみを1にするのではなく，その年以降をすべて1にする入れ方をしている。したがって，たとえば増加率実数モデルにおける各年次ダミーの係数のうち1985年のダミー変数の係数マイナス0.03は，まず基準年である84年の対前年度医療費増加率1.0944（9.44％）に対する翌年の医療費の増加率の変化を示し，その次の年の86年ダミー変数の係数0.03は85年に対する医療費の増加率の変化を示すというように，2012年までの各年次ダミーの係数は毎年の増加率の変化を示している。

　当然のことながら，年次ダミーを投入する前と後では，モデルの説明度を示す決定係数は変化する。線形パネルデータ分析における水準対数モデルでは，年次ダミーを投入する前の段階の静的な決定構造のみのモデルでも説明力が高い。これに対し，増加率実数と増加率対数モデルでは，年次ダミー投入前の説明力はそれほど高くなく，年次ダミー投入後の決定係数が大きくなるので，年次ダミーの説明力が大きいということになる。つまり，特定の都道府県の特定の年次の医療費水準は，病床数や医師数などの静的な決定要因でかなり説明できるが，医療費の対前年度増加率とその弾力性の変化は，年次ダミーの係数の説明力の方が高いということになる。

　各年次ダミーは，その年の全都道府県に起きた共通の変化を捉えるものであり，主要な要因は，①医療費の定義ないし受給対象の変更，②診療報酬の改定，③医療制度改革，④医療技術の進歩その他の4つである。ただし，これらがすべて一緒になって1つの係数になるのであって，区別されるわけではないことに注意したい。したがって，総合的な考察が必要になる。

　まず，医療費の定義変更ないし受給対象の変更は，2000年の介護保険制度

創設，2002年からの老人保健の受給資格年齢の段階的引き上げ，2008年の後期高齢者医療制度の創設が大きいものである。

　年次ダミーの係数が次に示すのは，ほぼ2年に1回行われている診療報酬改定の影響である。日本の診療報酬改定は，4月1日に改定され，全国共通である。改定の内容は，たとえば初診料の改定であれば，ただちに全国で効力を発揮するので明確である。一方，新しい手技に高い点数がつけられても，その習得に時間がかかるので，全国にすぐさま及ぶわけではない。また，2000年に導入された7：1看護基準（本書74頁の注19を参照）を満たした病棟への高い入院基本料の導入に代表されるように，施設基準の変更を伴うものは，新たな看護師の雇用等が必要なので，すぐに影響が出るわけではない。さらに，比較的医療経営に大きな影響を及ぼすと予想される改定内容については，半年以上の経過措置が取られるものも少なくない。このようなものも，効力の発揮がずれることになる。新規薬剤・材料の保険導入は年数回にわたって行われるので，それらの効果は分散し，4月1日からいっせいに影響が出始めるのではない。加えて，改定の論議は関係者の注目を集めているので，医薬品の在庫などには改定以前から影響が出ることもある。このようなさまざまな細かい問題はあるものの，診療報酬の改定は，全体としては，その年に影響が出ると考えることにする。

　第3の医療制度改革についてはすでに説明した。第4の医療技術の進歩は，医療技術の開発・保険導入と普及の2つの段階がある。前者は，薬機法（医薬品医療機器等法）による承認を受けて，中央社会保険医療協議会で審議され，保険導入と価格設定が行われてはじめて実質化する。実際の普及は，医療機関が利用することを意味するから，ゆっくり進むものもあるであろう。制度改正も診療報酬改定もない年の係数をみることで，ある程度判断できるであろう。

制度改正と増加率の変化の関係

　増加率実数モデルのパネルデータ分析結果を表6-3に示す。また，制度改正は給付等の変更を中心とし，それは患者の受診率の抑制を目的とするものが多いので，医療費の3要素のうちの受診率に関する分析結果もあわせて検討しよう（表6-4）。

　まず，増加率実数モデルの年次ダミーをみると，多くの年で係数がマイナス

表6-3　国保療養費・診療費の増加率実数モデルの年次ダミー係数──1人当たり国保医療費（1984～2012年）

増加率実数	療養諸費（1984～2012年）			診療費（1984～2012年）			
説明変数	一般・老人	一般	老人	一般入院	一般入院外	老人入院	老人入院外
高齢化率（65歳以上）	0.08 **	0.07 *	—	0.09	▲0.02	—	0.01
悪性新生物死亡数（人口当たり）	0.01	0.01	0.00	0.01	0.01	0.01	▲0.01
脳血管疾患死亡数（人口当たり）	▲0.02 **	0.00	▲0.02 *	▲0.00	0.00	▲0.01	▲0.01
1人当たり県民所得	0.01	0.05 ***	0.00	0.05 **	0.05 ***	0.01	0.01
特養定員数（人口当たり）	▲0.01	▲0.00	0.00	0.00	0.01	▲0.00	▲0.00
民生委員訪問回数（人口当たり）	0.00	0.00 **	0.00	0.01 **	0.00	0.00 *	▲0.00
病床数（人口当たり）	0.22 ***	0.17 ***	0.25 ***	0.27 ***	0.07 **	0.40 ***	0.02
医師数（人口当たり）	0.12 ***	0.11 ***	0.07 *	0.18 ***	0.07 *	0.15 ***	0.05
平均在院日数	▲0.01	▲0.12 ***	0.08 *	▲0.16 ***	▲0.10 ***	0.18 ***	0.01
保健師数（人口当たり）	0.01	▲0.01	▲0.00	0.02	0.01	▲0.00	0.01
年次ダミー 1985	▲0.03 ***	▲0.05 ***	0.04 ***	▲0.05 ***	▲0.06 ***	0.03 ***	0.05 ***
年次ダミー 1986	0.03 ***	0.07 ***	▲0.04 ***	0.07 ***	0.09 ***	▲0.06 ***	▲0.00
年次ダミー 1987	▲0.01 ***	▲0.02 ***	▲0.01 **	▲0.04 ***	0.00	▲0.01 **	0.00
年次ダミー 1988	▲0.01 ***	▲0.02 ***	▲0.00	▲0.02 ***	▲0.01 ***	0.00	▲0.01 ***
年次ダミー 1989	▲0.01 ***	▲0.01 ***	0.00	0.00	0.02 ***	0.00	0.01 ***
年次ダミー 1990	▲0.01 ***	▲0.00	▲0.02 ***	▲0.00	▲0.01 ***	▲0.01 ***	▲0.03 ***
年次ダミー 1991	0.01 ***	0.01 ***	0.01 ***	▲0.01 ***	0.00	▲0.01 ***	0.03 ***
年次ダミー 1992	0.02 ***	0.03 ***	0.01 ***	0.08 ***	▲0.01 ***	0.04 ***	0.03 ***
年次ダミー 1993	▲0.04 ***	▲0.06 ***	0.01 ***	▲0.09 ***	▲0.03 ***	0.01 ***	0.01 ***
年次ダミー 1994	0.02 ***	0.00	0.01 ***	▲0.04 ***	0.01 ***	▲0.02 ***	▲0.01 ***
年次ダミー 1995	▲0.00 *	▲0.01 ***	▲0.00	▲0.01 *	0.02 ***	0.02 ***	0.00
年次ダミー 1996	▲0.00	▲0.00	▲0.00	0.06 ***	0.00	0.06 ***	▲0.01 ***
年次ダミー 1997	▲0.04 ***	▲0.04 ***	▲0.03 ***	▲0.03 ***	▲0.05 ***	0.04 ***	0.04 ***
年次ダミー 1998	▲0.00	▲0.01 **	0.00	▲0.00	0.00	0.02 ***	▲0.01 ***
年次ダミー 1999	0.01 ***	▲0.01 ***	0.03 ***	▲0.02 ***	0.00	0.01	0.05 ***
年次ダミー 2000	▲0.08 ***	▲0.13 ***	0.02 ***	0.02 ***	▲0.00	▲0.07 ***	▲0.05 ***
年次ダミー 2001	0.06 ***	0.00	0.09 ***	▲0.02 ***	0.01 ***	0.04 ***	▲0.02 ***
年次ダミー 2002	▲0.04 ***	▲0.04 ***	▲0.03 ***	▲0.03 ***	▲0.05 ***	▲0.01 *	▲0.07 ***
年次ダミー 2003	0.03 ***	0.05 ***	0.01 ***	0.05 ***	0.07 ***	0.06 ***	0.06 ***
年次ダミー 2004	0.01 ***	0.00	0.01 ***	0.00	0.00	0.00	0.03 ***
年次ダミー 2005	0.02 ***	0.01 ***	0.02 ***	0.01 **	0.02 ***	0.02 ***	0.02 ***
年次ダミー 2006	▲0.03 ***	▲0.03 ***	▲0.04 ***	0.00	0.05 ***	▲0.03 ***	▲0.03 ***
年次ダミー 2007	0.04 ***	0.04 ***	0.03 ***	0.02 ***	0.04 ***	0.02 ***	0.02 ***
年次ダミー 2008	▲0.01 ***	0.14 ***	▲0.15 ***	0.10 ***	0.15 ***	▲0.15 ***	▲0.14 ***
年次ダミー 2009	0.06 ***	▲0.14 ***	0.22 ***	▲0.12 ***	0.15 ***	0.22 ***	0.22 ***
年次ダミー 2010	▲0.05 ***	▲0.01 ***	▲0.09 ***	0.02 ***	▲0.02 ***	▲0.07 ***	▲0.10 ***
年次ダミー 2011	▲0.01 ***	▲0.00 *	▲0.01 ***	▲0.03 ***	0.00	▲0.04 ***	▲0.00
年次ダミー 2012	▲0.01 ***	▲0.00 *	▲0.01 ***	0.01 ***	0.00	0.00	▲0.00
定数項	0.68 ***	0.74 ***	0.65 ***	0.60 ***	0.96 ***	0.33 ***	0.97 **
自由度調整済 R^2				0.83			
within	0.91	0.91	0.93		0.93	0.87	0.93
between	0.26	0.19	0.25		0.27	0.29	0.29
overall（固定ないし変量）	0.91	0.91	0.93		0.92	0.86	0.92
F test（u_j=0）（固定のみ）	0.00 ***	0.00 ***	0.00 ***	0.05 *	0.00 ***	0.00 ***	0.00 ***
Breusch-Pagan test（変量）	0.00 ***	0.00 ***	0.00 ***	1.00	0.00 ***	0.00 ***	0.00 ***
Hausman test Prob＞chi2	0.53	0.97	0.12	na	0.86	na	0.21
選択されたモデル	変量効果	変量効果	変量効果	OLS	変量効果	変量効果	変量効果

（注）　1.　＊＊＊：p＜0.01，＊＊：p＜0.05，＊：p＜0.1。観測数はすべて1410。
　　　　2.　モデル選択に当たっては＊＊：p＜0.05を基準にした。

130　第3部　医療費適正化の政策評価と重点対策地域

表6-4　国保医療費受診率の増加率実数モデルの年次ダミー係数——国保医療費3要素（1984～2012年）

増加率実数	一般診療費受診率		老人診療費受診率	
説明変数	入院	入院外	入院	入院外
高齢化率（65歳以上）	0.07	0.08 **	—	—
悪性新生物死亡数（人口当たり）	0.02	0.02	▲0.03	▲0.07 **
脳血管疾患死亡数（人口当たり）	0.00	0.00	0.02	▲0.02
1人当たり県民所得	0.04 **	0.03 **	▲0.00	▲0.01
特養定員数（人口当たり）	0.01	0.00	0.01	▲0.00
民生委員訪問回数（人口当たり）	0.00 *	0.00	0.00	▲0.00
病床数（人口当たり）	0.24 ***	0.07 ***	0.39 ***	▲0.03
医師数（人口当たり）	0.07	0.04	0.19 **	0.12
平均在院日数	▲0.23 ***	▲0.09 ***	0.22 ***	▲0.08
保健師数（人口当たり）	0.03	0.01	0.02	▲0.02
年次ダミー 1985	▲0.05 ***	▲0.07 ***	▲0.01	▲0.00 ***
年次ダミー 1986	0.07 ***	0.06 ***	▲0.03 ***	▲0.00 ***
年次ダミー 1987	▲0.01 **	0.01 ***	▲0.00	▲0.02
年次ダミー 1988	▲0.02 ***	▲0.00 *	0.02 ***	0.03
年次ダミー 1989	▲0.01 ***	0.00	▲0.02 **	▲0.01
年次ダミー 1990	▲0.01 ***	▲0.01 ***	▲0.02 **	0.01
年次ダミー 1991	0.00	0.02 ***	0.00	0.01
年次ダミー 1992	▲0.01 ***	▲0.01 ***	▲0.01 **	▲0.01
年次ダミー 1993	▲0.00	▲0.03 ***	0.00	▲0.01
年次ダミー 1994	▲0.00	0.04 ***	0.02 ***	▲0.01
年次ダミー 1995	0.00	▲0.04 ***	▲0.01	0.00
年次ダミー 1996	▲0.01	0.03 ***	0.00	▲0.00
年次ダミー 1997	▲0.01 ***	▲0.03 ***	▲0.02 ***	▲0.01
年次ダミー 1998	0.01 **	0.02 ***	0.03 ***	0.02 ***
年次ダミー 1999	0.02 ***	▲0.03 ***	▲0.01	▲0.00
年次ダミー 2000	0.00	0.01 ***	▲0.08 ***	▲0.01
年次ダミー 2001	0.00	0.01 ***	0.06 ***	▲0.02 ***
年次ダミー 2002	▲0.01 ***	▲0.02 ***	0.01 **	▲0.01
年次ダミー 2003	0.02 ***	0.03 ***	0.04 ***	0.01 ***
年次ダミー 2004	0.00	0.01 ***	0.01	0.01
年次ダミー 2005	0.01 **	0.02 ***	0.01	▲0.00
年次ダミー 2006	0.00	▲0.03 ***	▲0.02 ***	▲0.01
年次ダミー 2007	0.00	0.02 ***	▲0.00	0.00
年次ダミー 2008	0.07 ***	0.15 ***	▲0.16 ***	▲0.12 ***
年次ダミー 2009	▲0.08 ***	▲0.17 ***	0.22 ***	0.21 ***
年次ダミー 2010	▲0.00	▲0.03 ***	▲0.08 ***	▲0.12 ***
年次ダミー 2011	▲0.00	0.02 ***	▲0.03 ***	0.03 ***
年次ダミー 2012	0.00	0.00	0.00	0.00
定数項	0.78 ***	0.84 ***	0.22	1.13 ***
自由度調整済 R²		0.92		0.59
within	0.80		0.69	
between	0.18		0.28	
overall（固定ないし変量）	0.79		0.68	
F test (u_j=0)（固定のみ）	0.00 ***	0.91	0.00 ***	0.25
Breusch-Pagan test（変量）	0.00 ***	1.00	0.00 ***	0.27
Hausman test Prob＞chi2	0.79	1.00	1.00	1.00
選択されたモデル	変量効果	OLS	変量効果	OLS

（注）　1．　***：p＜0.01，**：p＜0.05，*：p＜0.1。観測数はすべて1410。

　　　　2．　モデル選択に当たっては**：p＜0.05を基準にした。

になっている。これは，医療費水準自体は上昇していても，増加率には基準年からみれば抑制がかかっていることを意味する。つまり，増加率がマイナスになったことは3回しかないが，増加率自体は減少することが多いということを意味する。

　年度別の動きを一応概観しておこう（表6-3）。1984年は被用者保険被保険者本人の給付率に1割負担が導入された年であり，またネット改定率としては史上2回目のマイナス改定の年であった。1985年の一般（療養諸費），一般入院診療費，一般入院外診療費の年次ダミー係数（マイナス）はその影響と思われる。1985年，86年とプラス改定が行われ，86年の一般では0.07の増加，老人では0.04の減少になっている。その後は係数の大きさが0.05を超える大きな動きはしばらくない。1992年，93年に一般国保の増加率に変化が生じているが，この原因は判然としない。1997年には被用者保険の被保険者負担が1割から2割に引き上げられ，翌98年は史上2回目のネットマイナス改定である。1997年には全体的に増加率が減少するが，98年はプラスに転じていて，このときのマイナス改定の影響はみられない。

　2000年の介護保険制度創設により，老人医療費（とその受診率）は増加率が大きく減少するが，翌年には回復している。2002年のマイナスは史上初の診療報酬の医療本体のマイナス改定を反映しているとみられるが，特に大きな効果が出ているのは「老人入院外」である。

　2008年の「老人」の年次ダミーの係数が大きくマイナスになっているのは，後期高齢者医療制度の創設によるものと思われるが，3要素の分析をみると，「老人入院」，「老人入院外」とも受診率が大きく減少している（表6-4）。大きな制度変更と総選挙における後期高齢者医療制度の政治争点化の中で，高齢者が受診を手控えた可能性がある。なお，増加率実数の分析では，2009年における「一般」の大きなマイナスと，「老人」の大きなプラスが際立っている。3要素をみると，「一般」は「入院」「入院外」とも受診率が大きく落ち込んだことが原因であることがわかり，これはリーマンショックを契機とする戦後初のマイナス成長，所得の実質的減少が原因と思われる。一方，「老人」の大きなプラスは，逆に大きな受診率の上昇が原因とみられ，これは前年の後期高齢者医療制度の創設に伴う受診控えの反動が原因ではないだろうか。

　このように増加率実数モデルの年次係数の動きは複雑で，2000年の介護保

132 第3部 医療費適正化の政策評価と重点対策地域

表6-5 診療報酬改定（ネット改定率）と保険制度改正の医療費増加率への影響（増加率の分析）（1984〜2012年）

	国民医療費	国保医療費	一般	老人
定数項	4.00 ***	5.50 ***	4.20 ***	3.94 ***
ネット改定率	0.91 ***	0.72	0.57	0.43
制度改正ダミー	▲1.65 **	▲2.33 *	0.88	▲4.42 **
自由度調整済 R^2	0.48	0.20	—	0.23

	一般入院	一般入院外	老人入院	老人入院外
定数項	3.93 ***	3.59 ***	3.22 ***	2.93 ***
ネット改定率	0.50	0.31	0.08	0.82
制度改正ダミー	0.40	0.01	▲3.58 *	▲4.75 ***
自由度調整済 R^2	—	0.01	0.09	0.34

増加率実数	一般入院診療費				一般入院外診療費			
説明変数	受診率	日数	1日当たり費用	1件当たり費用	受診率	日数	1日当たり費用	1件当たり費用
定数項	1.22 *	▲0.19	2.69 ***	2.69 ***	1.61 *	▲1.42 ***	3.40 ***	1.93 ***
ネット改定率	▲0.20	0.07	0.68 *	0.68 *	▲0.33	▲0.02	0.70 **	0.66 *
制度改正ダミー	▲0.20	▲1.13 **	0.47	0.47	1.65	▲0.25	▲1.50 *	▲1.74 *
自由度調整済 R^2	—	0.14	0.05	0.05	0.00		0.32	0.28

増加率実数	老人入院診療費				老人入院外診療費			
説明変数	受診率	日数	1日当たり費用	1件当たり費用	受診率	日数	1日当たり費用	1件当たり費用
定数項	1.07	▲0.66 ***	2.82 ***	2.14 ***	1.77 **	▲1.88 ***	3.11 ***	1.18 **
ネット改定率	▲0.71	0.14	0.95 ***	0.79 ***	0.12	0.13	0.50	0.61
制度改正ダミー	▲3.45 *	▲0.86 *	0.76	▲0.15	▲1.77	▲0.98 *	▲2.07 **	▲3.03 **
自由度調整済 R^2	0.07	0.07	0.21	0.28	0.02	0.13	0.28	0.31

（注）　1. 1984〜2012年データ。

2. ***：$p<0.01$，**：$p<0.05$，*：$p<0.1$　観測数はすべて29。

険導入時と2008年の後期高齢者医療費制度の導入時の混乱に伴う大きな変化は明白であるが，その他の動きは診療報酬改定や制度改正と明確に連動しているわけではないことがわかる。

　そこで，最後に診療報酬改定と給付率改定を中心とする改正の効果を定量的にみてみよう。表6-5は，1人当たり国保医療費の対前年度増加率（29年分の年次ダミーの係数）に対する診療報酬（ネット）改定率と給付率を中心とする保険制度改正の効果を単純な重回帰分析で調べたものである。比較のため国民医療費のデータも分析した。

第6章　医療費適正化政策を評価する　133

　モデルの説明度をみると，追加的に加えた国民医療費の増加率については，ばらつきの約半分ほどは説明できている（自由度調整済み決定係数 0.48）が，国保医療費全体では 0.20 とあまり高くない。しかも，老人ではある程度の説明力があるが，一般ではモデル自体が成立しない。

　老人医療費について「入院」「入院外」の区分でみると，制度改正が双方の増加率にマイナスの効果を与えている。3要素の変化率まで踏み込むと，ネット改定率が老人入院診療費の1日当たり費用，1件当たり費用に有意に影響しているのに対し，老人入院外診療費では影響は有意ではない。制度改正ダミーは，老人入院診療費の受診率，日数に影響し，さらに入院外の診療費の日数，1日当たり費用，1件当たり費用にマイナスの影響を与えていることがわかる。つまり，診療報酬改定も制度改正もなければ，一定レベルで医療費水準は増加していくが，診療報酬改定が主として老人入院診療費に，制度改正が老人入院外診療費全般にブレーキをかけていることになる。老人医療費が制度改正や診療報酬改定のターゲットであると考えれば，一定の効果を発揮してきたことになるであろう。

　なお，国民医療費の定数項の 4.00 は何を意味しているのであろうか。これが，国民医療費における静的な決定構造や医療技術の進歩・普及を反映した，最狭義の自然増[1] ではないかと推測される。いわば1人当たり国民医療費増加の巡航速度の部分であり，これを2年に1回の診療報酬改定や隔年で行われている制度改定で何とか押しとどめているということになる。

2　医療費適正化計画は機能しているか

　2006年の医療制度改革では，都道府県に医療費適正化計画の策定を義務づけ，適正化政策を一段レベルアップさせたことはすでに述べた。そこで目標として定められたのは，特定健診・保健指導と平均在院日数の短縮化である。こ

---

1)　医療費の自然増は，最広義では診療報酬改定の影響を除いた後の医療費の増加を，次に広い定義では人口動態（人口の増減，高齢化）の影響をも除いた医療費の増加をさす言葉である。人口動態の影響と改定率の影響を除去しても，実際の医療費がさらに増加するので，そのズレを「自然増」と呼んでいる。しかし，実際には，診療報酬改定による価格変更に伴う供給サイドの行動変容を含むので，「自然」というのはふさわしくない（郡司，1998b，p. 48）。

134　第3部　医療費適正化の政策評価と重点対策地域

れらが果たして，医療費適正化に効果があったのかがここでの問題である。

特定健診・保健指導

　特定健診・保健指導については，「特定健診・保健指導の医療費適正化効果等の検証のためのワーキンググループ——最終取りまとめ」報告書が2015年に出されている。その報告書によれば，2008年に特定保健指導者対象者となった者のうち，同年に特定保健指導を終了した介入群と，参加しなかった対照群を抽出し，その後3年間の検査値，生活習慣病関連3疾患に関する入院外保険診療費および外来受診率を比較している。その結果，①介入群の方が，腹囲，BMI，体重など，肥満に関係する指標は有意に改善し，中性脂肪，HDL-コレステロール等の脂質検査値も保健指導による改善効果が明らかであること，②検査値の改善により，入院外保険診療費および外来受診率が有意に低くなることなどを確認している。マクロレベルでどれくらいの医療費抑制効果があるのかは不明であるが，効果自体の存在は疑いないであろう。保健予防活動自体は，医療費の問題を離れても行う正当性があり，また介護との関係も密接である。今後は虚弱化予防を含め，より効率的な手法の開発・実践が望まれる。

平均在院日数の短縮化

　一方，平均在院日数の短縮化はどうであろうか。すでに，平均在院日数については，まず第4章の医療費の増加要因のところで，日本の平均在院日数は諸外国と比べ非常に長いこと，しかし，各都道府県ともほぼ一貫して減少していることを述べた。また，第5章の医療費分析の結果のところでは，老人医療費については「入院」「入院外」医療費とも平均在院日数の短縮化による抑制効果が一定程度認められるが，一般国保および国保医療費全体では，逆に医療費増加の要因になっていることを述べた（1人当たり調剤費の増加要因でもある）。国民医療費の分析でも，医療費に対する抑制効果は認められない。老人医療費以外では，やはり増加要因である。政策評価のテーマとして平均在院日数は重要な意義があるので，ここでは追加的な分析を行いながら検討しよう。

　(1)　平均在院日数の減少ぶり

　政策的に平均在院日数の短縮化が意識されたのは，病院の機能分化が謳われ特定機能病院を創設した1992年の第2次医療法改正の時期からである。診療

第 6 章　医療費適正化政策を評価する　135

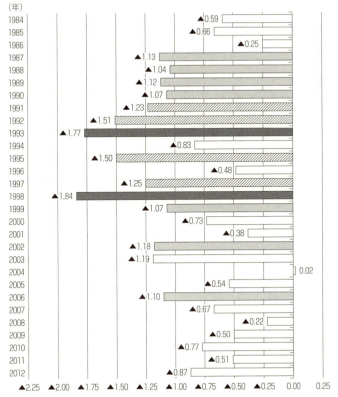

図 6-2　平均在院日数の減少ぶり（年次ダミーの係数）

(注)　1. 線形パネルデータ分析（水準実数モデル，年次ダミーのみ）。
　　　2. 都道府県別年度別平均在院日数データ（全病床）。
　　　3. グラフの濃い灰色，斜線，うすい灰色，白抜きは，順に 1% 水準，5% 水準，10% 水準で有意，有意ではないことをそれぞれ示す。

報酬上，政策誘導としては，2003 年に導入された DPC 病院制度（日額定額包括払い）で，在院日数が多くなるにしたがって，定額部分が段階的に下がる仕組みが取り入れられたことと（しかも，この DPC 病院の一般病院に占める比率が高まっている），2006 年の 7：1 看護基準導入の際，高めの入院基本料の条件に 19 日以内という平均在院日数の条件が設定され，かつ医療費適正化計画で平均在院日数の短縮化が明示的に目標にされたことが目立っている。

　まず，平均在院日数の減少ぶりを確認しておこう。図 6-2 は，線形パネルデータモデル（水準実数モデル）に年次ダミーのみを投入して，年次ごとの日数の

変化をみたものである（overall 決定係数 0.43，変量効果モデル，定数項は 59.26 日）。
これをみるとわかるのは，データ開始時点からみても，平均在院日数はほぼ一
貫して減少しており，中でも減少幅が大きかったのは 90 年代である。この
1990 年代の平均在院日数の縮小振りに比べ，2000 年代のそれはむしろ小さい
ことから，政策誘導がなされる以前から平均在院日数は短縮化していたことが
わかる。医療費適正化計画の目標として導入したことで，平均在院日数の短縮
化が特に加速したとは言いがたい[2]。

すでに第 5 章で，平均在院日数の短縮化自体の医療費への効果は，国保医療
費の分析では，「一般・老人」と「一般」については増加要因，「老人」につい
てはあいまいであり，国民医療費の分析では，増加要因だった。これらの結果
と合わせると，2006 年の医療費適正化計画への平均在院日数の目標導入は，
それ自体によって平均在院日数の短縮化が加速したわけではなく，また，そも
そも平均在院日数の短縮化は期待するほど医療費抑制にはつながっていないの
ではないかということになる。

(2) 病床数・病院の機能分化との関係

日本の医療制度上の特徴としてあげられるのは，長い平均在院日数の他に，
きわめて高い外来受診率と過剰な病床数（人口当たり）である。

このうち，病床数が過剰なことはかなり以前から意識されており，1962 年
には公立病院の病床規制が導入されたが，実質的には機能しなかった。1985
年の医療法改正により民間病院を含めた病床数の総量規制が始まり，91 年以
降日本の総病床数は緩やかに減少してきている。医療費に占める入院医療費の
割合が高いことから，医療費適正化の手段としての病床数削減の必要性はこれ
まで何度も主張されている。実際，パネルデータ分析の結果でも，医師数ほど
の大きな効果はないが，病床数の削減は医療費適正化に効果があることははっ
きりしている。しかし，民間病院の病床数を強制的に減少させるのは非常に難
しい。

すでに述べたように，平均在院日数が短縮化すれば，空ベッドが生じる。そ

---

2) ただし，このデータは精神科病床，療養病床を含む全病床の平均在院日数であって，一
般病床のそれではない。また，病床区分自体の中で一般病床自体の定義が療養病床群，療
養病床，介護療養病床の創設・改廃等で変わっているので，安定的な比較ができないとい
う限界がある。

れを新規患者で埋められれれば，病院の1カ月当たりの医療費は当然上昇するが，新規患者で埋められない場合には，医療費は抑制され，やがて低い病床稼働率と入院基本料で経営を続けるよりは，病床数を減らし，病床当たりの人員を増やし，高めの入院基本料を得て経営を安定させる方が得策ということになる。つまり，平均在院日数の短縮化は病床数削減の誘導的手段としての意味を持たされて，実行されている可能性がある（小林（2006）の記述はこれを明言している）。

そこで，平均在院日数の短縮化が病床数削減につながっているか否かを分析した。病床利用率のデータが入手可能な1997～2012年のパネルデータを用いて，都道府県別年度別の人口10万人当たり病床数を目的変数として，平均在院日数，人口10万人当たり医師数，全病床利用率，高齢化率等の他の要因変数で線形パネルデータ分析を行った（変数は加工せず実数のままである）。変数増減法を用いて多数の変数を組み合わせを考慮した複数モデルで分析した結果，平均在院日数と医師数のみ投入したモデルの当てはまりが最もよく，かつ全病床利用率は病床数の予測変数としてはあまり重要ではないことが判明した。ちなみに，平均在院日数が1日縮まると，都道府県の人口10万人当たり病床数が7.9床減り，医師数が1人増えると病床数は1.1床増えるという結果になった（1％水準で有意，overall決定係数0.83，固定効果モデルで年次ダミーなし，定数項は891.8床で図表は割愛）。つまり，平均在院日数の短縮化は病床数を削減する効果があることになる。

まとめれば，平均在院日数の短縮化は，病床数の削減を通じて医療費抑制に一役買っている可能性はある。しかし，病床数との相関を除いた医療費抑制効果では，すでに繰り返しているとおり，平均在院日数の短縮化は，1日当たり医療費の増加を通じて，医療費を増加させる要因になっており，また医療費全体に対しても増加要因である。

このような平均在院日数の短縮化に対する厳しい評価に対する反論を考えてみよう。1つは，平均在院日数の短縮化は，医療費適正化の意味だけでなく，医療機関の機能分化を進め[3]，医療の質を高め，提供体制全体の効率化を図る

---

3) 平均在院日数と医療機関の機能分化については，山本（2004）が社会医療診療行為別調査のデータを用いて検証している。なお，医療機関の機能分化が医療費を適正化するかどうかは不明である。

という目的で推進されているので，医療費適正化への効果だけで，その是非を判断すべきではないというものである。これは次に述べるようにもっともであるが，結果として都道府県国保医療費レベルで抑制の効果がないという結論は動かない[4]。

(3) 平均在院日数の短縮化のメリット

そもそも日本の平均在院日数が長い原因の1つは，病院自体の機能分化が未発達で，急性期と慢性期の患者が同一の病院に混在しているためである。病院の機能分化を進めるうえで平均在院日数の短縮化は効果がある。しかも，平均在院日数を縮めることは，院内感染の防止，高齢者入院医療における褥瘡（床ずれ）などの廃用症候群（生活不活発病）の発生防止などさまざまな理由によって望ましいとされている。また病院の経営に関する文献をみれば，平均在院日数の短さがその病院における医療の質の代理指標とみなされている（もちろん，患者の疾病構造，重症度などを調整しなければ意味がない）ことがわかる。実際，平均在院日数を縮めるには，かなりの診療上・経営上の努力が必要である。正確な診断を行い，（患者に負担のかからない）低侵襲の治療方法（開腹手術に対する腹腔鏡手術など）を選択し，院内感染や合併症を防止し，効果的なリハビリを早期から行い，早めの退院支援を行う必要がある。そして，そもそも高密度な医療が必要になるので，看護師などのマンパワー増員等が要求される。90年代の平均在院日数の短縮幅が大きかったのは，縮めシロが多かったことに加え，日本の病院の医療の質の向上（および効率化の意識向上）が著しかったためである可能性が大きい。

さらに，悪性新生物死亡率と脳血管疾患死亡率を目的変数とし，平均在院日数を説明変数とするパネルデータ分析を行ってみると，平均在院日数の短縮化は悪性新生物死亡率に対しては統計的に有意な変化をもたらしていないが，脳血管疾患死亡率の減少にはつながっているという結果が出ている（図表は割愛）。平均在院日数の短縮化は医療費適正化政策というよりも，医療の質の向上のための政策と捉えるべきであり，医療施設の機能分化・連携強化の観点から進められるべきだと思われる。

4）　ただし，第7章の地理的加重回帰パネルデータ分析の結果，京都府など一部の地域では平均在院日数の短縮化が老人医療費，国保医療費総額のいずれに対しても抑制効果があることがわかっている。

3 薬剤費と調剤費の何が問題か

　医薬品は，医療技術の代表格であり，社会保障政策的な視点だけでなく，産業政策的視点や科学技術政策的視点も要求される難しい分野である。古くは，日米経済摩擦の争点にもなった経緯があり，国内の社会保障問題を超えた複雑な側面を持っている（ちなみに，医薬品については大幅な輸入超過が続いている）。社会保障に限っても，当事者は患者，通常の医療機関（病院・診療所など）における医師等の医療従事者，調剤薬局[5]と薬剤師に加え，薬剤を研究開発し製造する製薬メーカー，流通卸しなどの当事者が加わることになる。しかも，製薬メーカー，流通卸し，一部の調剤薬局は営利企業である。つまり，営利企業を含む多数の当事者を通じて，政策目的を達成することになる。その要が，医薬品医療機器の品質，有効性および安全性の確保，研究開発の促進を定めた薬機法（旧薬事法）と，医療機関に償還される薬価を公定し，その他の取引は自由に任せている薬価制度である。

　新薬の開発には莫大な投資と時間がかかる。薬の価格は，患者からみれば低ければ低いほどよい。一方で，医療の質の継続的向上を図るためには，画期的な新薬の開発が不可欠であり，そのためには，適正な利益を保障する必要がある。近時の製薬産業は最大の納税産業でもあり，日本国内の経済成長の牽引的役割も期待されている。さらに，単に日本国民だけでなく，世界人類に対して貢献するという側面もある。

　ここでは医療費に絡む部分に限定し，薬剤費比率に関する問題，薬剤費の伸びに関する問題，医薬分業に関する問題，後発医薬品の普及促進に関する問題の４つを取り上げたい。

日本の薬剤費比率は高いのか

　日本の薬剤費については，医療費に占める薬剤費比率が国際的にみて高いことがたびたび指摘されてきた。図6-3は，OECD 2015のデータをもとに，2000〜2013年の諸外国の外来薬剤費比率の推移を比較したものである。諸外国と比較する際には，各国の外来医療費における処方薬剤費の医療費に対する

5）　薬事法上は「薬局」の定義しかなく，調剤薬局，調剤専門薬局，ドラッグストアなどは通称である。

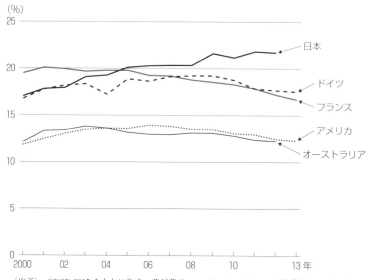

図6-3 諸外国の外来薬剤費の医療費に対する比率

(出所) OECD 2015をもとに作成。薬剤費は prescribed medicine, 医療費は curative & rehabilitative care, ancillary service to health care, prescribed medicine の合計である。中医協資料（薬-3 平成25年7月31日）と同様の計算による。

比率である外来薬剤費比率が使われている。もちろん，諸外国の間で極力医療費の定義などは揃えてはいるものの，厳密には異なるので比較は慎重に行うべきであろう。しかし，諸外国の外来薬剤費比率が20%未満でしかも漸減傾向にあるのに対し，日本の比率は2005年から20%を超え（2013年は21.7%），漸減傾向というよりは漸増傾向にあることはみてとれる。

この比率の評価をめぐっては，医療費の対GDP比率の不安定さと同じ問題がある。薬剤費が高いのか，薬剤費以外の医療費（たとえば，手術料などの技術料）が低いのかの区別がつかないからである。しかし，日本の外来薬剤費比率が時系列的に上昇していることは間違いない。ちなみに，外来薬剤費の絶対金額の伸び（2000年を1とした場合の2012年の比）でみると，オーストラリア2.19倍，フランス1.49倍，ドイツ1.85倍，アメリカ2.19倍に対し，日本は2.43倍なので，やはり日本の外来薬剤費の伸びは大きい。

諸外国との比較ではなく国内問題として，日本の薬剤費について議論する場合には，入院薬剤費その他を含めた薬剤費全体の把握が必要である。実はこれ

については，正確なデータが公表されていない。そこで，何とか推計するしかないことになるのだが，生産統計に流通マージンを加える方法の他には，1年間の概算医療費の「医療費の動向」の医科入院，医科入院外，歯科，調剤の各項目別医療費に，社会保険診療行為別医療費調査の上記項目別薬剤料の比率（薬剤費比率）を乗じて算出する方法がある。表6-6に，後者の計算結果を掲げておいた。この計算方法によれば，2014年の日本の薬剤費は10.9兆円であり，その医療費に対する比率は，27.3％ということになる（この数字は諸外国とは比較できない）[6]。国民医療費の4分の1強が薬剤費であるということになる。

薬剤費が突出して伸びているか

上記の推計をもとに，国民医療費，調剤医療費，調剤薬剤料，調剤技術料，薬剤費総額，処方箋発行枚数を一覧にしたものが図6-4である（2001年を100とした場合の比率の推移）。また，図6-5は，同じ時期の医薬分業率，後発医薬品率，薬剤費比率の推移を示したものである。

2001年から2014年の間に，国民医療費は1.3倍増えたのに対し，薬剤費総額は1.5倍増え，調剤医療費（調剤技術料＋調剤薬剤料）は2.2倍，調剤技術料は1.7倍，調剤薬剤料は2.4倍の増加となっている。また，この間処方箋発行枚数は1.5倍，図にはないが薬局数・薬剤師数は1.2倍増えている。また，この間に医薬分業がかなり進み，薬剤費を下げると期待されている後発医薬品の普及も進んでいるが，結果として薬剤費比率は緩やかに上昇している。若干の考察をしてみよう。

まず，国民医療費の伸びよりも薬剤費総額の伸びの方が上回っていることから，薬剤費の伸びが大きいことは動かしがたい。この間，7回の診療報酬改定，薬価引き下げが行われているのであるから，それでも薬剤費総額が伸びるのは，原因があるはずである。高齢化等の影響によるものか，医師数の増加によるものか，医療技術の高度化（高額薬剤の保険導入），新薬創出・適応外薬解消等促進加算制度の開始，長期処方の普及，その他薬価制度関係の改革による薬価高

---

6) 公費負担医療（生活保護を含む）における薬剤費，包括払いを受けているDPC病院の入院医療費における薬剤費は計上されていない。また，図表の注意書きにあるように，社会保険診療行為別医療費調査の上記項目別薬剤料の比率は「注射・投薬」を用い，「その他」を除外した。したがって，この数字はできる限り，過小推計になるよう統一してある。

142　第3部　医療費適正化の政策評価と重点対策地域

表6-6　日本の薬剤

		2001年 H13	2002 H14	2003 H15	2004 H16	2005 H17
国民医療費　A (兆円)	国民医療費	30.4	30.2	30.8	31.4	32.4
	医科入院	12.4	12.3	12.6	12.7	13.0
	医科入院外	12.1	11.7	11.7	11.9	12.2
	歯科	2.6	2.6	2.5	2.5	2.6
	調剤	3.3	3.6	3.9	4.2	4.6
	公費負担医療	1.2	1.2	1.3	1.4	1.4
薬剤費の比率　B (%)	医科入院	9.4	9.7	9.8	9.4	10.4
	医科入院外	31.0	30.2	31.5	30.2	30.6
	歯科	1.0	0.9	1.0	1.0	1.1
	調剤	67.5	67.8	70	70.9	71.8
薬剤費 (A種別×B) (兆円)	医科入院	1.2	1.2	1.2	1.2	1.4
	医科入院外	3.8	3.5	3.7	3.6	3.7
	歯科	0.0	0.0	0.0	0.0	0.0
	調剤	2.2	2.4	2.7	3.0	3.3
薬剤費総額　D（兆円）		7.2	7.2	7.7	7.8	8.4
薬剤費比率　D／A（%）		23.6	23.8	24.9	24.8	26.0
関連指標	薬局数	48,252	49,332	49,956	50,600	51,233
	薬剤師数（千人）		230		241	
	医薬分業率	44.5	48.8	51.6	53.8	54.1
	後発医薬品率（旧指標）					
	調剤技術料	1.1	1.2	1.2	1.2	1.3
	処方箋枚数（百万）	506.2	559.6	584.6	598.1	618.9

(注)　1.　高椋（2010）と類似の手法を用いて計算した。
　　　　医療費データは「医療費の動向」，薬剤費比率は社会医療診療行為別調査による（閏年・休日
　　　2.　公費負担医療の薬剤費比率は不明なため薬剤費にカウントされず，その分過小推計になる。
　　　　医科入院の薬剤費はDPC請求分のものは不明なため除外されている。
　　　3.　薬剤費の比率Bは，社会医療診療行為別調査表19の数字で，調剤薬局分を含まない。
　　　　また，「投薬・注射」の比率で，「その他」の在宅医療，検査，画像診断，リハビリテーション，
　　　　（そのため薬剤費比率の数字は高椋（2010）の数字よりも小さくなる）。
　　　4.　薬剤師数，薬局数，医薬分業率は日本薬剤師会調べ（2014年の薬局数は予測値）。
　　　5.　後発医薬品の普及率は「最近の調剤医療費（電算処理分）の動向」による。

第6章　医療費適正化政策を評価する　143

費，薬剤費比率等

2006 H18	2007 H19	2008 H20	2009 H21	2010 H22	2011 H23	2012 H24	2013 H25	2014 H26
32.4	33.4	34.1	35.3	36.6	37.4	38.4	39.3	40.0
13.0	13.4	13.6	14	14.9	15.2	15.6	15.8	16.0
12.1	12.4	12.4	12.7	13.0	13.3	13.4	13.6	13.8
2.5	2.5	2.6	2.5	2.6	2.7	2.7	2.7	2.8
4.7	5.2	5.4	5.9	6.1	6.6	6.6	7.0	7.2
1.4	1.5	1.6	1.7	1.8	1.9	2.0	2.0	1.7
9.4	9.4	9.4	9.4	8.7	9.2	8.6	8.6	8.4
30.1	29.4	27.9	31.8	30.3	31.1	31.2	31.1	30.4
1.0	1.0	1.0	1.0	1.0	0.9	0.9	0.6	0.6
71.5	72.9	72.8	74	72.6	73.7	73.3	74.4	74.6
1.2	1.3	1.3	1.3	1.3	1.4	1.3	1.4	1.3
3.6	3.6	3.5	4.0	3.9	4.1	4.2	4.2	4.2
0.0	0.0	0.0	0.0	0.0	0.0	0.0	0.0	0.0
3.4	3.8	3.9	4.4	4.4	4.9	4.8	5.2	5.4
8.2	8.7	8.7	9.7	9.7	10.4	10.4	10.8	10.9
25.5	26.1	25.5	27.6	26.5	27.9	27.0	27.5	27.3
51,952	52,539	53,304	53,642	53,001	54,780	55,797	57,081	58,275
253		268		277		280		
55.8	57.2	59.1	60.7	63.1	63.1	66.1	67.0	68.7
15.4	16.1	18.0	18.9	22.4	23.4	28.7	31.1	37.0
1.3	1.4	1.5	1.5	1.7	1.7	1.8	1.8	1.8
645.1	660.8	683.7	694.4	702.2	729.4	746.9	758.9	763.0

調整はしていない）。

精神科専門療法，処置，手術，麻酔は除いてある。

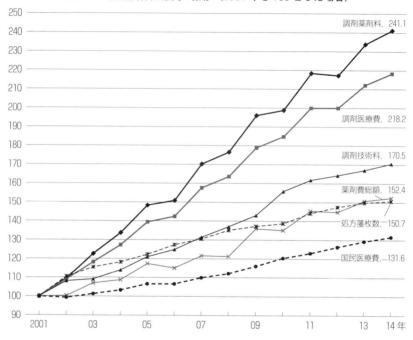

図 6-4 薬剤関係医療費の推移（2001 年を 100 とした場合）

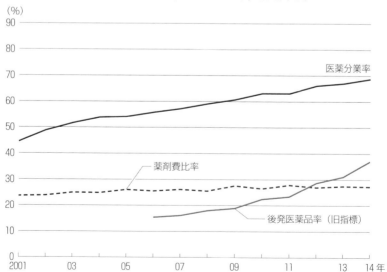

図 6-5 医薬分業率，後発医薬品率，薬剤費比率

止まりのいずれか，あるいはその組み合わせによるものか，原因の候補は多数あり，このデータだけでは判別しがたい。多変量解析を行う必要があるだろう。なお，減少要因である後発医薬品の普及促進については後述する。

次に，図6-4の調剤薬剤料，調剤医療費，薬剤費総額を示す線の推移をみていただきたい。階段状の変化が顕著であるが，これは2年に一度行われている薬価引き下げの効果を示している。つまり，薬価引き下げにより薬価改定の年に伸びはいったん鈍化し，その翌年大きく伸びる傾向にある。一方，調剤技術料，処方箋枚数，国民医療費には，これほど顕著な傾向はみられない。経済財政諮問会議や財政制度等審議会が，薬価の問題にかなり関心を持ち，毎年改定の必要性を主張するのも，この意味では自然である。

図6-5をみると，図ではわかりにくいが，医薬分業率も後発医薬品率も診療報酬改定の年に伸びが大きくなっている。政策誘導の結果とみるべきであろう。

調剤医療費総額，調剤薬剤料，調剤技術料の伸びが特に著しく，調剤医療費総額が国民医療費に占める割合は，2001年の10.8%から2014年には18%に達している。ただし，この問題は医薬分業と絡めて議論する必要がある。医薬分業によって，入院外薬剤費が調剤薬剤料に付け替わり，見かけ上増えているだけの可能性があるからである。

医薬分業のみが調剤費上昇の原因か

図6-5のデータは2001年からであるが，戦後全体でみると，日本の薬剤費については，長らく医療費に占める薬剤費比率が国際的にみて高いことが指摘されてきた。これは明治以前からの漢方医学の伝統によって国民が比較的薬好きなこと，医薬分業が未発達であったことと表裏一体である。保険者から医療機関に償還される薬価が公定されるのに対し，実際の薬の取引（流通業者と病院・診療所・調剤薬局）は自由価格であるため，公定価格と取引価格の間には薬価差益が生じる。薬価制度は，市場価格を保険償還価格（薬価）に反映させる原則になっており，薬価基準と市場取引価格の平均乖離率（薬価差）から公的薬価差益2%を引いた私的薬価差については，2年に1回の薬価改定で引き下げることになっている。この私的薬価差は近時約6%である。

公的薬価差益は近時2%で推移しているが，かつてはかなり大きく，医薬分業が進展し始める1974年以前には，医療機関経営の原資になっていた。日本

146 第3部 医療費適正化の政策評価と重点対策地域

医師会の大きな政治力をバックに，1970年代以前，診療報酬はかなり引き上げられてきたが，中でも診療所の収益のかなりの部分をこの薬価差益が占めたため，薬剤に頼った医療サービスの提供，いわゆる「薬漬け医療」になっていたことは周知のとおりである。

第1部で述べたとおり，医療費適正時代の幕開けに先立ち，1973年に日本医師会が分業反対から賛成に立場を変え，74年から処方箋発行料の診療報酬上の評価が大幅アップしたこと（6点から50点），また，92年に薬価の算定方式が変更されたことにより，大幅に薬価差益が縮小したことを契機として[7]，戦前からの懸案だった医薬分業がようやく進展し始め，近時医薬分業はかなり達成されてきている（日本薬剤師会によれば2014年3月〜15年2月で68.7%）。問題は，分業率に示される量的な分業の進展ではなく，本来的な目的である医療の質の向上がもたらされているかどうかである。

調剤医療費は調剤技術料と調剤薬剤料からなり[8]，医薬分業が進めば，薬剤費が医科入院外から調剤費にシフトするので，分業率の進展とともに調剤薬剤料が上がるのは当然である。また，処方箋発行枚数もかなりの倍率で伸び，これは調剤薬局数（そして，薬剤師数の伸び）と同期している。医薬分業の進展が望ましいことは，薬剤療法の質の確保の観点からは異論はないが，全国の平均分業率が70%に迫る現在，さらに分業を進展させるかどうかは，分業自体の費用対効果の評価にかかっているとも言える。

医療費適正化が強調されると，診療報酬の大幅アップは期待できなくなる。そのため，同じ医療機関である診療所・病院と調剤薬局の間で，診療報酬本体のどれだけを医科と歯科，調剤で分けるかという分配交渉の側面が強くなる。近時の医療費の伸びの原因は，薬剤費・調剤費にあるという主張もある。医薬分業を行えば，薬価差益は病院・診療所から調剤薬局に移転することになるので，医薬分業自体の見直しも主張されるようになっている[9]。加えて，営利調

---

7) 薬価算定方式は，バルクライン方式（低い方の購入価格の累積頻度が90%になる金額）から加重平均値＋調整幅（公的薬価差）に変更された。薬価差益は，厚生労働省によれば，1991年は23.1%であったが，順次減少し，99年には9.5%，近時は6〜9%で推移している。

8) 正確には，調剤技術料（調剤基本料，調剤料），薬学管理料，調剤薬剤料，特定保険医療材料からなる。

9) 医薬分業については，赤木（2013）を参照されたい。

剤薬局の急増ぶり，強制的に徴収された保険料や税金を収入源としながら高額の報酬を受け取るチェーン薬局の役員に対する反発，患者からみた場合の利便性の問題，調剤技術料に見合ったサービスが提供されていないのではという批判などが，これらの主張の背景にはある。

入院外薬剤料が調剤薬剤料にシフトして，減ってもおかしくない入院外薬剤費も実際には上昇しているので，調剤薬剤料の増加の原因は，医薬分業だけではないはずである。したがって，調剤薬剤料の増加要因は何か，どこまで医薬分業を原因とするかをまず見極めるべきであろう。この部分を明らかにすることで，医薬分業の進展をこのまま見守るべきか，医薬分業の推進そのものをとどめるべきかについて，冷静な議論がしやすくなるはずである。

1人当たり調剤金額のパネルデータ分析

本来，薬剤費比率の都道府県別年度別項目別データがあれば，都道府県別年度別医科入院外薬剤費も計算でき，また調剤技術料や処方箋料との合算額の分析を行えば，医薬分業の総合的評価もできるはずであるが，現状ではかなわない。ここでは，医薬分業率と国保における調剤金額（調剤費と同じであり，調剤技術料と薬剤料の合算）の関係を中心にパネルデータ分析を行う。処方箋発行枚数についても同じ手法で分析しよう。データは日本薬剤師会のものを基礎に，2001〜2012年のその他変数のデータを追加し，閏年調整をしてある。定常性を満たさない変数は除外してある。説明変数は，薬剤関連のものとして医薬分業率，人口当たり薬剤師数，高齢化率，医療供給関連として人口当たり病床数，人口当たり医師数，平均在院日数，需要要因として悪性新生物死亡数，脳血管疾患死亡数，1人当たり県民所得を投入した。

表6-7の結果をみると，年次ダミーを入れる前のモデルの決定係数は0.85以上あり，モデルの説明力はかなり高い。したがって，年次ダミー投入前の係数（直接効果1）をみればほぼ説明が足りるであろう。1人当たり調剤金額（処方箋発行枚数に対してもほぼ同じ説明が当てはまる）について，総合効果の説明力（自由度調整済み決定係数 R^2）では，予想どおり医薬分業率が最も高く（0.69），しかも全説明変数を投入しても決定係数の増加分は15%程度である。次いで，説明力があるのは高齢化率と悪性新生物死亡数である。直接効果をみてみよう。最も係数が大きいのはやはり医薬分業率である（1.17）が，薬剤師数，高齢化

148 第3部 医療費適正化の政策評価と重点対策地域

表6-7 1人当たり調剤金額と処方箋発行枚数の線形パネルデータ分析の総括 (2001〜2012年)

説明変数	1人当たり調剤金額				1人当たり処方箋発行枚数			
	総合効果	R^2	直接効果1	直接効果2	総合効果	R^2	直接効果1	直接効果2
医薬分業率	1.76	0.69	1.17	0.99	1.01	0.83	1.04	1.08
薬剤師数(人口当たり)	2.77	0.04	0.67	0.17	1.43	0.00	—	—
高齢化率(65歳以上)	2.89	0.35	0.27	0.18	1.46	0.14	0.23	0.18
病床数(人口当たり)	▲5.31	0.01	—	—	▲2.65	0.02	—	—
医師数(人口当たり)	3.91	0.04	0.39	0.25	2.25	0.01	0.23	0.43
平均在院日数	▲3.47	0.02	▲0.28	—	▲1.86	0.00	0.28	0.16
悪性新生物死亡数(人口当たり)	3.83	0.30	0.20	0.19	2.02	0.15	▲0.29	—
脳血管疾患死亡数(人口当たり)	▲3.45	0.03	—	0.08	▲1.69	0.03	0.08	—
1人当たり県民所得	▲1.55	0.03	—	—	▲0.70	0.05	—	—
年次ダミー				省略				省略
直接効果のモデルの決定係数			0.856	0.950			0.888	0.917
選択されたモデル			固定効果	変量効果			固定効果	変量効果

(注) 1. 総合効果は, 各説明変数を単独で投入したときのパネル回帰係数である.
2. 直接効果1は, 年次ダミーを除く全説明変数投入時のパネル偏回帰係数である (5%レベルで有意なもののみ記載).
3. 直接効果2は, 年次ダミーを含む全説明変数投入時のパネル偏回帰係数である (5%レベルで有意なもののみ記載).
4. すべての分析で固定効果モデルが支持された (観察数は564).

率, 医師数, 悪性新生物死亡数等他の説明変数も, 合計すれば医薬分業率以上の影響力を示していることに注意したい. つまり, 医薬分業だけで説明できないということになる.

以上の結果から, 単独の要因としては, やはり医薬分業が1人当たり調剤金額と処方箋発行枚数を押し上げている最大の要因であることが確認された. また, 薬剤師数, 医師数が次に大きい原因であることから, 医療従事者の増加は, 調剤金額を通じても医療費を押し上げていることになる.

ただ, 残念ながら, これはあくまでも1人当たり調剤金額の分析にすぎない. 薬剤費自体の伸びを問題にする場合には, 別の分析が必要である. また, 調剤

第 6 章　医療費適正化政策を評価する　　149

金額の伸びをもって医薬分業自体を批判することはできないであろう。調剤金額の伸びに見合った医療の質の向上が得られているのか否かの評価が不可欠になる。伸びの大きさをもって，批判する場合には，調剤薬剤料よりも調剤技術料や処方箋料を問題にすべきかもしれない。調剤技術料については，次の後発医薬品の普及促進に関する議論と合わせて行いたい。

後発医薬品の普及促進は薬剤費抑制に効果があるか

　後発医薬品の普及促進が政策的に明確に位置づけられたのは，2007 年の経済財政改革の基本方針からである[10]。2012 年度までに後発品の医薬品全体におけるシェア目標が 30% とされ，同年厚生労働省は「後発医薬品の安心使用促進アクションプログラム」を策定した。2008 年からは 2 年おきの診療報酬・調剤報酬改定を通じて，さまざまな促進策を導入してきている。目標値については，2013 年に策定された「後発医薬品のさらなる使用促進のためのロードマップ」では 2017 年度末に 60% という目標が設定されていたが，2015 年の経済財政諮問会議は，後発品の数量シェアを 2007 年央までに 70% に，さらに遅くとも 2020 年度末までに 80% 以上とする新目標値を示した（途中で，後発医薬品のない先発品を数式から除外する定義変更も行われている）。診療報酬上も，医科（病院・診療所），調剤薬局に対する各種の加算制度が設けられ，一般名処方が推進され，処方箋の様式にも各種の工夫が施されてきている。DPC 病院の機能評価係数にも後発医薬品割合が導入され，さらに，医療費適正化計画にも導入された。後発医薬品の普及促進は，近時の医療費適正化政策の要にもなっている。

　この新目標を達成した場合の医療費削減効果は，1.3 兆円とされているが，この数字はきわめて荒い計算に基づいている[11]。厚生労働省の資料によれば，

---

10)　1993 年に厚生省は「21 世紀の医薬品のあり方に関する懇談会」で後発医薬品の普及のための条件整備を謳っている。

11)　2007 年 5 月 16 日財政制度等審議会　財政構造改革部会資料によれば，薬剤費 7 兆円に後発品がある先発品の金額シェア 36% を乗じると約 2.5 兆円になり，それが先発品の半額の後発品にすべて置き換わったとして 1.25 兆円（国庫負担 0.3 兆円，地方負担 0.1 兆円）が削減されるとしている。なお，すでに述べたように，そもそも薬剤費の中には DPC 中の薬剤費や生活保護をはじめとする公費負担医療における薬剤費も入っていない。その後もこの数字自体は変化していない。

150　第3部　医療費適正化の政策評価と重点対策地域

過去の後発医薬品の医療費抑制効果については，5年間で5000億円程度とされている。ちなみに，日本調剤株式会社は，同社単独での2014年度1年間の削減効果は154億円（前年度は123億円）であるとし[12]，また福岡県の2008～2012年度の5年間の薬剤費削減効果は，後発医薬品に変更可能な先発医薬品が全国と同様の普及率で後発医薬品に置き換わったとして，約410億円であるとしている（DPC部分，技術料部分の影響を除外）。

　後発医薬品の医療費抑制効果については，1つの先発品に対する種類が多すぎること，価格差が大きいことなどの問題があるため，正確な計算は難しい。医療費削減効果については，先発品が後発品に変わった場合のミクロレベルでの薬剤料の減少は自明だが，一方で後発医薬品調剤体制加算などの後発医薬品の普及促進のための加算，さらに病院・診療所に対する誘導的な加算も増加しつつあるため，調剤技術料，急増している処方箋発行料まで含めたレベルでの医療費抑制効果は不明である。さらに，医薬分業率との関係の存在も考えられる[13]。そもそも正確な薬剤費がつかめない状況にあるので，医療費全体のレベルでみた場合の効果も不明である。

　限界があることを承知で，目的変数を調剤医療費（調剤技術料と調剤薬剤料）にして，医薬分業率の変数も同時投入したパネルデータ分析（2011～2012年）を行った（高齢化率は2013年，医師数その他の変数は2012年までしかない）。

　まず，準備として，医薬分業と後発医薬品率（旧指標）との関係をみておこう。後発医薬品率を目的変数，医薬分業率を説明変数にしたパネルデータ分析の結果は，医薬分業率の係数が4.23で，分業率が上がるほど後発医薬品率（旧指標）は上がるが，overallの決定係数はわずか0.0183であるため，そもそも説明力が乏しいという結果となった（2010～2014年データ，固定効果モデル，表は省略）。また，相関係数もわずか0.14である（年ごとの散布図をみても，分業率と後発医薬品率はかなり独立に動いている）。つまり，後発医薬品率の上昇の手段としての医薬分業の推進は，マクロレベルでのデータをみる限り，あまり効果をあげていないということになる[14]。また，相関があまりないということは，両

---

12)　日本調剤株式会社ニュースリリース（2015年6月1日）http://www.nicho.co.jp/corporate/info/12454/
13)　健康・医療WG資料（医薬分業の評価について）厚生労働省2015年5月11日では，医療費削減効果があるとしている。

第6章 医療費適正化政策を評価する　　151

表6-8　調剤費の線形パネルデータ分析（2011〜2012年）

説明変数	調剤技術料 (1人当たり)			調剤薬剤料 (1人当たり)			調剤医療費 (1人当たり)		
	総合効果	R^2	直接効果	総合効果	R^2	直接効果	総合効果	R^2	直接効果
後発医薬品率（旧指標）	▲0.05	0.01	—	▲0.01	0.00	0.04	▲0.02	0.01	0.03
医薬分業率	1.47	0.65	0.91	0.25	0.54	0.73	0.61	0.60	0.78
薬剤師数（人口当たり）	1.48	0.00	—	0.01	0.00	—	0.41	0.00	—
高齢化率（65歳以上）	1.05	0.07	—	0.15	0.13	0.34	0.38	0.12	0.33
病床数（人口当たり）	0.20	0.08	—	0.16	0.07	0.37	0.17	0.08	0.31
医師数（人口当たり）	2.20	0.01	—	0.14	0.00	—	0.74	0.00	—
平均在院日数	▲0.88	0.07	—	▲0.22	0.03	▲0.36	▲0.51	0.05	▲0.28
悪性新生物死亡数 （人口当たり）	0.62	0.15	—	0.15	0.23	0.21	0.41	0.22	0.21
脳血管疾患死亡数 （人口当たり）	▲0.14	0.10	—	▲0.08	0.19	▲0.07	▲0.10	0.17	—
1人当たり県民所得	0.53	0.07	—	0.16	0.04	0.17	0.25	0.05	0.16
直接効果のモデル の決定係数		0.532			0.820			0.879	
選択されたモデル		固定効果			変量効果			変量効果	

（注）　1．総合効果は，各説明変数を単独で投入したときのパネル回帰係数である。
　　　　2．直接効果1は，年次ダミーを除く全説明変数投入時のパネル偏回帰係数である（5％レベルで有意なもののみ記載）。
　　　　3．直接効果2は，年次ダミーを含む全説明変数投入時のパネル偏回帰係数である（5％レベルで有意なもののみ記載）。

者をパネルデータ分析に説明変数として同時投入することが正当化される[15]。

　表6-8は，1人当たり調剤技術料，1人当たり調剤薬剤料，1人当たり調剤医療費を目的変数に，説明変数に後発医薬品率と医薬分業率等，調剤金額の分析で用いた変数と同じものを加えて，パネルデータ分析を行った結果（総括表）である。2年間の分析なので水準対数モデルに限定した。

　分析結果をみると，総合効果で説明度（自由度調整済R^2）の最も高いのは医薬分業率であり，次いで悪性新生物死亡数や脳血管疾患死亡数，高齢化率がくる。薬剤師数や医師数をはじめとする医療関連指標の影響は小さい。注目され

14)　中医協の検証調査などでは，後発医薬品への変更の契機として，「薬剤師による勧め」が上位にくる。

15)　新指標でデータ期間を2013〜2014年に限定しても，相関係数は0.20で同じである。

る後発医薬品率の係数は，総合効果では，調剤技術料，調剤薬剤料，調剤医療費のいずれにおいても期待どおりマイナスであるが，説明度はかなり小さい。直接効果では医薬分業率の係数が大きくなり，後発医薬品率の係数は有意ではないか，むしろプラスに転じてしまう。ちなみに，まず後発医薬品率のみ投入して，順次他の変数を追加していくと，医薬分業率を入れても符号は変わらないが，係数が有意ではなくなり，高齢化率を投入しても同じであり，その他の変数を追加するだけでは，係数の符号も有意性も変化しない。すべての変数を投入した場合に，係数の符号が反転することが確認された。

　このようにしてみると，後発医薬品の普及推進は，ミクロレベルでの効果は明白であっても，調剤医療費については医薬分業その他の要因による増加を打ち消すほどの効果はないということになる。

　すでに述べたように，入院薬剤費，入院外薬剤費，DPC における薬剤費，公費負担医療における薬剤費に対し，後発医薬品の普及がどれくらいの医療費抑制効果をもたらすのかは不明であるため，全体としての後発医薬品の普及促進の医療費に対する効果も不明である。後発医薬品の普及は今後も推進されていくと思われるが，薬剤費削減のための手段として考えた場合，数量ベースでの後発医薬品の普及促進だけでは足りないと思われる。むしろ，後発医薬品の価格の合理化と安定供給促進策を強め，参照薬価制度の導入に尽力する方が有効である可能性がある。また，薬剤費全体に対する政策としては，①調剤費の増加要因となっている医薬分業自体の費用対効果を検証し，またやはり増加している処方箋発行枚料（枚数）に関する政策を打ち出すこと，②医薬分業と後発医薬品率向上のインセンティブとしての調剤技術料に対する政策を検証すること，③高止まりしている可能性のある薬価全体に対する政策を打ち出すことが必要であると言えるであろう。

［印南一路］

第**7**章

医療費適正化の重点対策地域と
有効な方法をみつける

　これまでの分析で，日本全体での1人当たり国保医療費の増加要因は大分明らかになったと言える。線形パネルデータ分析では，都道府県の個別性の存在を前提にしつつも，そこで得られたのは，国全体ないし都道府県の平均的な数値である。国レベルの医療費適正化政策に対しては，これらの数値をもとに判断すればよい。

　しかし，医療費増加の構造は地域によって異なるはずである。2006年の医療制度改革により，各都道府県が医療費適正化計画を作成することが義務づけられ（第1期は2008〜12年度，第2期は2013〜17年度），かつ2014年には地域医療構想を作成し，かつ医療費適正化計画を連動させる方針が国から出されている。そのような状況では，各都道府県が自らの医療費決定構造を知る意味は大きい。

　第3章の分解アプローチからは，医療費総額の増加率は大都市を抱える都道府県で高いことが示されている。他方，厚生労働省の資料等でよくみるように，1人当たり国保医療費は必ずしも地域の人口数とは比例せず，人口減少と高齢化が進む地域などでも相対的に高い水準となっている。医療費総額が1人当たり医療費に人口数を乗じて計算されるとすると，医療費総額の増加の抑制という観点からは，大都市を抱える地域を対象に医療費増加抑制の対策をすれば十分なのだろうか。人口数をコントロールできないとすれば，1人当たり医療費の増加を抑制すべき地域はどこだろうか。

　医療費増加の地域的な特徴を明らかにできれば，医療費適正化政策には全国共通で実施すべき施策と，都道府県単位で実施すべき政策のそれぞれについて検討を行うことができる。医療費増加抑制を重点的に対策すべき地域を明確にし，当該地域を対象に，より効率的かつ効果的な医療費増加抑制対策が実施で

154 第3部 医療費適正化の政策評価と重点対策地域

きるようになるのではないだろうか（もちろん，重点対策地域以外の地域で抑制対策をしなくてよいという意味ではない）。それにより，医療費政策のうち全国で取り組むべき課題と地域で取り組むべき課題を示唆できる点で意義があるであろう。医療費の増加抑制対策を重点的に行うべき地域を「重点対策地域」と呼ぶことにする。そこで具体的にどこでどのような対策が有効かを，①1人当たり国保医療費と国保医療費総額を都道府県別に将来推計する，②将来推計結果から医療費増加抑制の重点対策地域を抽出する，③重点対策地域で有効と考えられる施策について検討する，という手順で明らかにしたい。①と②は同時に行うことになる。

1 国保医療費の将来推計

2000年以降の国保医療費のパネルデータを用いて推定した空間パネルデータモデルの推定結果を表7-1に示す（地域固定効果と時期固定効果ダミーを投入しているが，これらに関する記述は割愛した）。説明変数については，t値が10%水準で統計的に有意なもののみ採用した。

1人当たり国保医療費（一般・老人）に関するモデル推定結果では，医師数，病床数，高齢化率の回帰係数がプラスであり，医療費を押し上げる要因となっている。中でも医師数の回帰係数の絶対値が最も大きい。1人当たり国保医療費（一般）に関するモデルでも，これらの変数に対する回帰係数はプラスで統

表7-1 空間パネルデータモデルの推定結果

	一般・老人		一般		老人	
	回帰係数	t値	回帰係数	t値	回帰係数	t値
ρ	0.13	2.45 *	0.21	4.10 ***	0.21	4.16 ***
高齢化率	0.14	5.08 ***	0.31	9.56 ***		
病床数	0.17	4.55 ***	0.23	5.39 ***	0.27	7.22 ***
医師数	0.53	12.07 ***	0.29	5.91 ***	0.14	3.38 ***
平均在院日数					0.11	2.95 **
悪性新生物死亡数	−0.08	−2.24 *	−0.21	−5.15 ***	−0.09	−2.70 **
脳血管疾患死亡数			−0.06	−2.53 *	−0.10	−5.24 ***
1人当たり県民所得	−0.07	−3.07 **			−0.05	−2.18 *
特養定員数			0.04	3.43 ***	−0.05	−4.69 ***

（注）　年次と地域の個別効果の表示は省略。***：p≦0.001，**：p≦0.01，*：p≦0.05。

計的に有意となっており，医療費を押し上げる要因となっている。ここでは高齢化率の回帰係数は相対的に大きい。1人当たり老人医療費（後期高齢）に関するモデルでは，病床数，医師数，平均在院日数が医療費を押し上げる要因となっている。いずれのモデルでも，空間的自己相関を示す ρ は統計的に5%水準で有意である。これらの結果は，線形パネルデータモデルの結果と大きく変わらない（係数自体は，追加変数の影響により平準化している）。なお，平均在院日数については，1人当たり老人医療費に関するモデルでのみ有意になり，その係数はプラスであった。つまり平均在院日数の短縮化が老人医療費については減少要因となっている。

1人当たり国保医療費総額の将来推計結果

上記の変数の係数および人口の将来推計を用いると，将来の1人当たり医療費推計，およびそれに将来人口推計を乗じて，将来の国保医療費総額が計算できることになる[1]。

図7-1は，2040年までの1人当たり国保医療費総額をいくつかの都道府県に限定して示したものである。佐賀県が全国的にみて最も高い水準（997千円/人）にまで増加することが示された。次いで，徳島県，大分県，山口県，長崎県など，西日本の県が上位を占めている。最も1人当たり国保医療費（総額）が少ないのは沖縄県であるが，栃木県，茨城県，群馬県など東日本の県が下位を占めている。順位に変動はみられるが，1人当たり国保医療費（総額）の西高東低型の空間分布構造は大きく変動しないと考えられる。

後期高齢者医療費の将来推計結果

一般の関心が高い後期高齢者医療費の予測も行っておこう。ここでは，1人当たり後期高齢者医療費の将来推計結果と国立社会保障・人口問題研究所の75歳以上人口の将来予測結果とを用いる。2040年までの後期高齢者医療費の

---

1) ここでの国保医療費総額は，国保医療費と後期高齢者医療費を加えたものをさす。1983 ～2012年のパネルデータ分析では，「老人」は1983～2007年までは老人医療費，2008～2012年は後期高齢者医療費をさし，データはそのままつないだものであった。将来推計においては，後期高齢者医療費が中心になるので，「老人」ではなく「後期高齢者」を，また，国保医療費と後期高齢者医療費を加えたものは「国保医療費（一般・老人）」ではなく，「国保医療費総額」で表すことにする。

図 7-1 1人当たり国保医療費の将来推計結果

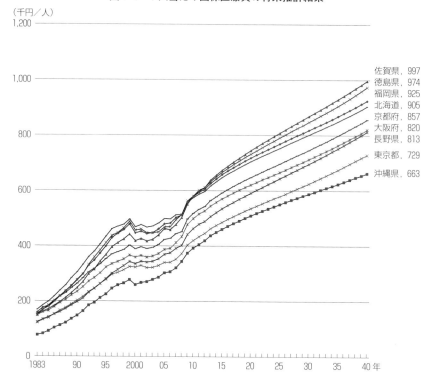

　将来推計値を都道府県別に計算したところ，図 7-2 のような結果となった。全国平均値をみれば，後期高齢者医療費が増加するのは 2030 年ごろまでであり，その後の著しい増加は示されていない。ただし，東京都，大阪府，神奈川県は増加し続けることが予想される。

　2010 年の後期高齢者医療費について，実績値と推計値（＝1人当たり後期高齢者医療費推計値×75 歳以上人口）とを比較したところ，（推計値）＝1.04×（実績値）−7.71 となったことから（$R^2=0.999$），得られた推計結果の予測精度は比較的高いと言える。

　最も後期高齢者医療費の額が大きいのは東京都であり，次いで大阪府，神奈川県，北海道となっている。上位を占めるのは首都圏や近畿圏，中京圏の大都市を抱える都県である。この結果が，1人当たり国保医療費総額の将来推計の結果（図 7-1）と異なるのは，人口の減少ぶりが異なるためである。しかし，

第7章 医療費適正化の重点対策地域と有効な方法をみつける　　157

図7-2　都道府県別後期高齢者医療費の将来推計結果（単位：十億円）

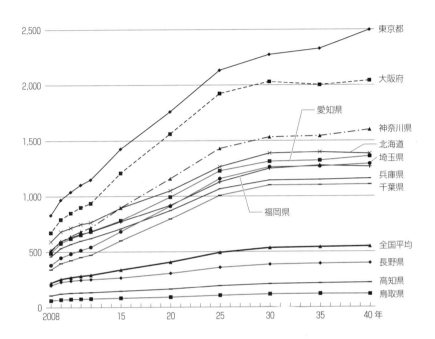

大阪府は75歳以上人口の推移が神奈川県とほぼ同じであるにもかかわらず，2040年の後期高齢者医療費は神奈川県の約1.3倍，1人当たり後期高齢者医療費は約1.4倍となっている．

2　重点対策地域をみつける

3つの視点

判断材料が揃ったので，重点対策地域を抽出しよう．本書では，重点対策地域を以下の3つの視点で抽出することとした．

　視点①：医療費総額が相対的に高い地域
　視点②：1人当たり医療費水準とその増加率が相対的に高い地域
　視点③：所得に対する医療費負担割合が相対的に高い地域

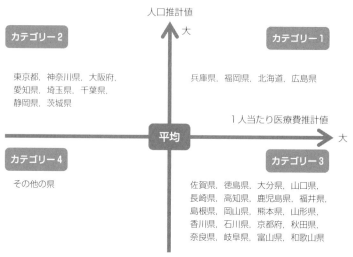

図7-3 1人当たり国保医療費総額と人口の推計値（2040年）からみた都道府県分類

である[2]。

　まず，視点①であるが，そもそも医療費総額の水準が高い地域は，わずかな医療費増加であっても日本全体の医療費総額を押し上げる要因となる。医療費総額は人口数に1人当たり医療費を乗じて計算することができる。1人当たり医療費の水準が高く人口数が多ければ，医療費総額も高くなる。次に，視点②であるが，1人当たり医療費の伸びや人口数の伸びが大きい地域も同様に，医療費総額の増加も大きくなるので要注意だということになる。

　視点①と視点②を合わせてみるために，2040年の将来推計人口数と1人当たり医療費将来推計値の相対的な大小（全国平均を基準）により，全都道府県を4つに分類した（図7-3）。具体的には，推計で人口数と1人当たり医療費の両方が平均より大きい都道府県を【カテゴリー1】，人口数が平均より大きく1人当たり医療費が平均より小さい都道府県を【カテゴリー2】，人口が平均より小さく1人当たり医療費が平均より大きい都道府県を【カテゴリー3】，人口数と1人当たり医療費の両方が平均より小さい都道府県を【カテゴリー4】

---

2) ここでの「医療費」は，国保医療費総額，国保医療費（一般），後期高齢者医療費をさす。国民医療費ではない。

第 7 章　医療費適正化の重点対策地域と有効な方法をみつける　　159

表 7-2　1 人当たり国保医療費の 2040 年/2012 年増減比からみた上位 10 都道府県

順位	総額				一般				後期高齢者			
	都道府県	2012 年	2040 年	2040/2012	都道府県	2012 年	2040 年	2040/2012	都道府県	2012 年	2040 年	2040/2012
1 位	岐阜県	483	840	1.74	京都府	322	477	1.48	高知県	1107.2	1604.8	1.45
2 位	千葉県	413	712	1.73	岐阜県	309	455	1.47	京都府	990.9	1426.5	1.44
3 位	山形県	513	869	1.69	茨城県	268	395	1.47	岐阜県	838.1	1162.9	1.39
4 位	神奈川県	446	750	1.68	千葉県	280	411	1.47	山形県	789.1	1088.4	1.38
5 位	埼玉県	424	712	1.68	東京都	280	412	1.47	佐賀県	1046.3	1436.8	1.37
6 位	奈良県	503	841	1.67	埼玉県	284	411	1.45	徳島県	972.6	1330.1	1.37
7 位	長野県	488	813	1.67	山形県	317	458	1.44	熊本県	1008.0	1347.7	1.34
8 位	兵庫県	536	885	1.65	和歌山県	318	456	1.43	長崎県	1065.8	1421.6	1.33
9 位	東京都	445	729	1.64	神奈川県	293	420	1.43	三重県	803.4	1063.8	1.32
10 位	福井県	558	914	1.64	徳島県	364	518	1.42	和歌山県	906.2	1199.7	1.32

と，便宜上類型化した。

　【カテゴリー 1】に属する都道府県は，1 人当たり国保医療費総額も医療費総額も相対的に大きいと考えられるため，重点的な対策が必要であると考えられる。次に重点対策が必要な都道府県は，【カテゴリー 2】または【カテゴリー 3】であろう。【カテゴリー 2】の都道府県は，1 人当たり医療費が相対的に低くても，人口規模が医療費総額を押し上げる可能性がある。【カテゴリー 3】の都道府県は，人口規模が小さくても 1 人当たり医療費が大きいため，1 人当たり医療費の増加が医療費総額を押し上げる可能性がある。具体的には，【カテゴリー 1】に属する都道府県は，兵庫県，福岡県，北海道，広島県であり，【カテゴリー 2】に属する都道府県は，東京都，神奈川県，大阪府，愛知県，埼玉県，千葉県，静岡県，茨城県であり，第 3 章の分解アプローチの医療費分析で示された首都圏および大都市圏と一致する。

　これに 3 つ目の軸として，1 人当たり医療費の伸び率をみてみよう。特に【カテゴリー 3】に含まれる地域のうち，1 人当たり医療費の増加率が高い地域に関心を払う必要があるからである。表 7-2 は，1 人当たり医療費の 2040年/2012 年増減比からみた上位 10 都道府県をリストアップしたものである。1人当たり国保医療費の 2040 年/2012 年比が大きい都道府県は，岐阜県（1.74），千葉県（1.73），山形県（1.69）などとなっている。

160　第3部　医療費適正化の政策評価と重点対策地域

　なお，2008年から2025年ごろまで，国保医療費の最大値と最小値の比率からみた地域格差は1.56から1.47程度まで減少する傾向が示されており，その後少し格差が拡大する傾向が示されている。2040年に1人当たり国保医療費が最小となると予測される沖縄県と比較すると，佐賀県の1人当たり医療費は1.50倍となっている。

1人当たり医療費（一般）と後期高齢者医療費の場合

　同様に，1人当たり国保医療費（一般），後期高齢者医療費の将来推計とその他分析を行った結果を図7-4と7-5に示す。

　1人当たり国保医療費（一般）は，2040年には山口県が最も高い水準にまで増加することが示された。次いで，長崎県，徳島県，佐賀県，広島県などとなっている。1人当たり国保医療費（一般）が最も低いのは沖縄県であるが，青森県，岩手県，福島県など東北地方の県を中心に東日本の県が下位を占める。

　【カテゴリー1】に属する都道府県は，兵庫県，福岡県，北海道，広島県に大阪府が加わることが特徴である。【カテゴリー2】に属する都道府県は，1人当たり医療費（一般）では東京都，神奈川県，愛知県，埼玉県，静岡県，茨城県となっている。

　表7-2に戻って増加率でみてみると，2040年/2012年比が大きい都道府県は，京都府（1.48），岐阜県，茨城県・千葉県・東京都（1.47）などとなっている。1人当たり国保医療費（一般）が最小となる都道府県と最大となる都道府県とを比較すると，2040年には1.47倍となっている。2008年から2025年ごろまで，1人当たり国保医療費（一般）の最大値と最小値の比率からみた地域格差は1.46から1.43程度までわずかに減少する傾向が示されているが，その後は増加に転じ，2040年には1.48にまでなる。

　1人当たり後期高齢者医療費は2012年と比較して2040年には増加する地域，あまり変化がない地域，減少する地域とに分けられる。2040年に1人当たり後期高齢者医療費が最も高くなるのは高知県であり，次いで佐賀県，京都府，長崎県，大阪府などとなっている。逆に1人当たり老人医療費が最も少ないのは岩手県であり，福島県，新潟県，栃木県，青森県が続いている。

　【カテゴリー1】に属する都道府県は，兵庫県，福岡県，北海道，広島県，東京都，大阪府となっている。いずれも，大都市や地方中核都市を抱える都道

図7-4 1人当たり国保医療費（一般）と人口の推計値（2040年）からみた都道府県分類

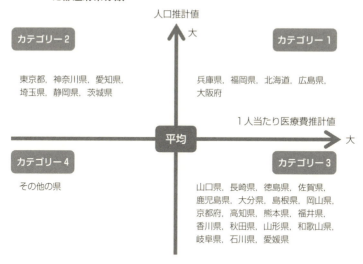

図7-5 1人当たり後期高齢者医療費と人口の推計値（2040年）からみた都道府県分類

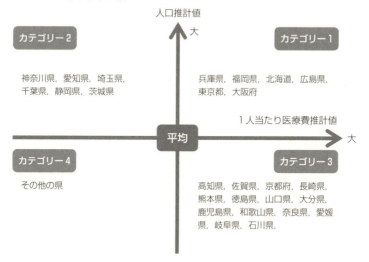

府県である。【カテゴリー2】に属する都府県は，1人当たり後期高齢者医療費では神奈川県，愛知県，埼玉県，千葉県，静岡県，茨城県となっている。

2040年/2012年比で最も増加するのは高知県（1.45）であり，京都府（1.44），

表 7-3　医療費負担割合推計値の上位 5 都道府県と下位 5 都道府県

上位 5 都道府県	2012 年	2040 年推計値	2040 年/2012 年
奈良県	21.0%	60.1%	2.86
福島県	19.2%	49.6%	2.58
大分県	24.7%	47.6%	1.93
鳥取県	24.2%	47.6%	1.97
島根県	25.5%	44.6%	1.75

下位 5 都道府県	2012 年	2040 年推計値	2040 年/2012 年
群馬県	15.8%	21.6%	1.37
山梨県	16.5%	21.5%	1.30
青森県	18.8%	21.1%	1.12
茨城県	13.5%	15.0%	1.11
東京都	10.1%	13.6%	1.35

岐阜県（1.39），山形県（1.38）がそれに続いている。減少するのは，表にはないが，岩手県（0.89），沖縄県（0.90）などとなっている。2008 年以降，1 人当たり後期高齢者医療費の最大値と最小値の比率からみた地域格差は 1.53 から 2.04 程度まで増加傾向が続いており，1 人当たり後期高齢者医療費の地域格差は拡大することが予想される。

医療費負担割合の地域的特徴

　重点対策地域の抽出のための 3 つ目の視点について触れよう。視点①の医療費総額の増加という観点からは，1 人当たり医療費が増加しても被保険者数や人口数が減少すれば医療費総額の増加は抑制されるため，大きな問題とはならない。ところが医療費の支払い能力という観点からは，1 人当たり医療費が増加するにもかかわらず 1 人当たり所得が増加しなければ，医療費の支払い能力に問題が生じると考えられる。医療費の支払い能力は，家計に占める医療費の割合により示すことができるが，このような指標が存在しないため，「1 人当たり医療費（一般・老人）/1 人当たり県民所得×100（%）」という指標値で代替することとする。便宜上この指標を，「医療費負担割合」と呼ぶことにする。

　医療費負担割合の指標は家計の医療費負担を直接表すものではないが，この指標を，所得再分配を通じて医療費補助が必要となる都道府県を明らかにする際の目安とした。また，2040 年の医療費負担割合と，2012 年に対する 2040 年の医療費負担割合の比率も比較した。

第 7 章　医療費適正化の重点対策地域と有効な方法をみつける　　163

　医療費負担割合の比率が他の都道府県と比較して相対的に最も高い地域は，表7-3では奈良県（2.86）であり，続いて福島県（2.58），大分県（1.93），鳥取県（1.97），島根県（1.75）となっている。奈良県は1人当たり医療費は全国的にも中位程度であるが，2040年の医療費負担割合が60.1％と飛び抜けて高い水準が示された。これは，県民所得のトレンドから，奈良県の1人当たり県民所得水準が低下すると予測されているためである。1人当たり県民所得は医療政策における政策変数ではないことから，1人当たり県民所得の低下トレンドが将来にわたり継続することが見込まれるような地域においては，1人当たり医療費の増加抑制に取り組むのが望ましいと言える。

　2012年では医療費負担割合が20％を超える都道府県数は23であるのに対し，2040年には医療費負担割合が40％以上の都道府県数が7，30％台の都道府県数が12，20％台の都道府県数が26などとなっている。家計にとって医療費負担はますます深刻な問題になるものと推測できる。

重点対策地域はどこか

　視点①の分析からは，東京都・神奈川県・千葉県・埼玉県・茨城県の1都4県や大阪府・京都府・兵庫県，愛知県・静岡県といった三大都市圏とその周辺に属する都道府県や，地方中核都市を抱える都道府県が重点対策地域として指摘できる。とりわけ大阪府は，人口規模が同程度の神奈川県と比較して1人当たり医療費が一般と老人ともに相対的に高いことから，1人当たり医療費の増加抑制に重点的に取り組むべき地域と言える。

　視点②の分析結果からは，後期高齢者医療費が相対的に高い地域が重点対策地域として指摘できる。とりわけ2030年以降に1人当たり後期高齢者医療費の増加が加速すると予想される高知県や，大都市を抱える京都府があげられる。

　視点③の分析結果（表7-3）からは，特に奈良県が重点対策地域として指摘することができる。

　以上の結果を総合してみると，重点対策地域は，首都圏の1都4県（東京都・神奈川県・千葉県・埼玉県・茨城県），関西圏の2府2県（大阪府・京都府・兵庫県・奈良県），愛知県・静岡県である。とりわけ関西圏の都道府県は医療費の増加抑制に対する視点がそれぞれ異なり，京都府などは複数の視点から重点対策地域として指摘されていることが興味深い。また，1人当たり医療費が全国

164 　第3部　医療費適正化の政策評価と重点対策地域

的にみて相対的に高いと指摘されてきた北海道・広島県・山口県・高知県・徳島県・福岡県などにも，関心を払うべきであろう。

3　重点対策地域ではどのような対策が有効か

重点対策地域での有効な対策を検討する方法

　地理的加重回帰パネルデータモデルを推定することにより，回帰係数の地域ごとの違いを把握できるので，重点対策地域ではどの施策変数に着目すれば効率的かつ効果的な医療費増加抑制が達成できるのかを比較検討することができる。

　医療費に局所的な空間的自己相関が生じる主な要因として，大都市圏のように都道府県境を越える受診行動がある場合や，食生活・生活習慣が近隣地域で類似することがあることからである。このような地域には局所的な空間的自己相関が観察される。そこで，これまでの分析で判明した重点対策地域の中から，隣接する地域同士を抽出し，地理的加重回帰パネルデータモデルの推定結果を示すこととした[3]。

重点対策地域の医療費決定構造

　重点対策地域として指摘された首都圏の1都4県（東京都・神奈川県・千葉県・埼玉県・茨城県），関西圏の2府2県（大阪府・京都府・兵庫県・奈良県），愛

---

3)　線形パネルデータモデルの偏回帰係数で推計する医療費の決定構造は，それに地域差がないことを前提にしている。偏回帰係数に地域差を考慮する場合には，階層性のあるデータ分析に適したマルチレベルモデルを用いて，モデルパラメータを推定すればよい。マルチレベルモデルには，回帰係数に地域差や個人差を考慮せず固定した固定効果モデル，地域や個人によるばらつき考慮したランダム効果モデル，固定効果とランダム効果の両方を考慮した混合効果モデルがある。地域差を考慮しない（回帰係数を固定した）線形パネルデータモデルは，マルチレベルモデルの一種でもある。
　本書では，最終的に空間的自己相関と地域差のランダム効果の両方を考慮したマルチレベルモデル，すなわち地理的加重回帰モデルを用いた。モデル推定においては，空間的自己相関を考慮せず，地域差のみを考慮したマルチレベルモデルを採用することも検討した。しかし，医療費とその説明変数には空間偏在性があることが示唆された（補論参照）ことから，空間偏在性を明示的に考慮するために，空間的自己相関と地域差によるランダム効果の両方を取り入れた地理的加重回帰モデルを採用することとした。

第7章 医療費適正化の重点対策地域と有効な方法をみつける

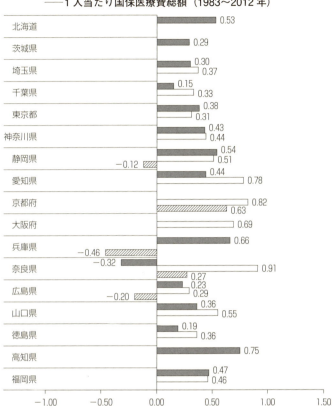

図7-6 地理的加重回帰パネルデータモデル（一般・老人）の推定結果
――1人当たり国保医療費総額（1983～2012年）

知県・静岡県に加えて，北海道・広島県・山口県・徳島県・高知県・福岡県を対象に，地理的加重回帰パネルデータモデルの推定結果をまとめたものが図7-6～7-8である[4]。ここでは，政策的に重要であると思われる病床数・医師数・平均在院日数について比較する[5]。保健師数，特養定員数，民生委員訪問回数については，分析の結果，いずれも係数が小さいことが判明し（線形パネルデータ分析の結果と一致する），医療費への影響は小さいと判断したので割愛し

---

4) 図7-6～8でグラフ化した都道府県は，図7-3～7-5のカテゴリー1と2に該当するものとカテゴリー3に属するものの一部に該当する。なお，全都道府県の地理的加重回帰パネルデータの推定結果については，印南・古谷（2016）を参照されたい。

166　第3部　医療費適正化の政策評価と重点対策地域

た。また，統計的に有意ではないものは表示していない。なお，説明変数に空間的自己相関を考慮していることから，ある地域の変数が周辺地域よりも相対的に高い（低い）値を示しているときに，回帰係数がマイナス（プラス）となることがある。このような変数については，当該政策変数の水準を周辺地域と同程度の水準にすることで，医療費の増加抑制をもたらすことができる可能性があると考えられる。

　病床数と医師数はどのモデルでも多くの都道府県で回帰係数がプラスであり，統計的に有意となっている。病床数削減と医師数の増加抑制は多くの都道府県で1人当たり医療費の増加抑制をもたらすと考えられ，日本全体で取り組むべき課題であると言えることが確認されたことになる。

⑴　1人当たり国保医療費（一般・老人）

　以下，重要な政策変数ごとに重点対策地域における効果を考えていきたい。なお，病床数と医師数の都道府県名の後のカッコ内の過剰，過少（平均在院日数については長め・短め）は，その変数についての2012年の全国平均値との乖離で判断している（人口の年齢調整はしていない）。2012年の値を基準とするならば，病床数は1412床／人口10万人，医師数は242人／人口10万人，平均在院日数は33日ということになる。パネル偏回帰係数の符号・大きさと過剰・過少（長め・短め）とはほとんど相関がないことが確認されている。

　①病 床 数　　重点対策地域のうち，京都府（過少）と大阪府（過少）では回帰係数が有意とならなかった。奈良県（過少）では，回帰係数がマイナスで有意となっている。病床数の回帰係数がプラスで絶対値が相対的に大きいのは，高知県（過剰）・兵庫県（過少）・静岡県（過少）・北海道（過剰）・福岡県（過剰）である。これらの地域では病床数削減による1人当たり医療費抑制の効果が他の地域と比較して相対的に大きいと考えられる。

　②医 師 数　　医師数が統計的に有意とならないのは北海道（過少），首都圏では茨城県（過少），関西圏では兵庫県（過少）であり，高知県（過剰）でも有意となっていない。医師数の回帰係数がプラスで絶対値が相対的に大きいのは，

---

5)　モデル間で回帰係数の比較を行うには，厳密には回帰係数間の差の検定を行う必要があるが，ここでは空間的自己相関パネルデータモデルの推定により得られた回帰係数と，地理的加重回帰パネルデータモデルの推定により得られた都道県単位の回帰係数とを単純比較している。

奈良県（過少）・京都府（過剰）・愛知県（過少）である。これらの地域では，医師数削減による1人当たり医療費抑制の効果が他の地域と比較して相対的に大きいと考えられる。奈良県では，医師数の水準が周辺地域と比較して特に低いため，回帰係数がプラスになった可能性がある。

③平均在院日数　平均在院日数の短縮化が，全国的な医療費適正化政策として行われることに問題があることは線形パネルデータの分析のところで詳述した。したがって，特にこの地理的加重回帰パネルデータ分析の結果が注目される。平均在院日数が統計的に有意となったのは，静岡県（短かめ），京都府（短かめ），兵庫県（短かめ），奈良県（短かめ），広島県（長め）であった。このうち，回帰係数がプラスとなったのは京都府（短かめ），奈良県（短かめ）である。これらの地域では，平均在院日数の短縮による国保医療費全体の抑制効果が見込まれるということになる。

⑵　1人当たり国保医療費（一般）

①病　床　数　　重点対策地域のうち，千葉県（過少），神奈川県（過少）と大阪府（過少），広島県（過剰），徳島県（過剰），高知県（過剰）では回帰係数が有意とならなかった。京都府と奈良県では，回帰係数がマイナスで有意となっている。その他の重点支援地域では，病床数の削減は1人当たり国保医療費（一般）の抑制に効果がある。病床数の回帰係数がプラスで絶対値が相対的に大きいのは，山口県，兵庫県，福岡県（過剰），北海道（過剰）である。これらの地域では病床数削減による1人当たり医療費抑制の効果が他の地域と比較して相対的に大きいと考えられる。

②医　師　数　　北海道（過少），高知県（過剰）では医師数の回帰係数がマイナスで有意となっているが，医師数の回帰係数がプラスで絶対値が相対的に大きいのは，静岡県（過少）・山口県（過剰）・大阪府（過剰），福岡県（過剰），広島県（過剰）である。これらの地域では，医師数削減による1人当たり医療費抑制の効果が他の地域と比較して相対的に大きいと考えられる。

③平均在院日数　　平均在院日数が統計的に有意となったのは，埼玉県（短かめ）・千葉県（短かめ）・京都府（短かめ）・兵庫県（短かめ）・奈良県（短かめ）・広島県（長め）・山口県（長め）・徳島県（長め）であった。このうち，プラスとなったのは埼玉県（短かめ）と京都府（短かめ），奈良県（短かめ）のみである。これらの地域では，平均在院日数のさらなる短縮による医療費抑制効果が見込

図7-7 地理的加重回帰パネルデータモデル（一般）の推定結果——1人当たり国保医療費（一般）（1983～2012年）

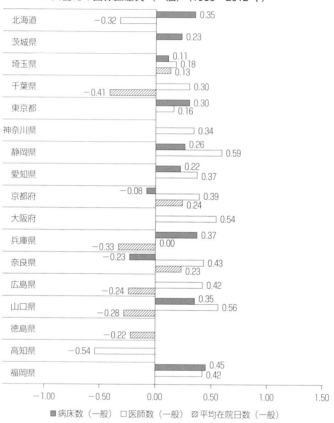

まれる。

(3) 1人当たり老人医療費

①病床数　重点対策地域のうち，京都府（過少）と大阪府（過少），と徳島県（過剰）では回帰係数が有意とならなかった。北海道（過剰），茨城県（過少）と奈良県（過少）では，回帰係数がマイナスで有意となっている。病床数の回帰係数がプラスで絶対値が相対的に大きいのは，高知県（過剰）・兵庫県（過少）・神奈川県（過少）・静岡県（過少）・東京都（過少）である。これらの地域では病床数削減による1人当たり医療費抑制の効果が他の地域と比較して相対的に大きいと考えられる。

第7章 医療費適正化の重点対策地域と有効な方法をみつける 169

図7-8 地理的加重回帰パネルデータモデル(老人)の推定結果——
1人当たり老人医療費（1983〜2012年）

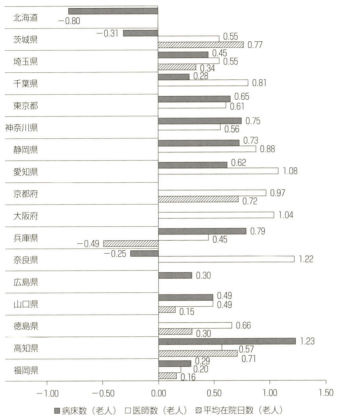

②医師数　医師数の回帰係数がプラスで絶対値が相対的に大きいのは，奈良県（過少）・愛知県（過少）・大阪府（過剰）・京都府（過剰）である。これらの地域では，医師数削減による1人当たり医療費抑制の効果が他の地域と比較して相対的に大きいと考えられる。

③平均在院日数　重点対策地域のうち平均在院日数の回帰係数がプラスで統計的に有意となったのは，茨城県（短かめ）・埼玉県（短かめ）・京都府（短かめ）・山口県（長め）・高知県（長め）・徳島県（長め）であった。とりわけ，茨城県と京都府と高知県の値が相対的に大きく，これらの地域では，平均在院日数の短縮による医療費抑制効果が見込まれる。反対に，兵庫県（短かめ）の係

数は大きくマイナスで，兵庫県では平均在院日数の短縮化は老人医療費の増加をもたらす可能性がある。

医療費区分と変数別に全都道府県をみる

地理的加重回帰パネルデータ分析は全都道府県について実施可能である。以下，その結果から得られた知見について触れておこう（図7-9〜7-11を参照されたい）。国全体で実施すべき政策の範囲が確認されるはずである。

⑴　１人当たり国保医療費（一般・老人）

病床数は33の都道府県，医師数は30の都道府県で回帰係数がプラスであり，統計的に有意となっている。回帰係数がマイナスとなっている都道府県では，いずれの変数も有意ではないか絶対値が相対的に小さい。したがって，病床数削減と医師数の増加抑制は多くの都道府県で１人当たり医療費の増加抑制をもたらすと考えられ，日本全体で取り組むべき課題であることが確認された。

病床数や医師数の回帰係数が有意でかつプラスで大きい都道府県は，病床数削減や医師数の増加抑制に取り組むべき重点地域であると言える。たとえば，病床数は岩手県，宮崎県，青森県，高知県の回帰係数がプラスで絶対値が大きいことから，病床数削減による医療費増加抑制効果が他の都道府県より大きいと考えられる。医師数については，奈良県・三重県・京都府，あるいは沖縄県・宮崎県・熊本県において，回帰係数がプラスで絶対値が相対的に大きい。したがって，これらの県では医師数削減による効果が，他の都道府県と比較してより大きいと期待される。

平均在院日数は22の都道府県でのみ有意となり，このうち７の都道府県で回帰係数がプラス，15の都道府県でマイナスとなった。回帰係数がプラスならば，平均在院日数の短縮化により医療費の増加は抑制されることになり，マイナスならば反対に増加が促進されることになる。このうち，京都府と和歌山県，鹿児島県の回帰係数がプラスで大きく，平均在院日数の増加抑制による医療費の増加抑制が見込まれることがわかった。他方，沖縄県，岡山県，鹿児島県は回帰係数がマイナスで絶対値が大きいことから，平均在院日数の短縮は医療費を増加させることになる。

これまでの記述で割愛した保健師数，特養定員数，民生委員訪問回数の分析結果を簡単に述べておこう（図は割愛）。

第7章　医療費適正化の重点対策地域と有効な方法をみつける　　171

　まず，保健師数と特養定員数は，宮城県・秋田県・山形県や四国地方で類似する特徴をみせている。宮城県・秋田県・山形県では特養定員数と保健師数の回帰係数がプラスで絶対値が相対的に大きい。これらの地域では，直観に反して特養定員数と保健師数の増加抑制による医療費増加抑制効果が期待できる。

　四国の4県では特養定員数の回帰係数がマイナス，保健師数の回帰係数はプラスとなっている。回帰係数の絶対値は病床数や医師数，平均在院日数などの変数と比較して相対的に小さいことから，影響は大きいとは言えない。1人当たり医療費が高い高知県の影響を，隣接県も受けている可能性がある。

　民生委員訪問回数の回帰係数がプラスで有意となる都道府県のうち，福井県が絶対値が最も高く，近畿地方や中国・四国地方の都道府県でもプラスで有意となっている（和歌山県と高知県を除く）。回帰係数がマイナスで有意となるのは新潟県と静岡県である。本書ではソーシャル・キャピタルの強さを表す指標として民生委員訪問回数を用いており，その場合には回帰係数がマイナスとなることを期待している。しかし，そのような都道府県は上記の2自治体しか該当しない。また，他の変数と比較して回帰係数の絶対値は相対的に小さいことから，医療費増加抑制に与える影響は必ずしも大きいとは言えない。他の都道府県については，訪問回数の増加抑制による1人当たり医療費の増加抑制が期待できる。ただし，いくつかの都道府県では医療費が高い居住者が多いために民生委員訪問回数が増加しているのかもしれず，さらなる分析と考察が必要である。

⑵　1人当たり国保医療費（一般）

　1人当たり医療費（一般）の地理的加重回帰パネルデータモデルの推定結果から，病床数の回帰係数がプラスで有意となる都道府県数は30，回帰係数がマイナスで有意となる都道府県数は5であり，その他の都道府県は統計的に有意とならなかった。医師数については，回帰係数がプラスで有意となる都道府県数は28，回帰係数がマイナスで有意となった都道府県数は2であった。これらの結果から，病床数と医師数については国が都道府県の現状に配慮しつつも抑制する方針を取ることが望ましいと言える。

　他方，平均在院日数，保健師数，特養定員数，民生委員訪問回数については都道府県によって回帰係数にばらつきがあることから，個別の都道府県あるいは地域圏ごとに増減の方針を決めて医療費抑制を目指すのがよいと考えられる。

たとえば，平均在院日数の回帰係数がプラスとなる都道府県では，平均在院日数の短縮化による医療費増加抑制効果があると考えられる。具体的には，新潟県と富山県，京都府，奈良県，和歌山県そして宮崎県が該当する。他方，回帰係数がマイナスとなる都道府県は，平均在院日数を減らすことにより医療費がかえって増加することになる。具体的には，千葉県，福井県，鳥取県，岡山県，香川県，鹿児島県である。

保健師数の回帰係数がプラスとなる都道府県では，保健師数の増加抑制による医療費増加抑制効果が見込まれると考えられる。たとえば，こうした都道府県は宮城県・秋田県・山形県や北陸・中部圏（新潟県・福井県を除く）に分布している。他方，鳥取県と福岡県では回帰係数がマイナスとなっており，保健師数を増加させることで医療費の増加抑制が期待される都道府県となっている。

特養定員数の回帰係数がマイナスとなる都道府県では，特養数を増加させることによる医療費抑制が期待できる。こうした都道府県は兵庫県・奈良県・和歌山県や四国，鹿児島県などに分布している。ただし，回帰係数の絶対値は他の変数と比較して相対的に小さいことから，医療費増加抑制全体に与える影響は大きいとは言えないだろう。

民生委員訪問回数の回帰係数がプラスで絶対値が相対的に大きい都道府県は近畿圏（大阪府を除く）や四国に集中している。これらの地域では民生委員の訪問回数の増加を抑制させることで医療費の増加抑制が期待される。すなわち，民生委員に頼らない地域的な対策が求められていると言える。しかし，回帰係数の絶対値は他の変数と比較して相対的に小さいことから，医療費増加抑制に与える影響は限定的である。

⑶ 1人当たり老人医療費

1人当たり老人医療費の地理的加重回帰パネルデータモデルの推定結果から，病床数の回帰係数がプラスで有意な地方都道府県数は31，医師数の回帰係数がプラスで有意な地方都道府県数は30となった。病床数削減と医師数の増加抑制は老人医療費の増加抑制に重要な要因であると言える。すでに指摘していることだが，病床数と医師数については国が都道府県の現状に配慮しつつも，削減・抑制する方針を明確に出すことが望ましいと言える。

このうち病床数に関する回帰係数がプラスで有意な都道府県のうち，宮崎県の回帰係数が他の都道府県と比較して最も大きく，次いで高知県，鹿児島県な

第7章　医療費適正化の重点対策地域と有効な方法をみつける　　173

どとなっている。これらの地域では，病床数の削減による老人医療費の増加抑制効果が相対的に高いことが示唆されている。なお北海道と茨城県では，医療費（一般・老人）と医療費（一般）の病床数に対する回帰係数がプラスであったが，医療費（老人）の回帰係数がマイナスとなっている。北海道では，医療費（一般・老人）と医療費（一般）と比較して，医療費（老人）の水準が隣接県（青森県）よりも相対的に高いためであると考えられる。逆に茨城県では，医療費（一般・老人）と医療費（一般）と比較して，医療費（老人）の水準が隣接県（青森県）よりも相対的に低いためであると考えられる。

　医師数に関する回帰係数がプラスで有意な都道府県のうち，奈良県の回帰係数が他の都道府県と比較して最も大きく，次いで三重県・愛知県などとなっている。関西圏を中心に回帰係数が高い都道府県が多い。これらの地域では，医師数の増加抑制による老人医療費の増加抑制効果が高いことがわかる。

　平均在院日数については，東北地方（青森県除く）や兵庫県などで回帰係数がマイナスであるが，茨城県や京都府など16の地方都道府県で回帰係数がプラスで有意となっている。前者のような地域では，平均在院日数の短縮化は老人医療費の増加につながることになる。また後者のような地域では，平均在院日数の短縮化が老人医療費の増加抑制に資することになる。

　保健師数は，北陸地方の富山県と石川県，東北地方の宮城県・秋田県・山形県・福島県などで回帰係数がプラスで有意となっている。他方，1都3県（埼玉県・千葉県・東京都・神奈川県）や島根県などで回帰係数がマイナスで有意となっている。これらの地域では，保健師数の増加を促すことで1人当たり老人医療費の増加を抑制できると考えられる。1都3県の回帰係数の絶対値は小さいが，高齢人口も多いことから，老人医療費全体に与える影響は無視できない。

　特養定員数については，奈良県，鹿児島県，新潟県，富山県で回帰係数がマイナスで絶対値が相対的に大きいことから，特養定員数の増加を推進することで医療費を抑制できる可能性がある。宮城県や山形県などでは，特養定員数の増加が医療費の増加をもたらすことが考えられる。ただし，特養定員数の回帰係数の絶対値は，他の変数と比較して相対的に小さいため，影響は限定的であると考えられる。

　民生委員訪問回数については，福井県や関西の府県（和歌山県を除く），四国（高知県を除く）などがプラスで相対的に大きい。これらの都道府県では，民生

委員訪問回数を抑制することで医療費を抑制できる可能性があることが示唆された。しかし，他の変数と比較して回帰係数の絶対値が小さいことから，医療費増加抑制に与える影響は大きいとは言えないだろう。

主要変数を比較する

最後に，1人当たり医療費の推定結果のうち，政策的に重要な病床数，医師数，平均在院日数の回帰係数を，医療費の種類（一般・老人，一般，老人）ごとに比較することにより，地理的加重回帰パネルデータモデルの結果をまとめることにする。

(1) 病床数に関する回帰係数の推定結果比較

すでに指摘したように，病床数の回帰係数は，多くの都道府県で，そして多くの場合すべての医療費種別においてプラスで有意となっている。図7-9に示されているように，多くの都道府県で1人当たり医療費（一般）と比較して1人当たり医療費（老人）の回帰係数の絶対値が大きい。このことから，病床数の削減による医療費増加抑制は，医療費（一般）と比較して老人医療費の方が，相対的に効果が大きいと考えられる。

基準病床数と既存病床数関係を表7-4に示したが，基準病床数に対する既存病床数の比率が最も高い徳島県や高知県では，病床数の抑制による医療費増加抑制効果が高いと言えるかもしれない。

(2) 医師数に関する回帰係数の推定結果比較

医師数に関しても，回帰係数は多くの都道府県でそして多くの場合すべての医療費種別においてプラスで有意となっている。図7-10に示されたように，医療費（一般）と比較して老人医療費の回帰係数の絶対値が大きい地域が多いため，医師数増加抑制による医療費増加抑制効果は，老人医療費において，より高い地域が多いと考えられる。一方，九州地方の自治体では，医療費（一般）の方が老人医療費の回帰係数より高いため，医師数の増加抑制による医療費（一般）の増加抑制効果が相対的に高いと言えるかもしれない。

人口当たり医師数の地域偏在との関係で言えば，医師数の水準が全国的にみて相対的に高い徳島県や鳥取県，高知県，福岡県などでは，回帰係数の絶対値が相対的に高いとは言えない。このため，医師数の水準が高いからと言って，ただちに医師数の増加抑制による医療費の増加抑制を図るべきかと言えば，必

第7章 医療費適正化の重点対策地域と有効な方法をみつける 175

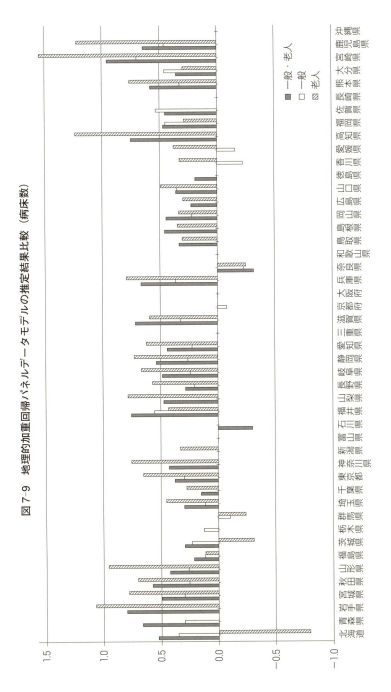

図7-9 地理的加重回帰パネルデータモデルの推定結果比較（病床数）

176   第3部　医療費適正化の政策評価と重点対策地域

表 7-4　基準病床数と既存病床数（基準病床数対既
存病床数の比率上位 10 都道府県）

都道府県	基準病床数 （A）	既存病床数 （B）	比率 （B）/（A）
徳島県	7,354	12,136	1.65
高知県	9,547	14,969	1.57
鹿児島県	18,675	25,355	1.36
富山県	11,461	15,377	1.34
香川県	9,478	12,666	1.34
熊本県	19,716	26,223	1.33
山口県	17,034	21,894	1.29
福岡県	51,638	66,324	1.28
福島県	16,879	21,670	1.28
大阪府	69,587	89,256	1.28

（出所）厚生労働省『平成 23 年版厚生労働白書』（http://
www.mhlw.go.jp/wp/hakusyo/kousei/11-2/kousei-data/
PDF/23010212.pdf）。

ずしもそうではなさそうである。

(3)　平均在院日数に関する回帰係数の推定結果比較

　平均在院日数の回帰係数は，地域によって符号の正負が異なることは，すで
に繰り返し述べたとおりである。図 7-11 に示されるように，新潟県，富山県，
京都府，和歌山県，宮崎県については，医療費区分にかかわらずプラスのため，
平均在院日数の短縮化が医療費の増加抑制に効果を発揮する可能性がある。逆
に，山形県，兵庫県，鳥取県，岡山県については，医療費区分にかかわらずマ
イナスであることから，平均在院日数の短縮化は医療費増加をもたらすことに
なる。ただし，これもすでに述べたが，一般，療養，精神の病床区分別の平均
在院日数の動向を考慮して精査する必要がある。

特に重要な地域について

　1 人当たり国保医療費（一般・老人，一般，老人）の推計値が大きく，かつ人
口推計値も大きい北海道，福岡県，広島県と，後期高齢者医療費の将来推計値
が特に大きい東京都，神奈川県，大阪府について付言しておこう。

　北海道は人口 10 万人当たり病床数が全国 8 位と高い水準にあり，現在も病

第 7 章 医療費適正化の重点対策地域と有効な方法をみつける 177

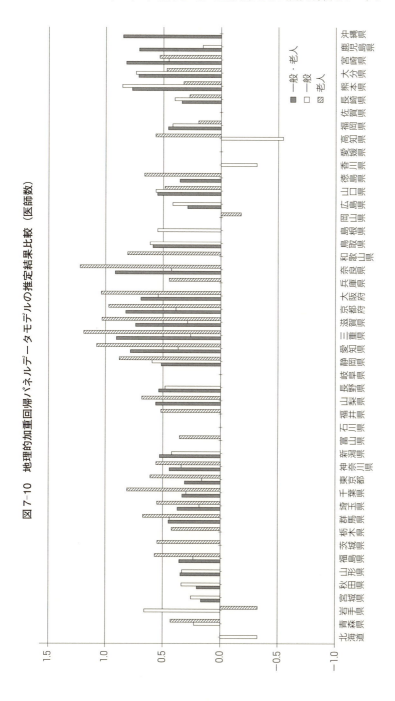

図 7-10 地理的加重回帰パネルデータモデルの推定結果比較（医師数）

178 第3部　医療費適正化の政策評価と重点対策地域

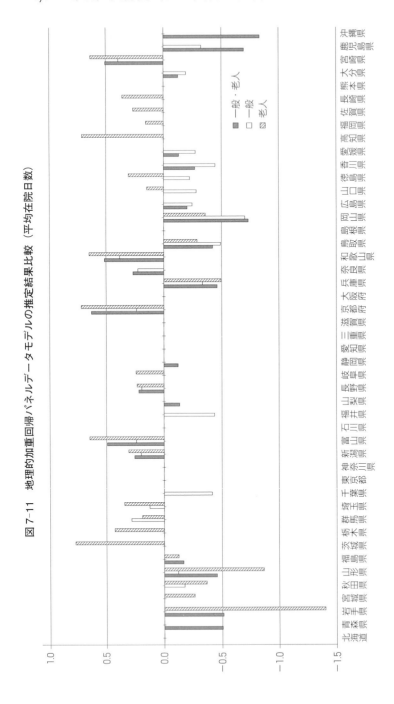

図7-11　地理的加重回帰パネルデータモデルの推定結果比較（平均在院日数）

第7章　医療費適正化の重点対策地域と有効な方法をみつける　　179

床過剰状態であり，また今後も人口減少による病床過剰状態となることが予想
される。医師数は全国に比べれば平均的，平均在院日数はやや長めである。政
策変数，医療費区分ごとの係数を観察すると，病床数の削減が医療費（一般・
老人）および医療費（一般）の増加抑制に有効と考えられるが，老人医療費に
ついては（むしろ増加要因となる）ことに留意すべきである。

　福岡県は，人口10万人当たり病床数と医師数が，それぞれ全国10位，5位
と高い水準にあり，しかも平均在院日数も長めである。現在も病床数・医師数
ともに過剰状態にあり，将来も病床数と医師数が過剰状態になることも予想さ
れる。係数をみると，病床数と医師数の増加抑制が医療費の全区分に対して増
加抑制に効果的と考えられ，しかも平均在院日数の短縮も医療費（老人）には
効果的だと言える。つまり，政策的な効果が最も発揮される県の1つである。
同じように，病床数（全国1位），医師数（全国6位）が過剰で平均在院日数が
全国一の高知県の場合には，病床数の削減，医師数抑制，平均在院日数の短縮
化は老人医療費については有効であるが，国保医療費（一般）では医師数抑制
は逆効果と予想され，また国保医療費（一般・老人）では，病床数削減しか効
果が出ないと予測される。

　広島県は，現在医師数と病床数がやや過剰気味であるものの，大幅に過剰状
態であるとは言いがたい。そのため，医師数と病床数が今後も過剰状態となる
ことがないように，供給量の増加を管理していくのが望ましい。

　東京都は，医師数より病床数の方が回帰係数の絶対値が相対的に大きいため，
医師数の増加抑制より病床数の増加抑制の方が医療費増加抑制への影響が大き
いと考えられる。ところが病床数は過少であり，医師数は突出して過剰状態に
あると言える。このため，医師数の増加抑制を図りつつ，地域偏在解消にも資
するような施策を採ることが望ましいだろう。

　神奈川県は，医師数・病床数ともにかなり過少であるが，平均在院日数は全
国一短い。そのため，これまで以上の医師数と病床数の増加抑制による医療費
増加抑制を図ることは，自治体の施策としてコンセンサスを得るのは難しいか
もしれない。一方で，神奈川県の医療費に占める割合は小さくないことから，
医療費の大幅増加につながらないような，医師数と病床数のコントロールが必
要であろう。

　大阪府は，人口規模が同程度の神奈川県と比較して1人当たり医療費の増加

が著しい。医師数が過剰気味であり，かつ医師数の係数が，国保医療費（一般・老人），国保医療費（一般），老人医療費のいずれかにプラスになっていることから，医師数の増加抑制による医療費の増加抑制を図ることが望ましいと言える。

[古谷知之]

第**4**部

求められる医療費適正化政策

これまでを振り返って

第1部で述べたように，財政赤字の問題が深刻化するにつれ，医療費問題はもはや厚生労働省の問題ではなく，日本政府全体の問題として認識されるようになり，官邸および財務省サイド（財務省および関係審議会）の主導のもとに，医療費の適正化を狙った政策が次から次へと提案されている。

このように医療費の適正化は重要な問題なのであるが，その割には医療費増加の最も重要な要因が何かは釈然とせず，また過去に採られた医療費適正化政策の評価もきちんとなされているとは言いがたい。しかも，経済成長の伸び率の範囲内に医療費の伸び率を抑制するという意味での医療費適正化は，実はかなりの努力にもかかわらず達成できていないのである。

これを受けて，第2部と第3部では，医療費の増加要因分析や政策の評価等を定量的に行った。まず，第3章の分解アプローチの結論を簡単に振り返ると，国民医療費を押し上げたのは，高齢者（特に後期高齢者）の医療費であり，疾病区分でみると悪性新生物や循環器系の疾患，神経系の疾患の医療費であった。都道府県別にみれば，首都圏や大阪，愛知，兵庫といった拠点都市の医療費増加が，かなりのウェイトを占めていた。人口と1人当たり医療費に分解してみると，人口よりも1人当たり医療費の増加による医療費増加が大半であった。

続いて第4章から第7章を通じ，その1人当たり医療費の増加要因を要因

182　第4部　求められる医療費適正化政策

アプローチ（多変量解析）によって分析し，その他の分析も交えて政策評価を行い，さらに国保医療費の将来推計を用いて重点対策地域を選定した。約30年間の都道府県別の国保データを用いたパネルデータ分析（線形パネルデータ分析）と空間計量分析（空間パネルデータ分析と地理的加重回帰パネルデータ分析）等によって，次の4つのことが判明した。

　第1は，国保医療費（そして実は国民医療費にも）には長期間にわたって変わらない（平均的な）医療費決定構造とも言えるものが存在し，データ分析によって裏づけられたことである。そして，数ある医療費増加の要因の中で最大かつ安定的な要因は医師数であった。所得の増加や医療技術の進歩が医療費高騰の主因なのではなく，また一方で社会の高齢化も主因ではなかった。したがって，医療費の伸びを抑制しようとするならば，これまでの政策の経緯にこだわらず，医師数に対する一定の政策を採ることが必要になる。

　第2は，医療費抑制に対する「魔法の杖はない」であった。これは，最大の要因が医師数だとしても，他を圧倒する単独の大きな要因とまでは言えないことから，その他の要因に対する政策（多くは連動している）も併用しなければ効果を上げないということである。医師数以外で政策的に対応可能な要因は，病床数と平均在院日数（短縮化は増加要因）である。

　第3は，医療費適正化政策の柱とも言える診療報酬の改定と医療保険制度の改革の効果は限定的であるということである。診療報酬のネット改定率（薬価改定の効果も含めた医療費全体の改定率）がマイナスになったのは2016年までで9回あるが，医療費の伸びが実際にマイナスになったのは，医療本体部分までマイナス改定にした2002年と2006年の2回にすぎない（2000年の増加率の減少は，介護保険制度の創設に伴う医療費の定義変更が原因である）。また，給付率を中心に保険制度の改革が何度も行われているが，医療費の伸びに顕著な影響を与えたとは言いがたい。実際，国民医療費の伸びが国民所得の伸びの範囲内に収まっていたのは，第1次医療費適正化時代が始まり経済成長もみられた1980年代後半（第1次医療費安定期）と，小泉内閣が主導した第2次医療費適正化時代の2001年から2006年までの2つの時期にすぎない。

　第4は，これまで用いられていなかった新しい分析手法で医療費の地域特性と重点対策地域を一定程度明らかにできた点である。空間的自己相関を考慮した空間パネルデータ分析の結果によって，国保医療費・後期高齢者医療費の

将来推計を行った。2040年時点での，1人当たり医療費の大きさと推計人口の大きさの2軸を基本に，医療費の伸びの大きさも考慮して重点対策地域を選定した。さらに，この重点対策地域を中心に地理的加重回帰パネルデータ分析を行い，政策変数ごとに効果の高い都道府県や医療費区分，また都道府県ごとに期待効果が高い要対策項目（政策変数）を抽出した。新しい分析手法で得られた知見は，今後の医療費適正化計画に活かすべきであろう。

　言い換えれば，医療費の増加要因の構造には全国で共通する構造がある一方で，都道府県によって医療に影響を与える変数の強弱に差があり，政策の実効性を上げるためには，国レベルでの政策と都道府県レベルでの政策の有機的な連携が必要であるということである。病床数の削減と医師数の抑制は，国レベルで推進すべき重要な政策であることが確認された。一方，平均在院日数については，効果の上がりそうな地域は限定されており，また病床の特性や患者の特性などを注意深く検討して進める必要がある。一般に1人当たり医療費が高い高知県や福岡県が医療費適正化の対象として取り上げられやすいが，これらの地域のみの医療費を適正化しても全体としての効果は上がらない。人口規模が大きい大都市圏の医療費を抑制しなければ，全体の国民医療費を適正化することは難しいからである。

　本書全体の締めくくりである第4部は，以下の構成になっている。

　第8章では，医療費適正化政策全体を大きく分類し評価しよう（図を参照）。まず，国家財政の危機的状況と必要とされる医療費抑制の大きさについて確認し，財政危機時に採用されるかもしれない医療費適正化政策を列挙しよう。結論から言えば，これらの緊急避難的な医療費適正化政策は，医療費総額，あるいは医療費の伸びを抑制できるという意味では強力であるが，そのままでは医療保障の根幹を揺るがすおそれがある。一方，既存の医療費適正化政策，あるいは第2部・第3部の医療費分析に基づいた医療費適正化政策の改善策の方はどうであろうか。これも結論から先に言うと，既存の医療費適正化政策は，医療保障の根幹を揺るがすような問題はないものの，定量的な分析結果からすると，医療費抑制上の効果（有効性）には疑問があり，一方改善策の方は，既存のものと比較すれば，有効性は高まるが，財政危機時に予想される適正化政策ほど有効ではないということである。

　医療保障の根幹を揺るがすものではなく，一歩進んで，むしろ医療保障の理

第4部　求められる医療費適正化政策

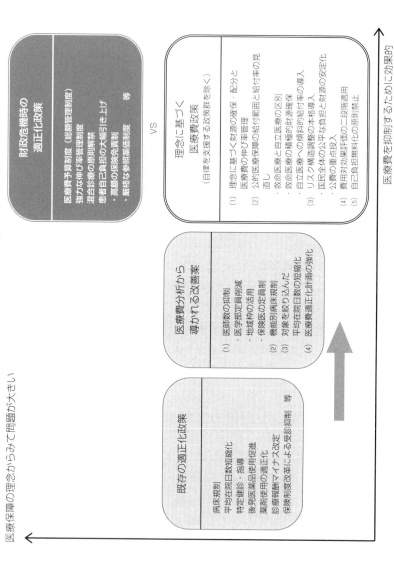

図　医療費適正化政策群の分類と位置づけ

念の実現を推進し，かつ保険財政の持続可能性を高めることに貢献し，さらに，政府の財政赤字問題の解決に資するような医療費適正化政策を今から準備しておく必要があるのではないか。

　このような問題意識に基づき，第9章では国が保障すべき医療保障の姿（理念）を問い直すことから始め，「自律の原理」「生命保障の原理」「共生の原理」の3つの原理に基づく三段階理念論を論じる。そして，第10章では，この理念に基づいた，より本質的な医療費適正化政策を提案する。それは，一言で言えば，「公的医療保障における優先順位を定めた理念に基づく医療費の伸び率管理」である。

　理念に基づき，①医療保障全体の範囲や負担のあり方を見直し，②救命に関わる医療については積極的に財源を確保する一方，③自立に関する医療については財政規律を導入して，医療費全体の伸び率を管理することになる。つまり，本書が主張する医療費適正化政策とは，「医療保障の理念をもとに医療保障の優先順位を定め，積極的な医療財源の確保と医療費の使われ方の見直しの双方を行う政策群」を意味する。

　誤解がないように強調しておきたい。医療費の抑制という目的のために理念を構築したのではない。医療費保障政策のみならず医療提供体制に関わる政策も含めた医療政策全体を視野に入れ，それらを統一的に推進し，評価する理念（価値体系）とは何かを先に考察した結果，「自律」と「生命」と「自立」を軸とした三段階理念が導出されたのである。公的医療保障の内容に優先順位を定め，優先度の高いものから順に財源を確保すべきだという立場である。財政的に厳しいから，医療費の伸び率管理をするのではなく，そもそも医療費保障政策は社会保険料や税といった強制的な負担に基づく政策なのであるから，内在的な制約があるはずであり，それは総額管理ではなく伸び率管理である。具体的な伸び率をどこに設定するかという部分に，財政的事情が関係するという位置づけになる。

　医療費の適正化という概念は，1980年代に主張された当初は，医療費の効率化だけでなく重点部分への投資を含んでいた。その意味では，本書の立場は，本来的意味の医療費適正化と変わらない。しかし，医療費適正化という言葉は，昨今では一方的な医療費抑制と同義に受け取られているので，「理念に基づく医療費政策」という言葉を使うことにする。

186 第4部 求められる医療費適正化政策

第**8**章

医療費適正化政策群を評価する

第1部で述べたように，医療費の適正化の必要性については，多くの論者が一致している。問題は，どの程度の適正化が必要で，どのような手段が考えられるかということであろう。本章では，日本の財政状況を確認し，財政危機時に採用が予想される医療費適正化政策の内容とその問題点を考えよう。そして，既存の医療費適正化政策，医療費分析から得られた改善策についても評価してみよう。

1 厳しい国家財政と財政危機時の医療費適正化政策

日本の財政状況

日本の財政状況は，国際的にみても非常に厳しい状況にある。国と地方の長期債務残高は，2016年度末現在1062兆円に達し，対GDP比では200%を優に超えている状況にある。純債務残高でみても，対GDP比は125%を超えており，ギリシャに次ぐ深刻さである（財務省，2016）。その推計方法をめぐって賛否両論あるが，財務省財政制度審議会の資料（2014b）によれば，2015年度の基礎的財政収支は16.4兆円（▲3.3%）の赤字で，2010年度の基礎的財政収支（▲6.6%）に比べ，赤字の対GDP比を半減するという目標をかろうじて達成する見込みである。しかし，2020年度に基礎的財政収支は，「ベースラインケース」では16.4兆円の赤字，「経済再生ケース」では9.4兆円の赤字と見込まれている。財政健全化の目標を達成するためには，「高齢化による伸び」相当に，社会保障関係費を抑えることが最低条件とされ，それは国費ベースで年0.5兆円であると指摘する。

厚生労働省の2015年度の予算案（一般会計）をみると，社会保障関係費は

29.5 兆円であり，その内訳は，年金が 11.1 兆円（37.5%），医療が 11.5 兆円（39%），介護が 2.8 兆円（9.4%），福祉等 4.0 兆円（13.5%）である。仮に，財務省の主張どおり，社会保障関係費が毎年 0.5 兆円増しか認められず，医療費に充てられる費用は現在の割合を維持するとなると，0.195 兆円，つまり約 2000 億円増しか認められないことになる。現在，国民医療費に占める国費の割合は，約 25.9% だから，国民医療費全体で毎年約 0.75 兆円となり（今後増加するのは，65 歳以上の高齢者の医療費であり，全体に占める公費負担の割合が上昇することを見込むと，さらに抑制する必要があるかもしれない），これを国民医療費の伸び率ベースでみると，国民医療費の規模は約 40.1 兆円（2013 年度）であるから，1.9% の伸びしか許容できないことになる。2010〜2013 年度では，2〜3% 台で国民医療費（つまり，年間 1 兆円前後）が増加してきたことを考えると，今よりも厳しい医療費抑制政策が必要になることがわかる。実際，2014 年，2016 年と診療報酬はネットマイナス改定が実施されている。

公共事業費等で医療費を賄えるか

　読者の中には，公共事業費など他の財源から回せる財源があるのではないかと思う人もいるかもしれない。2015（平成 27）年度の予算案（財務省主計局，2015）をみると，歳出総額 96.3 兆円の内訳は，多い順から社会保障関係費 31.5 兆円（先の厚生労働省の予算から内閣府の予算に移動した保育所運営費が追加されている），国債費 23.5 兆円，他の政策分野の歳出費 19.9 兆円，地方交付税 15.5 兆円，公共事業関係費 6.0 兆円である。たとえ，公共工事をなくしたとしても，将来の医療費は賄えず，病院へのアクセスに必要不可欠な道路修復費や防災費なども入っていることを考えると，公共事業費は医療費の財源としては不十分である。その他の政策分野の歳出から取ってくる場合は，医療分野がそれだけ優先的に確保されなければならないことを示す必要があり，これは非現実的である。2015 年度現在，国債費を除けば，一般会計の歳出総額は 72.9 兆円であり，すでにその約 44% は社会保障関係費に充てられていることを考えると，他の省庁からの合意を取りつけることは不可能である。やはり，社会保障分野の中で，やりくりするしかない。政府の財政危機が発生すれば，深刻な事態が発生するのは自明なので，財政健全化に協力しないという方針は，医療分野といえども取ることはできない。

188　第4部　求められる医療費適正化政策

　では，医療保険財政を持続可能にするために，取りうる選択肢は何か。医療
保障の理念から医療全体を見直さないのであれば，単純には，公費以外の新た
な財源を確保するか，財政主導で国民医療費の伸びを抑制するかの2つが有力
になる（もちろん，組み合わせもありうる）。

保険料と自己負担を上げれば財源確保は可能か

　新たに財源を確保するということは，公費以外の部分，つまり保険料と自己
負担で賄う道を探るということになる。仮に近年と同じように毎年1兆円ずつ
国民医療費が増加し，公費の増加は約2000億円しか認められないとすると，
年間8000億円を，自己負担か，保険料で賄うことになる。

　2013年度現在の国民医療費約40.1兆円の内訳は，制度別にみると国民健康
保険9.6兆円（24.0%），被用者保険約8.9兆円（22.2%），後期高齢者制度約13.1
兆円（32.7%），患者負担分約5.0兆円（12.5%），公費負担医療約3.0兆円（7.4%）
である。

　各保険制度の給付費のうち，市町村国保は約60%[1]，後期高齢者は約58%，
協会けんぽは約16.4%を，公費に頼っている。したがって公費に頼らず，自
己負担，もしくは保険料で不足分を賄うということは，市町村国保，後期高齢
者，協会けんぽの3つの制度の自己負担，もしくは保険料で賄うことを意味す
る。

　この3つの制度の合計医療費は約27.2兆円である。仮に自己負担額を引き
上げることで年間約5400億円増（3制度の割合を勘案したもの）を賄うとすると，
医療費全体の自己負担割合を約2%増加させる必要があることになる。2%と
聞くと賄えそうだと思う人もいるかもしれないが，これは高額療養費の自己負
担額や後期高齢者の自己負担額を引き上げることを意味する。窓口での自己負
担割合は3割支払っている人が多いので誤解があるかもしれないが，実際には
世帯ごとの月額上限額を定めた高額療養費制度や後期高齢者の自己負担率が1

---

1)　市町村国保の給付財源の50%は公費であるが，それ以外に市町村間の財政力の不均衡
　を調整するためのものや，高額医療費，低所得者への保険料軽減措置等を合わせると約
　60%が公費になる。後期高齢者の給付財源に占める公費部分は，5割とされるが，国保と
　協会けんぽの後期高齢者制度支援金の負担部分には，公費による補助が入っており，後期
　高齢者自身の低所得者向けの保険料軽減措置にも公費による補助がある。その結果，給付
　費の約58%が公費となる。

割と低く抑えられているために，患者全体の自己負担割合は国民医療費の12.5％とかなり軽減されている。これは，医療費が高額になった場合（たとえば，入院して手術を受ければ，高額療養費制度がなければ自己負担額は30万以上になってしまう）でも，家計が破綻しないようにするためである。

つまり，2％の医療費増（公費を除く）を自己負担の部分で賄うことは，高額療養費制度や後期高齢者制度で守られている人たちの自己負担額を引き上げることを意味し，しかも毎年度引き上げることを考えると現実的ではない。では，保険料で賄うとすればどうなるであろうか。

非常に大雑把な計算ではあるが，約5400億円を，公費が投入されている市町村国保，後期高齢者，協会けんぽの医療費の比に振り分けると，市町村国保が1923億円，後期高齢者が2612億円，協会けんぽが897億円の負担増になる。これを各保険制度の被保険者数で割ると，1人当たり負担額は市町村国保が5549円，後期高齢者が約1万7221円，協会けんぽが2556円となる[2]。1人当たり平均所得は，市町村国保83万円，後期高齢者80万円，協会けんぽ137万円であり，1年だけならまだしも，毎年度引き上げるのは不可能である。特に，後期高齢者に至っては非現実的である。

簡単な試算ではあるが，結論は自己負担や保険料の引き上げで賄うことには無理があるということであろう。奥の手として，公費が入っていない，組合健保や共済組合から援助してもらうという方法がある。しかし，健保組合は，現在でも後期高齢者医療支援制度への支援金が増加することに反対しているため，国庫負担が増えないことを理由に支援することには簡単には同意しまい。つまり，現実的には，1年だけならまだしも，毎年度新たな財源を自己負担や保険料の引き上げで賄うことは，かなり難しいということである。少なくとも，現在の医療保険制度を前提とするならば，相対的に給付リスクが高く，財政負担能力が低い，市町村国保や後期高齢者制度の保険料や高額療養費の自己負担額を引き上げることは，財政危機が現実化しない限り実現可能性は低い。そうであるならば，何らかの形で，医療費の伸び率を抑制するしかないということになる。

---

2) 厚生労働省のホームページ「我が国の医療保険について」の値を参照している。加入者数は2013年のもので，1人当たり平均所得は2012年のものである。年度を一致させれば値は変化するが，結論は変わらないはずである。

190　第4部　求められる医療費適正化政策

図 8-1　現在の医療保険制度の財源構成（平成26年度予算ベース）

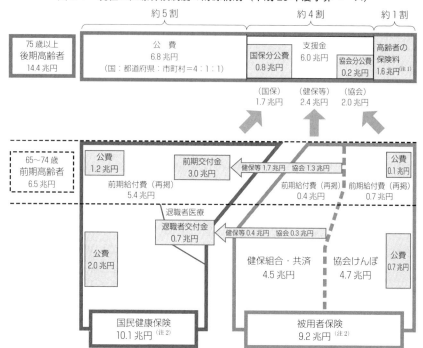

(注) 1. 後期高齢者の保険料は，低所得者等に係る軽減分を考慮していない（保険料軽減措置や高額医療費の支援等の公費0.5兆円を含む）。
　　 2. 国民健康保険（10.1兆円）および被用者保険（9.2兆円）は，各制度の給付費を示しており，他制度への納付金や支援金を含まない。
(出所)　厚生労働省「我が国の医療保険について」。

財政危機時の医療費適正化政策

　大雑把な計算ではあるが，今後，公費の増額が年間2000億円に抑制されるのであれば，年間医療費は0.5兆円の増額にとどめる必要があると指摘した。もし，予定された以上に，医療費が抑制できなければ，あるいはより深刻な事態として，財政危機が現実化した場合にはどうなるであろうか。第1部では財政主導の医療費適正化政策の提案をまとめておいたが，それを参考に考えてみたい。

(1)　医療費予算制度（総額管理制度）

　財政破綻が現実になれば，公費を投入する部分が直撃を受けることになる。

それを回避するには，最も財政削減効果の大きい医療費から削るしかない。単純には医療費総額管理をすることになる。しかも，それは緩くないものである。

まず，緊急避難的にイギリスのような国営医療制度に移行するか，都道府県単位の運営のまま，医療費全体ないし国保，協会けんぽ，後期高齢者医療制度を予算制度のもとで管理し，強制的に予定の範囲に収めてしまうという方法がある。しかし，税金による運営は財政危機時には不可能なので，予算を使い切った場合は，国庫が投入されている国保，協会けんぽ，前期高齢者財政調整制度，後期高齢者医療制度について，①給付そのものを停止する，②すべて自己負担にする，③保険料を引き上げるという方法しかない。①，②が起きれば，現に疾病を有する者，給付リスクが高く経済力が低い多くの国民を直撃することになる。これは現在の医療費保障制度，なかんずく国民皆保険が崩壊するに等しい。

読者の中には，予算が消化されたならば，患者の受診受け入れ回避，拒否，あるいは診療制限等を懸念する人もいるかもしれない。もちろん，その可能性は十分にあるが，一般的な医師の倫理観や医療機関の経営を考えると，診療は続けざるをえないであろう。しかし，現実的に赤字経営は続けられないため，採算が取れない地域を中心に医療機関が撤退する可能性はある。つまり，医療機関にも大きな打撃を与えることになる。

(2) 強力な伸び率管理制度

次のレベルで厳しい政策は，強力な（ゼロないしマイナスの）伸び率管理である。最も単純な方法は，少なくとも公費を注入している対象医療保険制度（国保，前期高齢者，後期高齢者，協会けんぽ）の利用には，伸び率を抑えるために，診療報酬単価を一律に下げるという方法である。たとえば，後期高齢者医療制度の診療報酬は，1点10円ではなく，9円や8円にする。これは，医療費適正化政策としてはある程度有効であることが予想される。2002年と2006年の診療報酬（医療本体）のマイナス改定時には，実際に医療費の伸びは鈍化したからである（なお，すでに単価の変更は保険者と医療機関の間で契約する場合には可能になっているので，それを全面適用するというアイディア自体は非現実的ではない）。

第2章ですでに述べたように，1件当たりの医療費が大きい高額な医療（高価な薬剤や手術，恒常的に使われる医療等）か，もしくは1件当たり医療費は少なくても多くの患者が利用する医療（初診料や再診料，入院基本料等）の診療単価

192　第4部　求められる医療費適正化政策

> **Column⑧　伸び率管理制度**
>
> 　伸び率管理制度は過去に提案されたことがある。小泉内閣時代の2001年9月に厚生労働省が医療制度改革試案の中で発表したのは、高齢者人口の伸び率と1人当たりGDPの伸び率を乗じて目標を設定し、高齢者医療費の伸びが目標を超過した場合には、翌々年度の診療報酬支払額で調整するという改革案であった（吉原・和田、2008、p.480、p.614）。
>
> 　この改革案は、経済財政諮問会議に継承され、2005年から民間議員らによって強く導入が求められた。しかし同年、当時の厚生労働大臣や自民党社会保障制度調査会長らは、生活習慣病対策の推進や医療機能の分化・連携の推進、平均在院日数の短縮化などを重視した都道府県の目標設定には賛成したが、マクロ指標による伸び率管理は、高齢化や技術進歩などによって増加が見込まれる医療費にはなじまないとして強く反対した。
>
> 　そして自民党は2006年に医療制度改革を断行し、生活習慣病の要因となる内臓脂肪症候群（メタボリックシンドローム）対策として特定健診・保健事業を保険者に義務づけ、療養病床のあり方を見直して、介護型療養病床を廃止し、医療型療養病床を25万床から13万床に削減する方針を打ち出した。この改革を断行することで、自民党は、伸び率管理制度の議論に終止符を打つことを狙った。これ以降、伸び率管理制度は議論の俎上に上ることはなくなった。自民党サイドの強い要請によって、検討対象から外れたのである。
>
> 　　　　　　　　　　　　　　　　　　　　　　　　　　　　　　　　　　　[三谷]

を引き下げる、あるいはその患者の自己負担を大幅に引き上げるという方法がある。

　しかし、高額な医療が必要となるのは、生命に直結する医療であることが多い。医療政策は、国民の生命を等しく守るためのものだと考えれば、高額だという理由だけで真っ先に医療費削減のターゲットにすることは、医療政策の自己否定であろう。

　また、単純に初診料、再診料を大幅に引き下げれば、目標所得の獲得どころではなく医療機関の経営を守るための供給誘導需要が起きるだろう。不必要な投薬や検査、処置等を行うことになり、これは医学上無駄なだけでなく、患者にとっても不必要な身体的負荷をかけることにつながる。初診料、再診料、入院基本料の患者の自己負担を大幅に引き上げれば、低所得者を中心に必要な受診の抑制が生じる可能性があり、公的医療保険でこのようなことをすれば、やはり公的医療保険としての存在意義が問われることになる。

こうした政策は，これまでの医療政策の否定に近いことなので，厚生労働省のみならず財務省も願ってはいないはずである。そのため，財務省は影響が少ないと思われる政策の中から，これまで説明したような医療費適正化政策を矢継ぎ早に提案してきているのではないか。

(3) 混合診療の原則解禁

伸び率管理制度ほど強力ではないが，次に強力な医療費適正化政策をあげてみよう。1つは，混合診療の全面解禁である。混合診療の解禁については，やはり小泉政権時代に提案され，紆余曲折の議論を経て，「患者申出療養制度」の新設で現在は落ち着いている。この議論の過程で例外なしの全面解禁論や原則解禁論は姿を消したが，財政危機時には原則解禁論が復活する可能性が十分ある。現在の保険外併用療養費の選定療養，評価療養ともに大幅に拡大し，公的保険給付の範囲を縮小させれば，少なくとも国の財政負担はかなり軽減することになる。公的保険給付範囲を厳格に限定するのでなければ，むしろ保険収載への圧力が高まり，患者からみた総医療費は自由診療分も含めて増加するだろう（池上，2014；島崎，2015）。

問題は，新しい医療技術，しかも高価な医療技術の保険導入は大幅に遅れ，イノベーションが阻害されるだけでなく，有効だが高価な医療技術（たとえば，抗がん剤）への国民のアクセスが低所得者を中心に大幅に低下することである。また，混合診療を全面解禁すれば，安全性や有効性が認められていない医療を利用した患者の中から，深刻な被害を受ける者も出てくる可能性がある。しかも，その実態を把握することは困難である。ブラックリストを作ればよいという議論もあったが，それは事前には不可能であるし，事後的に作るというのであれば無責任である。だからこそ，混合診療の問題は，単に医療費負担の問題だけで論じてはならないのである。もっとも，財政危機時には，イノベーションや公平な医療へのアクセス，あるいはより重要な医療安全そのものが十分に顧みられなくなるかもしれない。

さらに同一線上の議論として，新しい医療技術に対する費用対効果評価の厳格適用を行い，高額な医療技術そのものを保険導入しないことも考えられる。

(4) 患者負担の大幅引き上げ

その他にも，大きな患者負担を伴う保険免責制（給付率に関わりなく，民間保険にあるような絶対額の自己負担を設けるもの）や薬剤における参照価格制度（参

194　第4部　求められる医療費適正化政策

Column⑨　日本型参照価格制度

　第1次医療費適正化時代に，医療費の伸びを経済成長の伸びの範囲内にとどめるという目標のもとで，医療費の効率化が議論されたが，その主たる政策課題の1つとみなされたのが薬価差益である。診療報酬で決められた薬の公定価格である「薬価」よりも，医療機関が市場で卸から値引きされて医薬品を購入する際の価格（実勢価格）が低い場合，薬価と実勢価格の差分はそのまま医療機関の収入となる。これを薬価差益と呼ぶが，この時期の薬価差益がきわめて大きいことが問題視された。薬価を規定する薬価基準制度そのものが原因とされ，薬価基準制度に代わる新しい制度の創設が模索された。

　新制度として有力視されたのが，ドイツで実施されている参照薬価制度である。参照薬価制度とは，医薬品をいくつかのグループに分類し，市場実勢価格を原則として医療保険から給付する基準額を定める制度である。医療機関や薬局が給付基準額を上回る価格で医薬品を購入した場合，上回る額を患者が自己負担し，下回る価格で購入した場合，医療保険から給付することとされた。

　1997年8月に「21世紀の医療保険制度（厚生省案）」，「21世紀の国民医療（与党案）」の中で，「日本型参照価格制度」として公表されて以降，現行の薬価基準制度を廃止し，日本型参照価格制度を導入する方向で議論が進められた。日本医師会や日本病院会などは反対の姿勢を表明し，日本製薬団体連合会は別の改革案を提示する一方，健保連，日経連，日本薬剤師会などは導入に賛成の立場を示した。1998年9月には，医療保険福祉審議会制度企画部会下に設置された薬価に関する作業チームが，保険収載されている薬剤の一部を試験的に4つの薬剤群にグループ分けを行ったという中間報告をまとめた。これを受けて，自民党は参照価格制度の導入を軸に改正案を国会に提出する方向で検討を始めた。

　ところが翌1999年3月に自民党医療基本問題調査会と同党社会部会の合同会議において，日本型参照価格制度の導入に批判的な意見が噴出し，合意形成が困難となった。その結果，同年4月に自民党医療基本問題調査会長の丹羽雄哉氏は，「現物給付制度を堅持する観点から，一定の基準額を上回る部分を自由診療部分として患者負担とする仕組みは取らない」という試案を発表し，日本型参照価格制度の導入は白紙撤回となった。

　　　　　　　　　　　　　　　　　　　　　　　　　　　　　　　　[三谷]

照薬価を超える薬剤費を患者負担にする制度）などの採用である。これらは金額設定次第で，かなり強力な医療費抑制政策になる。

　さらに，過去に提案されたものの中から探せば，高額所得者の保険料率の大幅引き上げや，さらに進んで，公的保険適用除外も考えられる。後者を昔から実施しているドイツでは，高額所得者は民間保険に加入することで「国民皆保

険」を達成していることになっている。しかし，この方法は財政の安定を損なう可能性が大きい。なぜなら，高額所得者が払う保険料がなくなるからである。高額所得者は民間医療保険の保険料を自己負担で賄うことになるし，そもそも疾病リスクの高い高齢者は民間保険への加入は難しい。

　他にもいろいろあるかもしれない。しかし，財政危機時に関係者の反対を押し切って遮二無二に採用されるかもしれない医療費適正化政策は，医療費の抑制については即効性があり効果的だが，低所得者を中心に国民の医療への公平なアクセスを損ない，医療分野におけるイノベーションの阻害を通じて，医療の質の維持・向上も果たせなくなり，さらに民間中心の医療提供体制に大きな打撃を与えることになる。そして，何よりも守るべき生命が失われる可能性すらある。

2　既存の医療費適正化政策を改善する

　第2部と第3部では，パネルデータ分析を用いて国保医療費の増加要因分析と既存政策の評価とを行った。また，地域相関を考慮した空間パネルデータ分析と国保医療費の将来推計も行った。

　その結果，4つのことが判明した。繰り返しになるが述べておこう。1つは，医療費増加の最大の要因は医師数であることである。医療経済学の国際的な通説とは異なり，日本の場合，医療技術の進歩や所得の増加が医療費高騰の主因なのではなく，また一方で社会の高齢化も主因ではなかった。この分析結果は，医師数に対する何らかの政策を要求することになる。第2は，医療費抑制に対する「魔法の杖はない」であった。これは，最大の要因が医師数だとしても，他を圧倒する大きな要因ではないのであるから，その他の要因に対する政策も併用しなければ，全体として効果が上がらないということである。第3は，医療費適正化政策の柱とも言える診療報酬の改定と医療保険制度の改革の効果は限定的であったということである。第4は，医療費の増加要因の構造には全国共通の構造と地域別の構造があるため，国レベルでの政策と都道府県レベルでの政策の使い分け，ないし有機的・整合的な運用が必要であるということである。

　以下，既存の医療費適正化政策は有効かどうかを確認しながら，医療費適正

196　第4部　求められる医療費適正化政策

化政策への改善案を検討しよう。

医師数の抑制

　医療費の増加要因分析から第1に得られた結論は，医師数の増大が医療費増加の普遍的な要因だということである。したがって，何らかの形で医師数を抑制することが必要だということになる。しかし，医師数に関しては不足問題（実際には，地域や診療科における偏在問題）が古くから議論されており，患者の医療へのアクセスの公平性を考慮する必要がある。具体的には，どのような政策が考えられるであろうか。

(1)　医学部定員削減

　ひとまず，偏在問題を横に置いて考えると，最近増加させた医学部定員数を元に戻す必要があるだろう。医師数に関しては，1973年に閣議決定された「無医大県解消構想」による医学部整備から始まり，いったんは抑制され，近時再度増加させる政策に転じている[3]。これまでの医学部定員数政策の経緯を考えれば，朝令暮改とのそしりを免れないが，医学部定員の増加は長期的に大きな問題を孕んでいる。なぜなら，このまま医学部定員が増えたまま推移すると，日本の人口および患者数が大きく減る2035年以降には，深刻な医師過剰問題が起きるからである。OECD諸国の人口対比で医師数不足を指摘する声もあるが，分母の人口数が減少するため，医学部の定員数を削減しても，その意味での問題は生じない。また，国民皆保険とフリーアクセスに支えられ，日本の外来受診率は諸外国の中で抜きん出て高い。全体としてみれば，医学部定員を削減することで，必要な受診が妨げられるわけではない。

　しかし，すでに述べたが，単純に総数を抑制するだけでは解決策としては不十分である。具体的には，地方の拠点病院の医師不足や救急医療や小児科，産科，麻酔科等の医師不足が指摘されることが多い。この問題に対処するために，医学部定員を増加させたのであるが，医師からみて魅力的な診療科や地域に医療機関や医師がますます集中し，しかも需要の掘り起こしもあって，医療費が偏在的に増加する可能性がある。アクセスの公平性や救命医療（第9・10章参

---

3)　医学部定員は1960年には3000人弱，81年の琉球大学医学部開設時に8280人に達し，2003〜2007年は7625人であったが，2008年の閣議決定以降，毎年増員され2016年には過去最高の9262人になっている。

照）の重視の観点からすると，患者からみて重要な診療科や，地域で働く医師を優遇する必要があり，必要なのは現在よりも強力な医師の偏在管理政策であるということになる。では，実際にはどういった解決策があるだろうか。次の2つが有力ではないかと思われる。

(2) 地域別定員制

1つは，最近増加させた医学部定員数を増加前に戻すが[4]，いわゆる地域枠の定員数はそのまま残すことである。現在の地域枠の内容については，都道府県によって内容が大きく異なるが，①奨学金を貸与し，②貸与期間の一定割合を掛けた期間，③都道府県知事が指定する医療機関に勤務することで返済を免除するというものが一般的である（全国地域医療教育協議会，2015）。

この制度を存続し，国庫補助対象の条件として，都道府県知事が指定する医療機関，もしくは都道府県知事が指定する診療科に一定期間勤務することにさせれば，医学部定員数を抑制しながら，同時に医師の地域と診療科の偏在の解消を目指すことができる。

他方，少子化に伴い医学部進学者数自体が減少する可能性も予想される。必要な医師数を確保すること，あるいは従来と同じ水準での医師適性能力を持つ医師を確保することについても留意して，医学部定員に関する中長期的な展望が示されるべきだろう[5]。

(3) 保険医の地域別定員制

もう1つは，医学部の定員数とは別に，地域単位で診療科別の保険医定員数を設けるという方法である。現在の自由開業医制のもとでは，医師の地域偏在が著しく，診療所，なかんずく歯科診療所については，大都市部とその周辺に集中している。分解アプローチでも空間パネルデータ分析でも都市部の医療費抑制の必要性が明確になっていた。病床規制と同様に，医師数が過剰な地域を診療科単位で洗い出し，少なくともその地域については医師数（保険医）の定員枠を設けることが重要である。なお，保険医定員制は日本の医療政策の歴史の中で，検討されたこともあり，必ずしも非現実的な案とは言えない（コラム⑩参照）。

---

4) 具体的な定員数については，実務的な検討が必要である。
5) 2017年度には終了するはずだった医学部定員増の措置を「当面延長する」とした（厚生労働省，2016）。

198　第4部　求められる医療費適正化政策

> ### Column⑩　保険医定員制度
>
> 　保険医定員制度とは，地域や診療科において保険医の定員数の枠を設け，医師数をコントロールする仕組みである。この改革案は，1952年に健康保険組合連合会第一分科委員長で，ときわ通運健康保険組合の倉品宝重氏から提起された。つまり保険者サイドから提案されたのである。日本医師会の保険医総辞退宣言（1951年）によって医療保険制度の運営がおびやかされうること，都市部に医師が集中するという偏在が起こっている（今から60年以上前の話である）ことから，都市部と診療科別の保険医数を制限する改革案を提案した。
>
> 　1954年には，この提案をきっかけに健康保険組合連合会では，保険医の定員制導入に向けて推進委員会が設置された。この提案を受けて，厚生省（当時）でも検討が進められ，上述した1957年3月の健康保険法改正で，入院承認制度と二重指定制度に加えて，保険医定員制も導入されることになった。
>
> 　しかし，この保険医定員制度もいわゆる「暁の団交」において，日本医師会に問題視され，「保険医療機関は，その診療科および患者数に応じて必要な保険医を置き，患者の診療に支障のないようにしなければならない」という療養担当規則の原案の条文がすべて削除された。以後，厚生省内で保険医定員制が検討された記録は見当たらない。こうして保険医定員制の導入は立ち消えとなったのである。
>
> 　ただし，厚生省は検討しなくなったとしても，財務省は検討し続けていた可能性がある。2009年6月に財政制度等審議会の建議には，へき地医療人材を確保するために，保険医に定員枠を設ける改革案が盛り込まれたからである。財政制度等審議会は，医師の養成には多額の国費が投じられていることを根拠に，一定程度，医師の自由を制約してもよいのではないかと提案している。このように保険医定員制度は，厚生労働省サイドでは検討対象から外れているが，財務省サイドでは改革案のメニューの1つとして検討されている。
>
> 　1950年代と2009年の保険医定員制度は，あくまで医師の都市部への集中を回避し，へき地医療を担う人材を確保するための改革案として提起されてきた。しかし，医師数の増減が医療費の増減に影響するのであれば，医療費適正化の観点からも再検討の余地はあると言える。地域ごとの医療費と医療需要の変動に合わせて保険医数を増減させることによって，医療費の伸びを管理できるのではないだろうか。
>
> 　　　　　　　　　　　　　　　　　　　　　　　　　　　　　　　　　　［三谷］

　なお，医師数だけでなく，医師の診療能力も向上させる必要があるという意見もあるかもしれない。その方法としては，医師に定年制ないし一定年齢での免許更新制を導入することが考えられる。ただ，これに対しては相当な抵抗が予想される。現実的には新しく始まる専門医の仕組みの中で，診療能力の質を

向上させることが期待される。

　大都市部出身の若い地方勤務医にとっては，子弟の教育へのアクセスが勤務地選択の重要な要素になっている。医師のライフステージに応じた柔軟な勤務地選択を支援する制度を同時に充実させるべきであろう。

機能別病床規制

　病床数の減少は1人当たり医療費水準の抑制にプラスに働いていた。年次ダミーを投入しても，係数が多少変化するだけで結果は変わらない。病床規制が導入される前の70年代のデータを用いた分析では（結果は割愛），病床数の増加は1人当たり県民所得の増加，診療報酬の大幅引き上げと並んで老人医療費急増の原因であった。現在の病床規制を撤廃すれば，医療費はかなり増加する可能性があるので，病床数の総量規制は継続すべきであろう。

　現在，厚生労働省は「地域医療構想ガイドライン」を策定し，都道府県は2025年における医療需要と必要病床数を高度急性期，急性期，回復期，慢性期の4つの医療機能区分で推計することになっている。その段階で，病床機能ごとの総量規制も可能になるので，医療費適正化計画の目標にも入れるべきであろう。なお，機能別の病床数でみても都道府県間には地域差があり，第7章の地理的加重回帰パネルデータ分析で明らかになったように，病床数の削減がすべての都道府県で同じ程度の効果を発揮するわけではない。都道府県の主体性を尊重しながらも，国全体の目標の観点から重点的に支援する都道府県も定めた方が，より政策の実効力が高まると思われる。

　なお，財務省財政制度等審議会は「財政健全化計画等に関する建議（平成27年6月1日）」において，地域医療構想の勧告等に従わない病院の報酬単価の減額や民間医療機関に対する他施設への転換命令を含めた都道府県の権限強化を主張している。後述する本書の理念からみると，このような強力な手段が採用された場合にでも，「救命医療」と「自立医療」に資する医療提供体制（地域医療構想）が整備されるのであれば，問題はないということになる。ただ，特定の地域の診療報酬を下げることや，転換命令に対しては，大きな政治的な反発が予想され，一方で都道府県知事には反対関係者を説得して権限を行使するだけの政治的メリットはない。1985年の医療法改正による地域医療計画策定（民間病院を含めた総病床規制）のはるか前である62年から，公立病院について

は，都道府県知事は新規病床を許可しないことができるという権限を与えられていた[6]が，実際に行使された形跡がないことが物語っているように，都道府県知事に権限行使のインセンティブを与えない限り，実効性がないであろう。

ただし，第10章で記述する理念に基づく医療費政策では，リスク構造調整の導入を提唱する。そこで病床数を意図的に調整変数に入れなければ，病床数が多い都道府県は国保と後期高齢者医療制度の財政を賄うために，追加保険料の徴収が必要になる。そうなれば，都道府県にとって病床数を削減する経済的・政治的なインセンティブが生まれ，権限行使の可能性が出てくることになる。

対象を絞り込んだ平均在院日数の短縮化

すでに検討したように，平均在院日数短縮化の本来の目的は，入院医療の質の向上と医療機能の分化・連携の促進にある。日本の平均在院日数はいまだに諸外国と比して相当に長いので，その短縮化自体を推進することは正当化されると思われる。また，医療の質や医療全体の効率化に対する意識を高めるという効果があることは否定できない。一方で，平均在院日数の短縮化は医療費適正化計画には明示的に含められていたが，医療費分析の結果では，老人医療費の削減にはプラスに働くものの，医療費全体に対してはむしろ増加要因であった。これは，平均在院日数の短縮化以上に，1日当たり医療費，1人当たり調剤費が上昇しているためだと推測された。

医療機能の分化・連携という本来の目的をさらに推進するのであれば，急性期病床，療養病床や精神科病床といった病床機能別に目標を詳細に設定し直すか，あるいは高齢患者・軽症患者などといった患者像（重症度・医療必要度を当然考慮する）に応じた目標設定に変更することであろう。その結果，病床稼働率が低下した地域については，（少なくとも公的医療機関には）病床の返還を促すべきであろう。第7章の分析で示されたように，平均在院日数の短縮化が医療費増加抑制に与える影響は地域によって異なることから，都道府県単位で目標設定を定めるという方法もあると考えられる。

---

6) 5年間の時限付き議員立法であり，1967年には廃止されている。

医療費適正化計画の強化

2008年より都道府県は医療費適正化計画を作成しており，2013年からは第2期に入っている。医療費の見通しについては必須記載事項であるが，健康の保持の推進に関する目標・具体的な取り組み，および医療の効率的な提供の推進に関する目標・具体的な取り組みについては，任意的な記載事項になっている。医療の効率的な提供の推進については，平均在院日数の短縮化に関する目標に加え，後発医薬品の使用促進に関する目標も加えられた。

保健師数を保健活動の代表指標として行った医療費分析では，一般的な保健予防活動を活発化させても老人の入院外診療費が減少するだけで，医療費一般に対しての抑制効果は認められなかった。一方，特定健診・保健指導の効果については，医療費分析ではわからず，ワーキングチームの報告では，医療費適正化の効果があることになっている。

保健予防活動の主目的は，健康増進，発症予防，早期発見・早期治療にあり，医療費の抑制の観点からだけで，その意義を論じるのは好ましくない。まずは，その本来の目的を達成すべく，データヘルス，健康経営を推し進めるべきであろう。データヘルスが進めば，保健予防が必要な対象者が明確になり，予防活動が効率化され，対象者の健康が増進されるだろう。その結果として，医療費が抑制されるのであれば，それは好ましいことである。

医療の効率的な提供の推進についてはどうであろうか。まず，平均在院日数の短縮化に関してはすでに述べたとおり，病床種別，患者像に応じた目標設定に変えるべきである。2018年度から始まる第3期の医療費適正化計画やそれ以降の計画には，これまで議論した病床数削減・保険医数削減の目標を加えるべきであろう。重点対策地域については，任意的な記載ではなく，必須的記載事項に指定すべきである。さらに，医療の地域性を理由に都道府県にすべてを任せるのではなく，医療費分析で明らかになった重点対策地域については，国全体の医療費適正化の観点から，国が支援する必要もあると思われる。

後発医薬品の普及促進は，関係者のほぼすべてが合意し，現在最も強力に推し進められている医療費適正化政策である。しかも，財務省サイドが進めてきた医療費適正化政策の1つである「薬剤使用の適正化」の流れの中にある。本書も医療費適正化政策として否定しない。しかし，医療費分析でみたように，一方で医療費抑制効果があることは自明のようにみえながら，マクロレベルで

202 　第4部　求められる医療費適正化政策

の効果がどれくらいあるかは，今後の推移を注視する必要がある。

　むしろ，医療費増加要因の大きなものは，調剤技術料を含めた調剤医療費であり，これは医薬分業が進んだ結果である。医薬分業を進めること自体については，その正当性は論を待たない。しかし，医薬分業の目的である「薬歴管理」「服薬指導」が達成されているかについては，十分な評価がなされていない。それにもかかわらず過剰なインセンティブが診療報酬で与えられ続けている可能性がある。この点については，一度きちんとした政策評価をすべきであろう（それには薬剤費にまつわるデータ公開が必須である）[7]。

その他の論点

　以上が，医療費分析の結果得られた政策的示唆をもとに考案した医療費適正化政策の改善案である。これら以外の論点についても若干触れておこう。
　⑴　高齢化に伴う医療費増への対応
　人口高齢化の進展は医療費増加の主因ではなくとも要因の1つである。しかし，これは健康寿命の延伸であるならば，むしろ医療政策の目標ですらある。第9章で述べる医療保障の理念からすれば，重要なのは「高齢化」の医療費への影響を懸念することではなく，「高齢者」にとって必要な医療が本当に提供されているのかどうか，特に，高齢者本人の自律（意思決定）が重視されているか否かということである。第10章で，自律の原理に基づく医療費政策の1つとして検討したい。
　⑵　悪性新生物への対処
　医療費分析の過程で，悪性新生物の医療費への影響が大きく認められた。高額の抗がん剤が次々と保険導入されていく姿に危機感を覚える向きは，保険外併用療養費の活用や費用対効果評価の厳格実施を提案するかもしれない。しかし，悪性新生物の死亡数が増えていることは高齢化に伴う自然現象でもある。しかも，抗がん剤治療は救命医療の典型でもある。単に高額な医療費がかかるからという理由だけで，保険導入を制限することは，本書が主張する医療保障の理念に反することになる。

　7）　分業が推し進められた背景の1つは，高い薬価差益であった。これが医療機関経営のための過剰投薬を生み，社会問題化していたと言える。しかし，現在では薬価差益は公式のもので2%，私的薬価差益を入れても8～9%だとされる。

第9章で詳しく論じるが，本書は個々人の自己決定権（自律）を尊重し，幸福追求の前提となる生命権を保障するための救命機会を重視する。そのため，自律や救命機会の保障にあたっての財源は積極的に確保する立場である。したがって，その時代の医学水準に沿った良質な医療技術，医薬品であれば，積極的に公的医療保障の範囲に入れることに賛成である（ただし，最先端医療に基づく救命機会の保障までは主張していない。）費用対効果評価の手法についても，後述する救命医療については，保険収載の可否には原則使わず，価格再設定に限ることになる。その一方で，自立を支援する医療については，一定の財政制約をかけるべきであることも主張している。

(3) その他の需要要因

県民所得やソーシャル・キャピタルは，医療分野では政策変数ではなく与件である。特養定員数も医療費との関係は微妙で，むしろ老健定員数，サービス介護付き高齢者住宅など多様の施設体系の中で考える必要がある。単純に，これらの施設を増やせば，老人入院医療費が減ると考えるべきではない。地域包括ケアの中で考えるべきであろう。

3 財政主導か理念主導か

本書では，理念論を展開する前に，比較的詳細な医療費の要因分析を行い，既存政策を評価し，改善案も提示した。関係者の合意形成を重視し，現在の政策の延長で考える場合には，改善策もそれなりに有用と思われるかもしれない。しかし，本来的な意味での医療費適正化政策，つまり医療費の抑制と必要部分への財源確保・投資を同時に行い，かつ財政危機に備えるという意味では，残念ながら改善案では足りないのである。順次，議論していこう。

既存の医療費適正化政策や改善案はどこまで有効か

これまでの記述で明らかであるが，既存の医療費適正化政策の有効性には疑問があるというべきであろう。もし，これまで実施されてきた医療費適正化政策が非常に有効だったのであれば，現在問題自体が解決し，医療費の伸びの抑制が政策課題として存在し続けていないはずだからである。現実には，期待するほどは医療費の伸びを抑制できていないというのが認めざるをえない事実な

のである。それは，官邸や財務省から財政主導の医療費適正化政策が提案された場合，厚生労働省および医療関係団体は，本書が主張するような医療保障の理念を意識せずとも，暗黙の裡に医療の質の低下や患者負担の増加を理由に修正してきたからであるとも言える。

しかし，一度，財政危機が現実化した場合には，強力な財政主導の医療費適正化政策が行使される可能性があり，そうなれば公費に頼っている保険制度を直撃し，医療保障の根幹を揺るがす事態になる。これは，厳しい言い方になるが，厚生労働省および関係団体の合意形成で形作られる既存の医療費適正化政策が，現行制度の対症療法的な政策にとどまり，医療保障が守るべき医療について正面から議論せず，財政危機時には最も弱い立場に影響が集中する給付と負担の構造を放置しているからではないのか。

では，医療費分析に基づいて提案した改善案の方はどうであろうか。結論から言えば，既存のものより有効なはずであるが，財政危機時に発動されそうな適正化政策ほどは有効ではないかもしれないし，政治的な合意形成と効果が出るまでに時間がかかることが予想される。たとえば，今からただちに医学部定員を削減したとしても，効果が出るにはかなりの時間がかかるし，保険医定員制は相当な反対が予想され，合意形成自体に相当な時間がかかるだろう（自由開業医制に触れるからである）。改善案としては触れなかったが，民間病院まで含めた病床数削減は，都道府県知事に「病床削減命令」のような強力な権限を与えない限り難しいし，与えたとしてもそれを行使するインセンティブが存在しない。7割という保険給付率全体のさらなる引き下げも，国民の合意を得られるとは思えない。診療報酬のマイナス改定が最も簡易な方法であるが，その効果もすでに分析したように，それ自体の効果を相殺する要因が多数あるために，国民医療費が確定した後で振り返ってみれば，大きな成果を上げているとは言いがたくなることが，今から予測されるのである。

医師数の抑制を中心とする改善案は，筆者らが自ら提案したものであり，これらが採用されることを望んではいるのであるが，財政危機時にも耐えられるほど医療費抑制効果があるとまでは言えず，本当に危機が訪れた際には，財政主導の医療費適正化政策の導入を阻止できないと予想せざるをえない。より本質的な医療費適正化政策が必要である。

理念主導の政策の必要性

国の財政赤字が深刻な時代にあって最も重要なことは，医療保障の財政を安定化させることであり，万が一のときであっても，医療保障の根幹をなす救命機会の提供や，高齢者や低所得者など，医療へのアクセスを保障すべき者への影響を最小限にすべく対策を講じておくことである。そのためには，国の医療保障上，どの医療保障を守るべきかの理念は明確にしておくと同時に，優先順位の高いものについては，国民全体で安定的に支える仕組みにする必要がある。まだ財政危機が顕在化していない今から医療のあり方を根本的に見直し，医療保障の機能を強化して持続可能性のある国民皆保険に修正していく必要があるというのが筆者らの認識である。

第1部の第2章で述べたように，今求められているのは，単に財政主導の医療費適正化政策に対処するためだけの，対症療法的，防衛的，現状維持的な政策ではなく，医療保障のあるべき姿（理念）に基づいた原因療法的，積極的，改革型の医療費適正化政策の議論であり，財政主導の医療費適正化政策に対する明確な対抗軸の確立だと思われる。

[古城隆雄・印南一路]

206 第4部 求められる医療費適正化政策

第**9**章

生命と自由を守る医療保障の理念

　本章では，医療保障の理念を論じ，第10章で「理念に基づく医療費政策」の具体案を提案することにする。なお，ここで展開する医療保障の理念とは，本書の執筆者のうちの2人が関係する印南・堀・古城（2011）『生命と自由を守る医療政策』（以下，前著と呼ぶ）に基づいており，8つの提案は医療費部分に関する発展版でもある。前著では，最高法規である憲法を基盤に医療保障の二段階理念論を展開すると同時に，昨今注目を集める現代正義論からどのように評価されるかについても考察を行った。本書では，この理念自体については概要紹介にとどめ（理念の導出背景や正義論との詳しい議論については，前著を参照していただきたい），理念に基づく医療費保障という点に的を絞って記述したい。

1　なぜ医療政策に理念が必要か

　まず，なぜ医療政策に理念が必要なのであろうか。また，本書が言う理念とは何を意味するのであろうか。医療政策の理念ではなく，医療政策の目標ということであれば，実はこれまでにも議論されてきた。だから，冒頭の問いは，なぜこれまでの医療政策の目標論では不十分なのか，という問いと同じになる。結論から言えば，今までの医療政策の目標論では，医療政策の優先順位や内容にまで踏み込むことができないがゆえに，財政難の時代に対応できないということである。

　日本では一般的に医療政策の目的としては，医療へのアクセス保障，医療の質の維持・向上，そして効率性（あるいはコスト）の達成の3つをあげる論者が多い。また，WHOやOECDといった国際機関での議論や欧米の医療政策のテキストでは，医療政策の目標として，有効性（effectiveness），（主に給付と負

第 9 章　生命と自由を守る医療保障の理念　207

図 9-1　医療保障の理念と政策目標

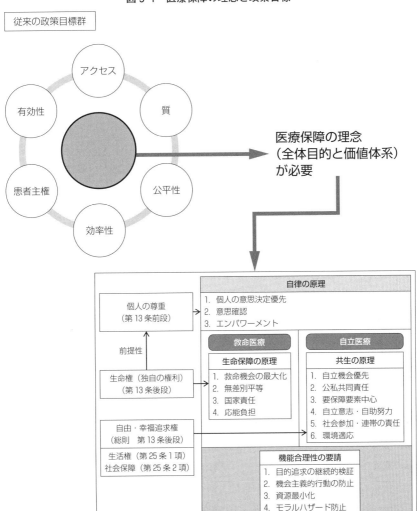

・従来の政策目標群は，同時達成が困難であり，優先順位があいまい。
・問題ごとに重視する目標が変わり，政策がふらつくことにつながる。

医療保障の理念が具体化すると，
　・政策間の一貫性が増し，
　・推進すべき政策内容が明確になる。

担における）公平・平等性（equity），効率性（efficiency），患者主権（patient em-
powerment）などをあげている。これらの相互関係について難しく考えずに列
挙すれば，図 9-1 の左上の円型の部分になる。問題は，これらの複数の目標を
同時達成することは非常に困難なのに，これらの目標間の関係，特に優先順位
に関する議論が不足していることである。

　もし医療資源が無限にあれば，これらの目標を同時に達成することがありえ
るかもしれない。しかし，実際には医療資源には限りがあるので，これら目標
のすべてを同時に達成することはできない。だからといって，これらの目標の
間に固定的な優先順位を事前につけることも難しいであろう。結果として，政
策問題ごとに，あるいは議論される時期によって，さらにそのときの政権がど
う考えるかによって，重視される政策目標が変化し，政策自体がふらつくこと
になる。政策問題ごとに重視される目標が変化すること自体は避けられないし
構わないという議論も可能であるが，何か核となる原理（全体目的）がなけれ
ばならないと本書は考える。1 つの政策が提案され，合意形成され，実施され
るまでには相当の時間がかかるので，中心原理がなければ一貫性を失うことに
なりかねないからである。政策形成の中心となる厚生労働省の担当者も，影響
力の大きい医療団体も常に人が入れ替わり，相対的な力関係も，さらに政治・
経済・社会環境も変化するのでなおさらである。

　さらに重要なことは，具体的な問題解決には，どういった医療へのアクセス，
どの程度の質，どういった形でどの程度効率性を担保するのかといったことを
決める必要があるが，複数の同時達成が困難な目標を列挙するだけの目標論で
は，それができないことである。政策の一貫性を確保するだけでなく，医療保
障の内容を決める指針ないし基準（価値体系）が必要である。

　本書は，国の医療保障全体の目的と政策判断の拠所である指導原理・原則の
価値体系を理念と呼んでいる（つまり実現不可能な理想ではない）。このような理
念が明確になれば，医療保障全体の目的に矛盾しない形で，医療政策の問題ご
とに目標を具体化し，それらの間の優先順位をつけて推進することが可能にな
る。理念が明確になれば，医療保障の優先順位，必要とされる政策の検討，医
療政策上の課題等について検討がしやすくなるだけでなく，政権交代が起きた
としても，医療保障を貫く根本は維持されることになる。理念自体を議論すれ
ば，政党間の争点も明確になるであろう。

第9章　生命と自由を守る医療保障の理念　　209

　国民の中にはさまざまな価値観を持つ者がおり，医療保障の理念を選択，決定することに悲観的な読者もいるだろう。もちろん，明示的な理念を決めないという考え方もありえるかもしれない。しかし，その場合は，時の政権や関係団体の政治力によって，医療政策が大きく揺れ動くことや，政策の安定性，一貫性が失われることを積極的に受け入れるということを意味する。また，よく指摘されるように，場当たり的，対症療法的な政策が多くなることも容認することになる。

　経済成長が見込まれ，医療に多くの資源を割く余力があった時代であれば，そういうことも可能であろう。しかし，これからますます厳しい環境が見込まれる中にあっては，医療保障の理念を議論し明確にしておくことが，守るべきものを守るための唯一の方法だというのが本書の主張である。

2　医療政策の理念——三段階理念論

　前著を執筆する前に行った議論の出発点は，「国が国民一人ひとりに対して保障すべき医療保障とは何か」，つまり，「公的医療保障の目的は何か」であった。

　目的の候補はいろいろあったが，憲法論や現代正義論を参照しながら長い議論を行った結果，前著で最も重視した価値は，国民一人ひとりがそれぞれの「幸福を追求する自由」を保障するというものであった。そのためには，個々人がどういう人生を送りたいのかという意思決定の機会を最大限尊重する必要がある。これを前著では，「自律の原理」と呼び，医療保障の理念の根幹に位置づけた。その際，注意したいのは，国民一人ひとりの自由を等しく尊重するということである。換言すれば，国家権力を用いて医療保障を提供するということは，誰かの経済的自由（幸福追求の手段）を制限してまでも，別の誰かの医療を受ける自由を保障するということであり，それには相応の正当な根拠が必要とされるということである。

　さて，個々人の自由な幸福追求のための意思決定（自律）を保障するにも，当の本人が生きていなければ保障することができない。救命機会を提供するという意味で（必ず救命するという意味ではない），救命に関わる医療は，他の公共政策と比較したうえでも，最大限保障すべき政策の1つと言える。逆に言えば，

210　第4部　求められる医療費適正化政策

Column⑪　国民皆保険は理念か

　医療政策上の理念としてよくあげられるものに国民皆保険の維持がある。本当に理念と言えるのか考えてみたい。

　国民皆保険の定義は論者によってさまざまである。WHO（2010）では，Universal Coverage として対象者，対象医療，給付水準の3点から論じており，池上（2014）では3つの水準の向上を目指す「皆適用」という表現を使用している。最も狭い意味では，民間保険も含めて国民（ないし住民）全員が良質な医療に対する財政的アクセスを保障されている状態であり，その意味では税方式でも社会保険方式でも，民間医療保険との混合形態でも構わない。ドイツやフランスやイギリスも，この意味で国民皆保険（保障）と言える。ちなみに，日本は社会保険と税制度の混合による国民皆保険だということになる。

　一方，国民皆保険をより広く捉える論者は，これに低額の自己負担や医療機関選択の自由であるフリーアクセス，広範な公的医療給付範囲等を加え，「いつでもどこでも保険証1枚で医療が受けられる（世界に誇れる素晴らしい制度）」と説明する。このように，それぞれが頭の中で描いている国民皆保険の姿は実際には相当異なっている。共通の利益がないと議論自体が成り立たないから，国民皆保険は議論の「土俵」として重要な意味を持っているし，自分たちの利害に反する政策案に対しては「国民皆保険をないがしろにする，国民皆保険を崩壊させる」と主張することになる。この辺は，「構造改革」「抜本改革」という言葉が果たしている機能と同じであろう。

　問題は，国が保障すべき医療を考える際に，目指すべき姿や価値体系としての理念として，「皆保険」が使えるかである。残念ながら，「皆保険」だけでは，国民一人ひとりに対して，どういった内容の医療を，どういった優先順位で保障すべきなのか，判断することができない。もっと言えば，皆保険を手段として何を目指しているのかがわからないし，単に現状維持のための言い訳になっているのではないかとすら思われる。

　もちろん，本書も国民皆保険を世界に誇れる素晴らしい制度だと考えている。しかし，その中身については，より根本的な理念に従って不断に見直すべきであろう。そうでないと維持できない。つまり，皆保険は何かを達成すべき手段であって，その何か，すなわち医療保障の全体目的や価値体系そのものではないのである。本書が国民皆保険を理念として掲げないのは，これが理由である。　　　　　　［古城・印南］

Column⑫　自助・共助・公助と理念の関係

　社会保障制度改革国民会議は，その報告書で，「自助・共助・公助の最適な組み合わせ」を提案している。ここでいう共助は社会保険を，公助は税金による公的扶

助等を意味し，自助・共助を補完することが公助の位置づけとされている（社会保障制度改革国民会議報告書〔2013 年 8 月 6 日〕）。医療保険は社会保険の 1 つであるため，「共助」に位置づけられる。

　筆者らが提唱する理念とは，公的な支援の必要性に段階を設けるという発想においては，この組み合わせ論と親和性があると思われる。細かいことを言えば，国民会議では，基本的に医療全体を「共助」に位置づけているが，筆者らの理念では公的医療保障の内容を，「自律」「救命」「自立支援」と 3 段階に分けている点が異なる。「自律」や「救命」に関わる医療部分については，「公助」で支えるべきだという考え方である。

　ただし，現実的には，「公助」だけでは「自律」「救命」に関わる医療費は賄えず，国民会議が意図するような「生活保護者」や「低所得者（どこまで入れるかによるが）」の医療費を賄うことも難しい。何より，「公助」の原資が「国債」であることは，財政状況が厳しい日本においては，安定した財源とは言いがたい。財政危機時には，最も保障すべき対象，あるいは社会的弱者にその影響が及ぶことになる。

　そのため，本書では，リスク構造調整を全面的に導入し，社会保険料を基本財源とする財政負担の仕組みを提案している。財政危機時には，「救命医療」を中心に財源を手当てし，「自立医療」について給付率を変更することで，医療保障上重要な部分を守ることになる。詳しくは，リスク構造調整の部分を参照されたい。

［古城］

救命に関わらない医療については，他の公共政策や個人の自由を犠牲にしてまで優先されるべきか否か，されるとしたらどこまでかという議論の対象になり，救命医療に比べれば相対的な優先順位は下がるということになる。

　これを前著では二段階理念と呼んだが，「自律の原理」を最も重要な基盤として展開していることを鮮明にするため，本書では三段階理念と呼ぶことにする。まとめれば以下のようになる。第 1 の理念は，国民一人ひとりがそれぞれの幸福を追求するため，医療における一人ひとりの自律を保障するもので，これは憲法第 13 条を医療に応用したものである（自律の原理）。第 2 の理念は「生命保障の原理」で「幸福追求の条件は，生命保持であり，それを担保するための救命医療は，個人に等しく提供されるように，無条件に社会全体で保障すべきである」というものである。そして，第 3 の理念は，「個々人の自立支援のための自立医療は，他者の幸福追求の自由とバランスを取るべきである」という「共生の原理」である。

212　第4部　求められる医療費適正化政策

　少し専門的な話になるが，大切な部分なのでもう少し説明しよう。第1と第
2の理念は，国民一人ひとりが，各自が考える幸せを追求する権利を等しく保
障する憲法第13条（幸福追求権）を基盤とする。幸福追求権が保障されるので
あれば，その論理的帰結として，個々人の「自律権」と「生命権」が保障され
なければならない。「自律権」は，これまで多くの論者が人権中の人権と唱え
ている重要な権利である。また，「生存権」ではなく，「生命権」としているの
は，「生存権」に含まれる「生き方」や「健康状態」を取り除いた，「生きる権
利」を特別に区別して保障するためである。そして，個々人の人生において幸
福を追求するには，まさに「生きている」ことが前提になる。そのため前著で
は，「生命権」を幸福追求権の前提として保障すべきという立場を取っている。
これを理念として具体的にしたものが第2の理念であり，幸福追求権の生命権
を保障する救命医療は，無差別平等に保障されるべきであるということにつな
がる。これを「生命保障の原理」とした。
　なお，第1の「自律の原理」の保障が，第2の「生命保障の原理」に優先す
る。そのため，本人が救命を拒否する意思決定をすれば，無理に救命されるこ
とはない。また，この「生命保障の原理」は，「救命機会の保障」であって，
「救命されることを強制する」ものではないことを強調しておきたい。
　第3の理念は，個人の幸福追求権は他者の幸福追求権と競合するため，幸福
追求権を根拠に個々人が無制限に医療保障を求めることは認められないという
ことから導かれる。生命権を保障する救命医療だけでは，個々人の幸せを追求
できないのは当然である。しかし，個々人の幸せのありようは不定型であり，
医療技術の進歩やライフステージによっても影響されるものである。各人が求
める健康水準も多様であり，一様には決めることは難しい。医療保障が国家権
力を背景に個々人の自由を一部制限して取り上げた財源（税・社会保険料）をも
とに提供することを考えれば，個々人が望む医療をすべて保障することは，他
人の幸福追求権を著しく制限することに直結することは容易に想像できるだろ
う。そのことから，第3の理念の，個々人の自立支援のための自立医療は，他
者の幸福追求の自由とのバランスを取るべきということが導かれる。前著では，
これを「共生の原理」とした。
　これら3つの「自律の原理」「生命保障の原理」「共生の原理」をもとに，前
著では図9-2のような医療保障の原理・原則を展開した（図9-1の右下側部分と

第9章 生命と自由を守る医療保障の理念　213

図9-2　憲法と医療保障の理念・原理・原則

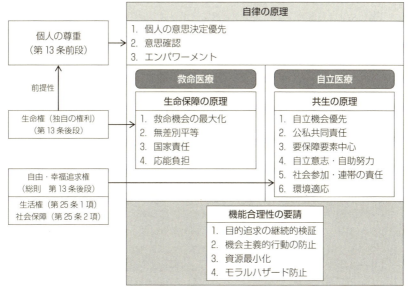

（出所）　印南・堀・古城（2011）を改変。

同じ）。さらに，単なる理想論ではなく，制度設計や政策判断に活用できる「実務的に機能する理念」にするため，原理を具体化した原則も打ち出している。なお，図の中にある「機能合理性の要請」は，制度を具体的に機能させるために必要な原則を総称したものである。これら全体の価値体系こそが，筆者らが提案する医療保障の理念である。

この医療保障の理念から，次の2つの制度設計の基本が導かれる。1つは，「自律の原理」をすべての医療において保障することである。「自律の原理」は，全体の指導原理として最重要だからである。もう1つは，医療保障を「救命医療保障」と「自立医療保障」の2つに区分することである。「救命医療保障」は，生命権を根拠とする生命保障の原理・原則を適用したものであり，「自立医療保障」は，共生の原理・原則を指導原理として適用したものである。

3　救命医療保障と自立医療保障

本書では，上述した「生命保障の原理」「共生の原理」に基づき，医療自体

214　第4部　求められる医療費適正化政策

Column⑬　合意できる政策を実行するのでは，なぜだめなのか

　読者の中には，国民や関係団体が合意するような「理念」を策定するのは不可能なので，現実的に合意できる，実行できる政策を淡々と進める方がよいと思われる方も多いだろう。確かに，すべての政策は政治的な合意と実行可能性を備えることが必要である。本書は，その点を否定しているわけではなく，その前段階として，医療保障の理念，特に自律と救命の優先を明確にしておくことの必要性を訴えているのである。

　終末期の患者の医療の選択にたとえてみよう。「あなたの身体の状態，経済状況，家庭環境，認知能力を考えると，積極的な治療には耐えられず，緩和ケア的な医療が望ましいでしょう。また，経済状況や家庭環境を考えると，在宅で過ごすことは難しく，養護施設で暮らすことになります。万が一のときには，申し訳ありませんが，施設の方で最終判断をさせていただきます」と言われたらどうであろうか。多くの方が反発を覚えるのではないか。なぜなら，患者本人の意志（意思）を尊重する姿勢がまったくみられず，治療・療養方針の決定に際して，医療関係者や家族，社会の判断，意向が優先されているからである。救命への配慮も足りない。

　政治的合意可能性や実効可能性だけで政策を決めるということは，まさしくこのような状況と同じである。もちろん，すべての国民が納得，合意するような理念を作ることは非現実的であろう。しかし，そのことと理念が不要であることとは，別次元の問題である。この患者の話であれば，患者の要望をすべてかなえるような医療や生活支援を行うことは無理である。大切なことは，患者本人が，自分の意向と現実的に取ることができる選択肢の中から「選択すること」であり，医療関係者や社会はできる範囲でその希望を支援することであろう。

　同じように医療保障においても，国民がまずはどういった医療保障を望むのかを負担を含めて提示し，国民自らが「選択する」ことが必要であり，その選択に沿うような政策を考えることであろう。国民に医療保障の理念を問わないのは，インフォームド・コンセントを行わない医療と同じではないか。国民に対して理念を提示し，選択を問うことが，政治家には求められていると思われる。その選択が時には厳しいものになりそうな場合には，なおさらであろう。　　　　　　　　　　　[古城]

　を「救命医療」と「自立医療」に区分し，それぞれの保障のあり方を考えることを提案する。医療保障は，大まかに言えば，「医療費保障」と「医療提供体制」に大別できるが，ここでは「医療費保障」の部分についてのみ概要を説明したい。最も基礎的な原理である「自律の原理」は，「救命医療保障」と「自立医療保障」に組み込んで議論する。

自律に基づく生命権を保障する救命医療

「生命保障の原理」とその諸原則から導かれるのが，「救命医療保障」である。救命医療保障の目的は，個々人の自律に基づいた生命権を国民全員に平等に保障することにある。救命医療保障制度の対象となる医療は，致命性の高い疾病に対する医療が想定され，致命性と緊急性の双方が高いことが予想される救命救急医療と，緊急性はないが致命性が高い疾病（がん等）に対する医療の２つが想定される。この救命医療保障を実現するには，どういった医療費保障制度が必要であろうか。

(1) 救命医療の医療費保障制度

すべての国民に無差別平等に救命医療を保障する（「救命機会の最大化」「無差別平等の原則」）ということは，性別や年齢，居住地，加入する保険者によって，給付範囲や給付水準，給付要件を変更することは認められないことを意味する。また，経済的負担能力の違いによって，救命機会に差が出ることは好ましくない。したがって，現在のように加入する保険制度によって，保険料率や給付率，実質的な自己負担の上限が異なることは望ましくないし，また，保険への加入状況や保険料の納付状況によって，実質的に医療を受ける機会が阻害される可能性があることも好ましくないということになる。もちろん，年齢による救命医療の提供が妨げられてはならない。

そのため，理論的に言えば，拠出要件が問われる社会保険制度ではなく，全国統一的な税を主体とする制度が望ましく，自己負担も極力抑えられる必要がある。ただ，現実的な財源の安定性で言えば，税よりも社会保険料の方が優れていることは事実であろう。税率の変更は国会承認を経る必要があるため機動的ではなく，国の財政状況が危機的であるという意味では税には頼れない部分がある。現実的には，社会保険制度を維持したまま，救命医療部分だけ拠出要件を問わない方法にする等，制度を考案するには工夫の余地があるだろう。

さて，財源の負担のあり方であるが，「応能負担の原則」から，所得だけでなく金融資産も含めて，国民の負担能力に応じて負担することが原則となる。しかも「国家責任の原則」から，国が主導して財源の確保を行うことになる。救命医療保障は，医療保障の最重要部分であるため，厳しい国家財政や他分野との財源獲得競争の中にあっても，積極的に財源の確保を主張すべきであろう。このような議論をすると，読者の中には，たとえば，誰もが救命されることを

望むのではないか，余命が短い高齢者よりも予後が期待できる非高齢者の保障を優先すべきではないか，無尽蔵に財源が必要になるのではないか，などという疑問を持つかもしれない。

　少しでも生きる可能性があるならば救命されたいと思う者もいれば，食事ができなくなったり，回復の見込みが少ないのであれば救命措置はいっさい望まないという者もいるだろう。本書は，「自律の原理」に基づき，本人の自律した意思決定を尊重すべきという立場に立つ。そういう意味では，尊厳死や安楽死についても，積極的に認めることになる。一方，高年齢，あるいは予後が期待できなくても，そういった本人の意思以外の要因で，救命医療を制限することには反対する。これは，無差別平等に本人の自律を尊重すべきという立場に立っているからである。もし，生命予後の長さによって救命医療に制限を加えた方がよいというのであれば，それは正義論で言う功利主義の立場に立つことになる。読者の中には，そうした考えを持つ方も多いかもしれないが，その立場に立脚すると，自律の原理よりも，社会的な功利（経済学で言えば効用）を優先する理念を採用することになる。

　この点は，国の医療保障を左右する重要な争点になると思われる。本書は，救命医療については，功利主義の立場を取らないが，より大切なことは，国の医療保障の理念体系を議論を通じて国民が選択することである。本書のもの以外にも多くの理念が提案されることが望ましい。

⑵　「救命医療」と「自立医療」の区分

　前著では，ロールズが提唱した「無知のヴェール」という理論装置を利用して，理念自体の導出と医療の二段階化を試みた。一人ひとりが財の強制的移転を伴う医療保障の範囲と内容について，制度的な変更がある程度可能であるという前提のもとで，理性的に議論してみる。日本の医療保障制度一般に関する知識を持ち合わせてはいるが，自己の経済状態や健康状態については情報を持たない。ただし，種々の疾病や障害を持つ場合の苦しみも理解できると想定する。このような場合，どのように医療内容が分類されるであろうか。

　救命医療と自立医療の考え方の根底にあるのは，致命性との距離と自立性との距離で医療を分類するという考え方である。いかなる傷病も，治療せずに放置すれば，合併症や重症化の危険性はある。また，個別の患者状態をみなければ判断することは難しく，確定的な予測を行うのは難しいことも当然であろう。

しかし，すべての患者像，疾患，医療行為が救命の観点からみて，等しい距離にあるとも言えない。実際，診療の現場で行われる鑑別診断では，致命的な疾患があるか否かを真っ先に判断することが日常的に行われている。同じように，すべての医療が自立した生活を営むうえで同程度に必要だと言うことではないだろう。感染による患者が増大する感染症や，生活を営むうえで著しい機能障害や苦痛を伴うものは，自立支援の観点からみて優先的に治療対象となるだろう。

　表9-1は，10年以上の臨床経験がある複数の医師に依頼し，社会保険表章121分類を致命性と自立支援の観点からA〜Fまで段階的に区分したものである。Aは，緊急性が高く，かつ致命性が高い疾患・症候群項目を取り出した。次に，Bとして，緊急性は高くないが致命性が高い疾患名をあげた。ここまでが，救命医療の保障の範囲である。分娩や流産は，母子の生命が危うくなる可能性がある場合が想定されるため，救命医療の範囲に入っていることに注意したい。また，高血圧や糖尿病は，急性心筋梗塞や脳卒中などのリスク要因となるため，救命医療に分類したが，適切な医療を受けていれば致命的になる可能性が低いとして，新たに「自立医療（重症化予防医療）」と分類してもよいかもしれない。

　続いて，Cとして，治療しなければ他者に感染する，ないし自傷・他害の恐れのある疾患名をあげた。Dは，治療しなければ機能障害をもたらすおそれのある疾患である。Eは，苦痛緩和のために治療が必要な疾患である。最後に，予防可能性が高い疾病や対症療法的治療しかできないものをFに分類した。

　社会保険表章121の基本分類を使用して分類しているため，各基本分類に含まれる詳細な疾病分類については，区分が異なる可能性がある。また，患者の病態に応じた十分な検討が必要であろう。たとえば，ぜんそくや肝炎，腎不全などは，慢性期か急性期によって病態が大きく異なるので十分な検討が必要である。

　最も重要な点は，このような区分分けは財政危機が起きる前に，確定しておくことであろう。財政危機が起きると，このような分類を客観的に精密に行うこと自体が困難になる可能性がある。

　なお，このような分類が実際に可能かどうか，また救命医療，自立医療がそれぞれいくらくらいになるかについては，第10章で検討する。

218　第4部　求められる医療費適正化政策

表9-1　社会保険表章分類の疾病分類（案）

	大分類	主な傷病
救命医療	A：緊急かつ致命的	腸管感染症，虚血性心疾患[1]，くも膜下出血，脳内出血，脳梗塞，肺炎，ぜんそく[1]，胆石症および胆のう炎，膵疾患[1]，流産[2]，頭蓋内損傷および内臓の損傷，熱傷および腐食，中毒など
	B：緊急性ないが致命的	各種悪性新生物，甲状腺機能障害，糖尿病[3]，高血圧[3]，肝炎[1]，肝硬変，腎不全[1]，単体自然分娩[2]，骨折など
自立医療	C：感染・危害	結核，性感染症，皮膚および粘膜の病変を伴うウイルス疾患，中耳炎，真菌症，急性鼻咽頭炎など
	D：機能障害	認知症，統合失調症，てんかん[1]，脳性麻痺，白内障，う蝕，脊椎障害，慢性閉塞性肺疾患，月経障害および閉経期周辺期障害など
	E：苦痛緩和	痔核，胃炎および十二指腸炎，皮膚炎および湿疹，尿路結石症など
	F：その他[4]	アルコール性肝疾患（基本分類ではないが，肩関節周囲炎，脂肪肝，鉄欠乏性貧血などが考えられる）

(注)　1：慢性期か急性期によって病態が大きく異なるため，実際に分類する際には十分な検討が必要になる。
　　　2：分娩や流産は，母子ともに生命に関わるリスクが高いことから，救命医療に入れてある。
　　　3：適切な治療を受けていれば致命的になる可能性が低い疾患は，新たに分類を設けて自立医療（重度化予防医療）とすることも可能である。
　　　4：予防可能性が高い疾病や，対症療法的治療しかできないものをFに分類している。
　　　5：基本分類を区分したが，各基本分類に含まれる詳細な分類では，区分が異なる可能性がある。実際の運用にあたっては，医学上，実務上の観点から，専門家からなる委員会で決定することが必要である。患者の発生状況や医学の進歩等に合わせて，定期的見直しが必要である。
(出所)　印南ほか（2011）を改変。

共生の原理に基づく自立医療

「共生の原理」とその諸原則から導かれるのが，「自立医療保障」である。自立医療保障の目的は，個々人が望む幸福追求に必要とする医療を他者の幸福追求とのバランスを取りながら保障することにある。他者の幸福追求とのバランスを考慮することが前提になるため，給付対象や給付水準には一定の制約がかけられる。先に説明したように，想定される医療は，「無知のヴェール」を用いて定めればよい。したがって，個々人の経済状況や社会的地位，職業，健康状態，遺伝的特質等についてはいっさい知らない状況において，一人ひとりの財産を強制的に出し合いながら，保障すべき疾患ということになる。では，自

第9章　生命と自由を守る医療保障の理念　　219

立医療保障が求める医療費保障制度とは，どういったものであろうか。

　自立医療保障制度は，理論的には拠出要件を伴う社会保険制度が望ましいと思われる。個々人の幸福の内容はさまざまであるが，どのような形の自立であれ（たとえ他人からの支援を必要としようとも），自立意志を持つ者を支援するための医療を保障する制度であるならば，本人の自立意志と自助努力が前提となる（自立意志・自助努力の原則）。保険に加入し，保険料を支払うことを要件とする社会保険制度は，そうした前提の確認をする意味において，租税制度よりも優れている。もちろん，経済的な負担能力と給付リスクには，個人間で大きな差があり，受益者と負担者との間には非対称性がある。そのような中で，全国民を対象とする制度を確立するには，受益者が負担者に一方的に依存することは認められず，お互いの幸福追求に配慮することが求められる。この点から，「社会参加・連帯の責任」の原則が導かれ，強制加入による全国民の加入が義務づけられる一方で，保険料の未納に対しては厳しい対応が取られる必要がある。

　給付範囲と給付水準については，「自立機会優先」「要保障要素中心」「自立意志・自助努力」「環境適応」の原則を満たすように制度設計する必要がある。「給付範囲」は，他者の幸福追求とのバランスを取ることが求められるため，多くの加入者が自立支援が必要であると合意される医療に限定される。先にも述べたように，自立支援の必要性から医療の内容を段階的に区分し，給付範囲と給付水準を考えることが必要になる（自立機会優先，要保障要素中心の原則）。さらに，医療技術の高度化，人口減少・高齢化，経済成長の状況等，環境に応じて保障内容を定めることも必要があるだろう（環境適応の原則）。新しい医療技術や新薬，高齢者自立にとって必要な医療にも保険適用する一方で，経済状況も勘案して給付水準を変化させること（給付率の柔軟化）も必要であろう。これにより，医療費全体の伸び率を調整することになる。

　なお，理念から現在の医療保険制度体系を評価すると，年齢や職域で保険制度を区分し，制度間・保険者間で給付水準と負担水準に差異があることが重要な問題である。理念に基づけば，致命性と自立性との観点から給付範囲や給付水準を考えるべきであり，年齢によって制度を区分する必要はない。各保険者の責任とは思えない被保険者の給付リスクや，所得状況によって，給付・保険料水準に差異があることも認められないであろう。単一の社会保険制度に統一

図 9-3 救命医療と自立医療

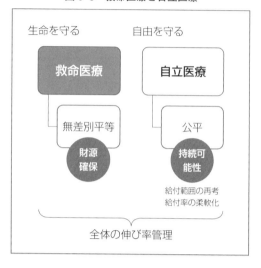

することが簡潔ではあるが，それでは，加入者の自助努力や連帯の責任感を醸成しにくいという問題が生じる。

　重要なことは，国民全体で負担すべき給付内容と各保険者内で負担すべき給付内容とを区分することにある。自立医療保障制度については，自立支援の観点から給付範囲に含めるべき対象医療は，保険制度を超えて一律に適用し，それに関わる負担は，同じように保険制度を超えて負担能力に応じて負担するように，リスク構造を調整すべきである。そのうえで，各保険者の努力によって，あるいは各保険者内の合意によって，給付範囲や給付水準を調整するのであれば，それは認められるべきであろう。

　次章では，これまでの議論に基づいて，医療費政策を貫く根幹の考えとして，「理念に基づく財源の確保・配分と伸び率の管理」と，これを具体化する8つの適正化政策の提案を行う。

［古城隆雄・印南一路］

第9章　生命と自由を守る医療保障の理念　221

Column⑭　理念は「見守る医療」や「プライマリ・ケア」を軽視しているか

　筆者らが提唱する理念は、一見するといわゆる「戦う医療（≒急性期医療，救命医療等）」を重視し、「見守る医療（≒慢性期医療や在宅医療，地域包括ケア等）」や「プライマリ・ケア」を軽視しているように誤解されるかもしれない。

　筆者らが提唱している理念の中で最も重視しているものは「自律」である。そのため、患者ができるだけ希望する医療を選択できるよう、①事前指示書・医療代理人の制度化，②医療相談の充実と受診行動の適正化，③インフォームド・コンセントの徹底，④国民の救急対応力の向上と社会保障教育・研修の徹底を提案している。

　インフォームド・コンセントや事前指示書，医療代理人は，在宅医療や終末期医療において，患者一人ひとりが療養の方法や最後の生き方を選択できるよう支援するものである（決して，財源を理由に救命しないことの正当化を図る制度ではない）。また，医学的知識が乏しく自分の状態像を適切に捉えられない一般国民のため、医療相談の充実や，救急対応力や社会保障教育等の研修機会の充実も必要であると考えている。もちろん，専門家である医師に直接相談をしたい患者のため，1次医療機関へのアクセスは保障すべきであり，初診料の自己負担の軽減や総合診療医の育成も重要であると考えて提案している。

　「自立医療」＝「見守る医療」＝「プライマリ・ケア」ではなく，見守る医療やプライマリ・ケアの中には，自立医療に関する医療も含まれているが，理念が最も重視する患者の「自律」を支援するものも多い。確かに，自立医療については，給付水準について傾斜を設けることを提案しているが，「自律」を支援する医療や仕組みについては，積極的に財源を確保することや対策を立てることを提案している。

［古城］

Column⑮　医療保障の理念を考える視点

　本書にいう理念は，医療保障全体の目的，政策判断の拠り所となる指導原理・原則の価値体系だと書いた。この意味での理念には，どんなものがありうるだろうか。大雑把な議論ではあるが，患者が利用する医療の内容は誰が決めるべきなのか（医療サービスの決定主体），国は国民全体にはどの程度（範囲）の医療を保障すべきなのか（公的保障の範囲）という2軸で考えてみたい。いずれも公共哲学が関わってくる。

　第1の軸である，誰が医療内容を決めるのかは，端的に言えば，患者本人の意思決定を尊重するか，患者以外の医療者，家族，あるいは社会の意思決定を尊重するのか，ということになる。歴史的には，医師を中心とする専門家に意思決定を委ねるという時代から，患者本人の意思決定を尊重し，専門家は患者本人の意思決定を支援するという時代に移ってきている。前者は，いわゆる弱い個人を患者像とし，

ある程度パターナリスティックに介入することは，患者本人の利益にもなると考える立場である。当事者に意思決定を迫ることは，困難あるいは酷であるという意識もあるだろう。後者は，いわゆる強い個人を想定し，患者本人の幸せは患者本人にしかわからないため，患者本人の意思決定を尊重すべきだという立場である。インフォームド・コンセント（デシジョン）を重視する。ただ，この立場を取っても，実際には，障害者や高齢者，認知症患者，未成年については，家族や医療者が代理で意思決定することが多いと思われる。

第2の軸である，国民全体にどの程度の医療を保障すべきかは，ユニバーサルカバレッジの内容に関わる問題（参照コラム⑪ 国民皆保険は理念か）である。その対象者，対象医療（保険給付の範囲），給付水準に分けて考えられる。最も平等的な立場は，すべての国民にすべての良質な医療を低負担で保障するというもので，平等主義的な論者や日本でいうリベラルな立場に近い。民間主体の医療提供体制のもとでこれを実現するには，強力な規制強化が必要である。医療の社会化を促すと言ってもいいかもしれない。

一方，国が関与する医療について，対象者，対象となる医療，給付水準をもっと限定すべきという立場は平等主義と対極に位置する。個人の自由を最大限尊重（国が関与する余地を最小化しようとする意味で）しようとするリバタリアンや新自由主義，社会全体の効用を高めるには，ある程度費用対効果などの検証を通じて制限することもやむをえない立場とする功利主義，それを実現するには規制緩和が必要だとする市場原理主義などと親和性が高い。

日本では平等主義を支持する国民が多いかもしれない。しかし，その一方で，患者が自由に医療を選択できること，財政の持続可能性を懸念するもの，治療効果が期待できない高齢者に対して高額な医療の提供に危惧を覚える国民もいるだろう。これに人口減少，少子高齢化，経済の低成長，厳しい財政状況という制約条件が加わることになる。

国民に医療保障の理念を問えば，「1つの立場には立てない」「医療内容や，患者像による」などの回答が返ってくるのではないだろうか。このことは，1つの価値基準では，国民が求めている理念にはならず，医療内容や患者像によって適用する価値基準を変える必要があることを示している。つまり，「医療内容や患者像に応じて，適用する価値基準を組み合わせること」が，国民が共通して理念に求めていることであろう。

そうなると問題は，「医療内容や患者像」と「価値基準」をどう組み合わせるかである。本書では，自律を支援する部分や救命医療については，平等主義的な立場を取っている，一方で，自立支援に関する医療については，自立支援からの重要性に基づく功利主義的な立場である。もっと広く平等主義的な立場を取ることもできるし，逆に功利主義的な要素を広く適用することも可能である。自律よりも専門家

や社会の決定を優先すべきであるという立場もありえよう。

いずれにしても，さまざまな価値基準をどう組み合わせるのかという「価値体系」が求められている。さまざまな価値体系が提案され，その中から国民が選択することが望ましいだろう。 [古城・印南]

224　第4部　求められる医療費適正化政策

第10章

生命と自由を守る医療費政策

　「理念に基づく医療費政策」とは，「自律に基づく救命医療の優先」という理念に基づき，①医療保障全体の範囲や負担のあり方を見直し，②救命に関わる医療については積極的に財源を確保する一方，③自立に関する医療について財政規律を導入して，医療費全体の伸び率を管理することと提案した。本章では，その具体的内容について説明したい。

1　理念に基づく財源の確保・配分と伸び率の管理

　まずは，「理念に基づく医療費政策」の大まかな姿を描いておこう。

公的医療保障の給付範囲を再考する

　日本の公的医療保険の給付範囲は，長期間にわたり歴史的に形成されたもので，諸外国と比べてかなり広い。歯科医療，漢方薬，あん摩マッサージ指圧，はり・きゅうの施術，柔道整復師の施術，移送費等をも給付している。新しい医療技術の保険導入についても寛容である。安全性・有効性が確認されたものは，これまでほぼ自動的に保険導入されてきた。一方，時代遅れになった医療技術については，建前としては給付範囲から外すことになっているが，きわめて限定的な運用がされている。したがって，公的医療保険の給付範囲は不断に拡大していると理解してよい。このように歴史的に拡大し，また現在も拡大しつつある公的保険の給付範囲については，理念に基づいて根本的に見直す必要がある。

　はじめに，医療保障全体のうち，最先端医療や実験的医療を除く「良質な医療」を定める必要がある。ここで言う「良質な医療」とは，医学的見地から

図 10-1 医療保障の理念と新しい医療技術，財政規律との関係

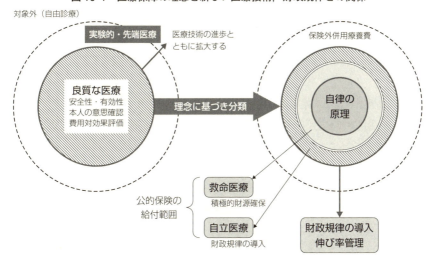

「安全性・有効性が確認された医療」であり，かつ社会的妥当性（本人の意思確認，費用対効果評価等）が確保された医療をさす。安全性・有効性が確認途上のものは，保険外併用療養費（評価療養）として別途検討することになる。次に，「良質な医療」を理念に基づき「救命医療」「自立医療」に分類し，これらを公的医療保障の範囲とする（給付対象は，「救命医療」「自立医療」まで）。公的医療保障の範囲，すなわち「良質な医療」に入れるか否かの基準は，「内在的制約」と「費用対効果評価」である。

内在的制約は，三段階理念自体が持っているものであり，「他人の幸福追求の自由（財産権）をどこまで制限して公的医療保障とすべきか」という問いかけから発せられる自制的抑制のことである。そういう意味では，国の財政状況とは無関係に求められるものである。

さて，内在的制約は，「救命医療」と「自立医療」との間では強さが異なることになる。「救命医療」については，社会保険料や公費の引き上げを強く主張できる一方，「自立医療」はあらかじめ給付範囲を客観的に定めるが，財政状況に応じて給付率を調整することになる。つまり，「自立医療」の方が内在的制約は強い。

費用対効果評価については，「救命医療」の対象とするか否かの条件は比較

的緩くする一方で，「自立医療」に入れるかどうかは，厳しい基準を設けるべきだろう。具体的な水準については，理念からは直接には導けないため，費用対効果評価の結果や財政事情により，検討することになる。この部分については，第3節の費用対効果評価の二段階適用のところで述べる。

リスク構造調整を本格導入し財政負担を安定化・公平化する

　財政負担については，具体的な提案のところで述べるリスク構造調整を全体に導入することにより，国民全体で公的給付対象の医療費を支える。これにより，主に保険者の責任に依らない部分（年齢によって生じる医療費の高低や，加入者の所得水準に伴う保険料率の差異等）によって保険財政が揺らぐことを抑制することができ，安定的な保険財政の環境を整えることができる。なお，公費は，後期高齢者医療制度等といった特定の制度ではなく，公的給付対象医療のうち，公費で支えるべき部分全体に重点投入することになる（救命医療，難病等）。もっとも，保険財政の中核的財源は，社会保険料である。なぜなら，基本的に保険財政の収支状況によって，臨機応変に保険料は変動させることができるからである（税は，他の政策軽費との競合や法改正の手続きが必要であり容易ではない）。財政危機時は，社会保険料だけで救命医療を支えることになる。その財源は，社会保険料を引き上げるか，自立医療の給付率を低下させることで確保することになる。

救命医療の財源を確保し医療費全体の伸び率を管理する

　最終的に，理念に基づき公的医療保障に関わる医療費全体の伸び率管理を行う。ここで総額管理（予算管理）と表現しないことには2つの理由がある。1つには良質な医療を保障するには，医学・医療技術の進歩や患者像の変化に対応できる必要があること，もう1つには経済成長の状況により許容できる負担水準が変化することがあるからである。また，総額管理（特に予算管理）と表現すると，これ以上医療費総額を増やさないかのような誤解を与える可能性がある。

　では，医療費全体の伸び率管理は，どう行うのであろうか。大まかな手順としては，最初に「自律に基づく救命医療」について，必要な財源を確保することになる。主たる財源は，公費と社会保険料であり，救命機会の保障を損なわ

第 10 章　生命と自由を守る医療費政策　　227

> ## Column⑯　医療基本法の制定は必要か
>
> 　近年，医療基本法の制定に向けた動きが高まっている。背景には，医師不足など
> に代表される医療提供体制への危機意識，患者の医療を受ける権利を求める声，厳
> しい国家財政・保険財政を背景とする理念に基づく財政規律を求める声，関係法令
> をまとめる一体的な政策の必要性，基本法制定による政策推進を評価する声などが
> ある。直近では，2011 年 11 月に「患者の権利法をつくる会」が，2012 年 3 月
> には「東京大学公共政策大学院医療政策教育・研究ユニットの医療政策実践コミュ
> ニティ」が，2014 年 10 月には日本医師会が，基本法案を発表している。
>
> 　関係団体が発表した医療基本法案は，共通して①医療全体の理念の明確化と，②
> 理念に基づく関係法令の整備・改廃を目指しており，各医療関係法令のいわゆる親
> 法としての役割を基本法に期待している。
>
> 　今後ますます厳しくなる環境下（人口減少，少子高齢化，経済低成長化等）を想
> 起すれば，国としての医療保障の理念を明確にしておくことの必要性は，多くの論
> 者が認めることであろう。近年，医療制度改革に関して論じる書籍では，国民の価
> 値選択によって，とりうる政策は異なることを謳っているものが多く，それぞれの
> 著者が勧める価値観に基づき政策案を論じている（松田，2013；森，2013；池
> 上，2014；島崎，2015 等）そういう意味では，国が目指す医療保障の理念（目
> 的と価値体系）を明確にし，理念に基づいた政策を推進する装置として，医療基本
> 法を制定することは，1 つの有力な方法だと思われる。
>
> 　では，医療基本法を制定すれば，ただちに関係法令を整備・改廃できるのだろう
> か。菊井（1973）によれば，法体系上に基本法という特別な法律が定められては
> いない。基本法は，一種の指導的，優越的，指針的役割を担っており，実施法律の
> 規定は，できるだけ基本法の目的・趣旨に沿うように解釈することが要請されなけ
> ればならない，と理解されている。同様に，塩野（2008）も，親法や基本法とい
> う上位法としての法律は，定められていないと指摘している。
>
> 　つまり法体系上では，基本法の関係法令に対する優越性の根拠はないため，基本
> 法を制定すれば，ただちに関係法令の整備・改廃が進むわけではないことが予想さ
> れる。基本法を制定するのであれば，単なる理念法にとどまらないよう，本書が提
> 案するような具体的な目的と価値体系，および推進する機関を盛り込む必要がある
> だろう。
> 　　　　　　　　　　　　　　　　　　　　　　　　　　　　　　　　　　［古城］

ないよう自己負担は低く抑える必要がある。この部分については，国全体の公
費配分に対して強く要求するとともに，必要に応じて公費や保険料の引き上げ
も強く主張することになる。公費については，「酒税」や「たばこ税」を充当
することは，理解が得られやすいであろう（ただし，財源の大きさからすると不十

228　第4部　求められる医療費適正化政策

分である)。やはり，国民全体で負担するべき医療の観点からすると，「消費税」
が有力である。消費税は，景気の変動を受けにくく，高齢者も含めた幅広い負
担が可能であり，消費を通じた実態的な経済的負担能力を反映している点等，
多くの利点があると思われる。その他の財源としては，「相続税」が考えられ
るかもしれない。現在の課税対象は，死亡者の一部であり，課税対象範囲を広
げる余地が大きいからである（ただし，こちらも財源の規模を考えると不十分であ
る)。

　「自立医療」については，比較的強い財政規律である給付率の調整を通じて，
国の財政状況や経済成長，国民の社会的連帯感といった「外在的制約」と理念
とのバランスを考慮して決めることになる。こちらは，「社会保険料」を中心
に財源を確保する。具体的には，自立支援に重要なものは手厚く給付し，必要
性が低下するにしたがって給付水準を下げることになる。どんな医療に使われ
るか対象が明確になれば，保険料の引き上げについても，現在よりは合意を得
やすくなるかもしれない。給付の範囲については，先に述べたように内在的制
約と費用対効果評価によってあらかじめ客観的に定まっている。自立医療に関
する部分の給付率の変更を通じて，自立医療と医療費全体に財政規律を導入す
ることが要点である。

理念を実現する8つの提案

　これまで説明した医療保障の理念をもとに，生命と自由を守る医療費政策，
理念に基づく医療費の伸び率管理を行う政策として，2つのグループに分け，
8つの政策を提案する（図10-2)。

　最初のグループは自律の原理を実現する政策であり，この部分は財政制約と
は関係なく実施すべき政策群である。①事前指示書と，医療判断代理人の制度
化，②医療相談の充実と受診行動の適正化，③医療費用の説明も含めたインフ
ォームド・コンセントの徹底，④国民の救急対応力の向上と社会保障教育・研
修の徹底の4つを提案する。

　これらの政策は，国民医療費の伸び率の抑制を主眼とはしていないが，これ
らをきちんと制度化すれば，患者本人の意思を無視した単なる延命医療や患者
の知識不足，コスト意識不足，医療機関側の供給誘導需要に基づく過剰医療，
不効率な医療は相当程度行われなくなり，その分医療費が適正化されることに

図10-2 生命と自由を守る医療費政策──8つの提案

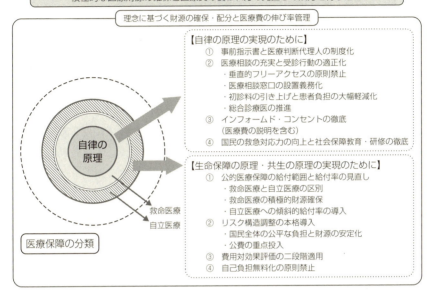

なる。

　第2のグループは，生命保障の原理を実現しつつ，共生の原理で財政の安定を図る政策群である。理念に基づく医療費の伸び率管理政策の中心部分である。生命保障の原理に関わる「救命医療」については積極的に財源を確保し，共生の原理に関わる「自立医療」の部分については，医療保障全体の財政の安定を保つためのメカニズムを導入する。具体的には，①公的医療保障範囲と給付率の見直し，②リスク構造調整の導入，③費用対効果評価の二段階適用，④自己負担無料化の原則禁止の4つを提案する。

　仮に，第1の自律の原理を実現する政策群が医療費抑制に顕著な効果を示さなくとも，また，第2のグループの政策群のうち，生命保障の原理を実現する政策が医療費の増加を伴うものであっても，共生の原理に奉仕する自立医療の部分に財政規律の導入が含まれているので，医療費全体がコントロールできることになる。以下，順に説明しよう。

2 自律の原理を実現する4つの提案

①事前指示書と医療判断代理人の制度化

　患者本人が，自ら受ける医療の内容について，常に適切な判断ができるとは限らない。急性心筋梗塞や脳卒中，交通事故等で意識が不鮮明なとき，あるいは認知症の進行時など，本人が医療内容を理解し，冷静に判断できない場合がある。そういったときに備えて，あらかじめ本人の希望を表明しておくか，あるいは本人の意思を尊重した意思決定を行うことができる代理人を指名しておくことが重要である。そのような事態が想定されるのは，主に後期高齢者だと思われるかもしれないが，それ以下の年代でも，いついかなる事態が起こるかわからない以上，国民全員が事前に意思表明を行うことや代理人を決めておくことが大切である。

　「事前指示書（アドバンス・ディレクティブ）」の具体的な制度としては，保険証の裏に記載する方式や専用の意思表示カードを携帯する方法，あるいはマイナンバーとリンクし，クラウド上に事前指示書を保存しておくこと等が考えられる（もちろん，個々の医療を受ける際に，確認されることは言うまでもない）。また，より多くの国民の意思表示を促すという意味では，特定健康診査の受診時や介護保険の要介護認定の更新時に意思表示の確認を促すことが現実的な方法であろう。事前指示書の内容は，本人の希望を自由に書くことができ，いつでも何度でも修正することが可能な方法が望ましい。あるときは積極的な延命治療を望むかもしれないし，あるときは積極的な治療ではなく苦痛緩和を望むときもあるだろう。2013年に行われた厚生労働省の意識調査（厚生労働省終末期医療に関する意識調査等検討会，2014b）では，事前に文書を作成しておくことについて，国民の69.7%，医師の73.4%，看護師の84.7%，介護職員の83.8%が賛成（どちらかと言えば賛成を含む）であると回答している。法律で定めることについては，国民の28.1%，医師の20.4%，看護師の25.3%，介護職員の22.3%が定めてほしいと回答しており，法制化については消極的であることがうかがえる。

　あらかじめ自分の希望する医療内容やそういった事態を想定することが難しい場合に備えて，本人の代わりに意思決定を代行する者を決めておく「医療判断代理人」の制度も必要であろう。委任する相手は，1人でも複数でもよいが，複数の場合は共同で決断する必要があるため，1人の方が機能しやすいだろう。

もちろん，優先順位をつけて複数の代理人を定めてもよいだろう。一般的には，代理人は家族や親族が想定されるが，信頼できる友人や弁護士，医師等に委任することも可能である。先の厚生労働省の調査では，事前に代理人を決めておくことについては，国民の62.8％，医師の68.3％，看護師の74.2％，介護職員の76.1％が賛成であると回答している。なお，希望する相手としては，「家族等のうち，自分のことを一番よくわかっている1人の方（34.0％）」「家族等が集まって話し合った結果（44.6％）」「担当する医師又は医療・ケアチーム（10.4％）」があがっており，家族の誰か，もしくは家族での協議に任せたいという意見が多い。また，代理人を依頼された場合の対応では，国民の57.7％，医師の81.0％，看護師の64.9％，介護職員の63.6％が引き受けると回答していた。

　もちろん，あらゆる事態を想定して希望する医療を考えるのは不可能である。また，代理人といえども，本人の考え方をできるだけ尊重しようと思うならば，実際に判断を下すのは難しいことも生じるだろう。そういう意味では，事前指示書と医療判断代理人の制度は相互補完的な役割を担っており，両方の制度の整備が必要となる。事前指示書については，オーストラリア，ドイツ，オランダ，イギリス等で整備がなされてきている。海外の事例や導入された場合の問題点等については，前著や他の文献を参照[1]されたい。

　2つほどつけ加えておこう。1つは，医療費政策としての事前指示書や医療判断代理人の制度の重要性についてである。これら2つの制度の重要性は理解できても，医療費政策の一環として位置づけられることに違和感を覚える読者もいるかもしれないからである。本書は，理念に基づいた財源の確保と配分，給付の見直しを医療費適正化政策と位置づけている。患者本人の自律の保障は，理念の根幹部分であり，かつ，事前指示書や代理人制度が機能する状況は，無差別平等を保障する救命医療保障制度が利用されるときである。したがって，この部分を保障するための財源確保ならびに機能させる制度は，理念に基づく医療費適正化政策の重要な位置を占めると言える。

　2つ目は，これらの制度の医療財政への影響である。本人や家族は，延命を希望する可能性が高く，医療費の増加を懸念する方がいるかもしれない。先の厚生労働省の意識調査では，末期がんや重度の心臓病，認知症が進行した場合

---

1)　甲斐（2015），児玉（2013），シャボット（2014）等がある。

232　第4部　求められる医療費適正化政策

や，交通事故になり意識がない状態等さまざまな場面を想定したときに希望する治療方針を調査している。たとえば，末期がんのケースでは，抗がん剤や放射線による治療を望む者は28.6%であり，経鼻栄養を希望する者は12.7%，胃ろう7.9%，人工呼吸器の使用11.1%，心肺蘇生装置16.2%であった。認知症が進行し，かなり衰弱が進んできた場合に希望する治療方針では，肺炎にもかかった場合の抗生剤服用や点滴44.6%，口から水が飲めなくなった場合の点滴46.8%，中心静脈栄養13.6%，経鼻栄養10.1%，胃ろう5.8%，人工呼吸器の使用8.7%，心肺蘇生装置12.3%であった。もちろん，当事者になった場合には希望が変わる可能性があるが，一般的な国民の意識としては，最後まで積極的な治療や栄養補助を望むケースは少数のようである。

　したがって，積極的な治療を望むケースが多発し，そのことで医療財政が危機に陥る可能性は大きくはないと思われる。誤解のないように追記しておくが，もし希望者が多くなり救命医療に関わる医療費が大きくなったとしても，自律の保障や救命医療に関わる医療費については，積極的に財源を確保しようというのが本書の立場である。

②医療相談の充実と受診行動の適正化

　自律の原理を実現するための第2の提案は，医療相談の充実と受診行動の適正化である。具体的には，①垂直的フリーアクセスの原則禁止，②患者相談窓口の設置の義務化，③初診料の価格引き上げと患者負担の大幅軽減，④総合診療医の推進を内容とする。順次説明しよう。

　日本では，一般的な医療でも救急医療においても，1次，2次，3次と医療機関が区分されている。これは，各医療機関の機能を明確にすることにより，さまざまな患者に対して適切な医療を速やかに提供するためである。一方で，日本では，フリーアクセス，つまり患者の自己判断で受診する医療機関を自由に選択することが認められている。ここでは，同一次元の，たとえば同じ1次医療機関である診療所であれば，自由に受診する診療所を選択できることを水平的フリーアクセスと呼び，異なる次元の医療機関を自由に受診することができる（直接，第3次医療機関であるがんセンターや大学病院を受診する）ことを垂直的フリーアクセスと呼んで区別しよう。

　理念上，問題となるのは，この垂直的フリーアクセスである。患者の自己判

第 10 章　生命と自由を守る医療費政策　　233

> Column⑰　総合診療医
>
> 　本文で述べた診療所の重要な担い手が，総合診療専門医であり，2017 年度から専門医の 1 つとして追加される。2017 年度から始まる専門医制度は，これまで各学会が独自に認定していた専門医を，中立的な第三者評価機関が認定した研修プログラムで研修する制度に改めることにより，専門医の質を担保することを目的としている。具体的な制度としては，19 の基本領域と 29 のサブスペシャリティ領域の二段階構成が予定されており，認可された研修プログラムに沿って後期研修を終えた者から順次専門医の認定を受けることが予定されている。これにより，これまで自由に標榜されていた診療科も，新たな専門医制度に基づいて取得した専門医のみが広告することが可能になる。
>
> 　この新たな専門医制度における基本領域の 19 番目の専門医として，総合診療専門医が設置された。総合診療医には，患者が抱える幅広い問題（疾患や傷害の治療・予防，保健・福祉等）に適切に初期対応し，全人的な医療を提供することが求められると同時に，他の領域別専門医や他職種と連携することで，多様な医療サービス（在宅医療，緩和ケア，高齢者ケア等）を包括的かつ柔軟に提供することが求められている。その期待される役割から言えば，診療所や 2 次医療機関において，患者が求める医療問題に幅広く対応することが求められていると言えよう。
>
> 　　　　　　　　　　　　　　　　　　　　　　　　　　　　　　　　　　　　　[古城]

断で軽傷な患者が 2 次，3 次の医療機関を受診すれば，医療システム全体として患者状態像に応じた医療を速やかに提供することは難しくなる。そのため，今後は，垂直的フリーアクセスを原則禁止にすべきだと考える（水平的フリーアクセスは，これまでどおり認める）。ただし，身の回りに 2 次，3 次の医療機関である病院しかないへき地や必要性が明らかな場合の救急医療，あるいは集約化が進む産科医療については，病院での初診も認められるべきだろう。

　しかし，医学や身体に関する専門知識を持たない患者は，自覚症状は認識できても，治療の必要性や緊急性を判断することは難しく，ましてや適切な医療機関を選択することは困難である。現代では，医療が高度に発達し専門分化された診療科が多数存在する。日本においては，1 次，2 次，3 次とその提供する医療内容によって緩やかな機能分化が図られているが，1 次医療機関である診療所でさえ，特定診療科に特化した専門診療所が多数開設されている。患者自身に，適切な医療機関を選択させること自体が過大な要求とも言える。

　そこで，電話相談をはじめとする医療相談窓口を設置義務化し充実させるべ

きである。現在，全国展開されている相談事業は，小児救急電話相談事業（＃8000）のみだが，一般向けの医療相談事業もあるべきだろう。症状の見極め方，医療機関の選択方法，保険料の支払いや医療費の支払い等，患者が抱える悩みはさまざまである。すべての相談事業を個別の保険者が担うかどうかは別として，保険者と行政が役割分担・連携を行いながら，情報提供・相談機会の充実を行う必要がある。

　しかし，医療相談だけでは限界がある。実際に，医師の診察を受けて，医療の適否を判断したいことは多々あるだろう。そこで，1次医療機関への初診料の患者負担は大幅軽減化する。この場合，診療所の医師に求められるのは，患者の状態を見極め適切な受診につながるようガイドすることである。生命が脅かされる状態なのか，生命が脅かされなくとも2次医療機関以降の高度医療機関を受診した方がよいのか，1次医療機関で治療できる程度なのか，医療の必要性を判断することが求められる。

　その結果，診療所医師の初診料の意味合いが，これまでとは異なることになる。これまでは，診察や診断のための料金であったものが，これからは適切な受診行動をとるための相談，助言まで含むことになる。そのため，診療所の初診料（診療報酬上の評価点数）は今よりも引き上げることが望ましい[2]。ちなみに，社会医療診療行為調査（2014年）に基づいて年間の診療所の初診料を推計すると約6368億円（全医療機関では，7869億円）であった。多少引き上げたとしても，全体の受診行動と不必要な検査・投薬が抑制されれば，全体的な費用は低くなる可能性がある。

　なお，個々の患者が持つ幅広い医療問題に応じて，適切な助言と治療，連携先の紹介をできる総合診療医は，個々の患者にとって最も信頼できるパートナーと言える。医療費の適切な利用を考えると，総合診療医に早く相談することで，個々の患者が持つ医療問題も速やかに解消されるだけでなく，不必要と思われていた医療費も削減することができる。総合診療医は，まだ多くはなく認知度も低いが，その育成は，医療費適正化政策としても重要な位置を占めていると言えよう。

　2）　診療報酬上評価されている初診料の点数は引き上げるが，その分の患者自己負担は定率負担から外し，低額かつ定額のものにするという意味である。

③インフォームド・コンセントの徹底（医療費の説明を含む）

　診療現場では，疾患名の診断，取りうる治療方法と副作用，緊急時の対応等に関する説明，場合によっては生活習慣に対する指導等がなされている。しかし，医療費に関しては，説明がなされていないのではないか。もちろん，医師が行うべき説明内容は，診断や治療に関するものである。しかし，通常の物やサービスの購入では，購入する内容と価格を比較検討することが一般的であり，医療では説明する必要がないとは言えないはずである。

　医師も患者も，医療費については確認せず，提供された医療行為すべてに対して保険制度から負担されることが暗黙の前提になっている。しかし，これだけ医療保険財政が厳しい状況下において，医師も患者も医療費に関してもっと関心を持つことが必要である。すべての医療費を全額自己負担で支払っているのであれば問題ではないかもしれないが，強制的に国民から税金や保険料の形で徴収した財源を使って，医療費は賄われている。理念が謳う自律の原理は，国民一人ひとりの自由を平等に尊重すべきだという考え方を根底にしており，患者が他の国民の経済的自由を無制限・無関心に奪ってよいということは認めていない。

　実際，診察の現場で，正確な診療報酬の説明をするとなると，現実にはかなりの困難が予想される。医師は，診療報酬については詳しい知識は持たず，また一人ひとりの診療行為について，その場で計算することは非現実的である。電子カルテとレセプト発行機器が連動して自動的に計算されてはじめて，診療の現場で医療費が確認されることができる。将来的には，すべての医療機関で診療報酬も含めた説明がなされるべきであるが，当面は，そうした先進的な医療機関に対して診療報酬が加算（あるいは説明がなされない医療機関について減算）されるべきであろう。また，正確な診療報酬を説明することは無理であっても，高額な検査や手術，薬剤に関しては，金額の目安を提示することや，通常の診療の場合であっても薬剤や検査に関しての診療報酬の説明を行っている医療機関については，診療報酬の加算を行うことも検討されるべきではないだろうか。読者の中には，医療費を説明することは当然の行為であり，それについて診療報酬上の加算をつけることには賛同できない方もいるだろう。理屈で言えばそのとおりであるが，無理強いをすれば，診療が滞ることが予想される。時間が多少かかっても，医療機関の自助努力を引き出しながら，段階を経て進めてい

236　第4部　求められる医療費適正化政策

くことが現実的であろう。

　なお，通常の診療におけるインフォームド・コンセントに付随してくる，食生活や運動，休養に関する指導料は不要ではないかと思われる。別途，医療相談として時間をとって指導した場合と統合すればよいのではないかというのも1つのアイディアである。

　現在，かかりつけ医の機能を重視する方向で診療報酬の改定が行われてきているが，その内容について精査することが必要であろう。

④国民の救急対応力の向上と社会保障教育・研修の徹底

　医療保障制度で国民の生命を守るシステムを整備することは重要であるが，患者の自己決定権を充実化させ「自律の原理」に従った医療制度にするためにより重要なことは，一人ひとりの健康に対する知識や救急対応力を向上させることである。

　国民一人ひとりの救急対応能力が高まれば，止血や呼吸の確保，心肺蘇生等の初期の応急手当がなされ救命率の向上につながる。なお，現在東京都が予定しているようなバイスタンダー保険制度も必要と思われる。これは，一般の国民が心肺停止をした患者に遭遇した場合に，応急手当を行ったことにより負傷したり，感染症にかかったりした場合に，消防法で定められた見舞金が支払われるというものである（東京消防庁，2015）。さらに，遭遇した患者を救うために無償で善意の行動を取った場合，良識的かつ誠実な対応をしたのなら，たとえ失敗してもその結果につき責任を問われないという，いわゆる「善きサマリア人の法」の制定を真剣に考えるべきであろう。

　また，医療保障制度にとどまらず社会保障教育・研修の機会も充実させるべきであろう。

　加入している医療保険制度や保険料，受診医療機関の選択方法について，どれくらいの国民が適切な回答をできるだろうか。おそらく医療機関が1次，2次，3次医療機関に分かれていることや，どの都道府県でも医療機能情報提供サイトを設置していることを知る国民もごく少数であろう。また，AEDの認知度は急激に上がっていることを実感するが，自信を持って使いこなすことができる者は少数であろう。国民一人ひとりの自発的な関心の高まりや行動に訴える任意の方法には限界がある。

2013 年度の国民医療費は約 40.1 兆円，国民 1 人当たりの医療費は 31.4 万円，75 歳未満は 21.1 万円，75 歳以上では 93.1 万円である（厚生労働省，2015b）。これだけの多額の費用を全国民が平均して利用するサービスは皆無であろう。義務教育において医療を含めた社会保障，健康教育や応急手当の研修を行うことも重要だが，医療を自律的に受ける成年世代の教育や情報提供，応急手当の研修はもっと重要であろう。本来，その役割を率先して果たすべきは保険者だと思われる。通常の保険であれば，保険会社が保険加入時にあるいは保険加入後も，保険利用にあたっての情報提供と，疑問や相談に応じることが一般的である。強制的に加入することが義務づけられる保険者には被保険者獲得の動機が働かないため，医療保険制度の説明を行う動機が働きにくい。しかし，被保険者に対する情報提供は，保険者が提供すべき最も基本的なサービスのはずである。

3　生命保障の原理と共生の原理を実現する 4 つの提案

前章では，理念に基づき，公的医療保障を「救命医療」と「自立医療」の 2 つに区分することを提案し，すでにその分類についても提示した。理念に基づく医療費政策の中心部分をここでは説明しよう。

①公的医療保障の給付範囲と給付率の見直し

最初に着手するのは，公的医療保障の給付範囲の見直しと確定である。具体的には，理念に基づく，良質な医療の中から，「救命医療」と「自立医療」として保障すべき医療保障を分類することになる。これまで厚生労働省は，「必要にして適切な医療はすべて現在の医療給付範囲でカバーしている」という立場を取っている。これからは，「理念を実現するために必要にして適切な医療」を考えることになる。

⑴　医療分類が実際に可能か

まず，この分類が本当に可能かどうかを確認しておこう。本書では，可能であると考えるが，それには根拠がある。第 1 の根拠は難病指定・小児慢性特定疾患の存在があげられる。難病の分野では，「患者数が一定の人数に達しないもの」，「客観的な診断基準が確立しているもの」については，医療費補助の対

象として「指定難病」とされ，実際に約 300 疾患が指定されている（厚生労働省「難病の患者に対する医療等に関する法律」説明資料）。また，小児慢性特定疾病対策では，「慢性に経過する疾病」「生命を長期に脅かす疾病」「症状や治療が長期にわたって生活の質を低下させる疾病」「長期にわたって高額な医療費の負担が続く疾病」の 4 つの基準に基づいて，14 疾患群 704 疾患が「疾病の状態の程度」のセットで細かく指定されている（小児慢性特定疾病情報センター，2015）。このことは，医学的な観点から「救命医療」と「自立医療」の対象となる疾患および患者像を整理することが可能であることを示している。もちろん，筆者らが提案しているものは，難病や小児慢性特定疾患だけでなく，患者全体を区分しようとしているため，相当な困難があるだろう。

　第 2 の根拠は，すでに急性期病院に適用されている DPC 支払い方式においては，急性期関連の疾病が併発症の有無を含め 4918 の疾病カテゴリーに分岐されているという事実である。最近では，細かく分岐させるだけでなく，カテゴリーを集約化する試みもなされ，2016 年度改定から導入された。さらに，診療報酬点数表自体をみていただきたい（たとえば，http://2016.mfeesw.net）。さまざまな条件設定のもとで，6000 を超える診療行為が分類され，点数評価されている。近時は，患者の状態像を捉えた評価も珍しくない。これらの既存の分類からみれば，救命医療・自立医療の区分は，むしろきわめて単純である。

　最初から完全な分類は不可能であり，その必要もない。公的医療保障における給付率等の取り扱いに差が出る程度に分類ができればよいのである。まずは，大きく「救命医療」と「自立医療」を区分し，検討に時間をかけながら，その内訳を区分していくことが現実的であろう。しかも，当面最も重要なのは，自立医療と救命医療の境界ではなく，自立医療と自立医療にも該当しない保険給付との境界である。たとえば，うがい薬・ビタミン D，湿布薬，保湿剤などは，仮に疾病自体が自立医療に該当したとしても，現状の 7 割まで給付する必要はないであろう。給付率との関係は後述する。ちなみに，この薬剤の部分は，近時財務省サイドの審議会が主張している「薬剤給付の適正化」に該当する。一般市販薬類似医薬品の保険給付除外との差は，医薬品の名前で除外か否かを決めるのではなく，適用で決めることである。したがって，同じビタミン D でも疾病名によって扱いが異なることになる。

（2）救命医療と自立医療の規模

　次に，どのくらいが救命医療対象の医療費になるのかその規模感をつかむために試算してみたものを紹介する（便宜的に示す試案であり，区分けの方法や推計方法によって，大きく金額が異なることには注意が必要である）。

　使用したのは，厚生労働省が毎年度発行している「医療給付費」（平成 25 年度）である。この調査は，協会（一般），国民健康保険および後期高齢者医療制度のレセプトについては，ほぼ集計されており，組合健保は 7 割台半ば，共済組合は 4 割台半ばのレセプトが報告されたものである。この調査表の中に，社会保険表章用疾病分類（121 分類）に分類した医療費が診療区分（入院，入院外，食事療養費）別に掲載されている（調剤や歯科の集計表は公開されていない）。社会保険表章用疾病分類は，ICD に準じて定められたものであり，社会保険の疾病統計を作成する際の統一的基準として使用されているものである。121 分類は ICD の分類項目（3 桁分類項目は約 2000 ある）を集約した分類であり，121 分類項目で救命医療と自立医療に分類するのは粗雑すぎる。しかし，医療費の統計は 121 分類項目でしか算出されていないため，各分類項目に内包されている主な疾患の一覧表を確認し，先の医療分類の概念に基づいて大雑把に A（緊急，かつ致命的）〜F（その他）の 6 つに分類した。

　なお，1 つに分類できない場合には，D と E のように複数に分類し，医療費

表 10-1　救命医療保障と自立医療保障の医療費に関する便宜的試算（荒い推計）

（単位：億円）

	入院	入院外	入院＋入院外	食事・生活療養費	合計
救命医療	93,291	72,177	165,468	3,991	169,459
A：緊急かつ致命的	29,684	11,372	41,056	1,357	42,414
B：救急性は低いが致命的	63,606	60,806	124,412	2,634	127,046
自立医療	34,484	42,962	77,447	2,780	80,227
C：感染・危害	3,071	8,309	11,379	1,129	12,508
D：機能障害	30,470	28,606	59,076	624	59,700
E：苦痛緩和	760	5,502	6,262	295	6,557
F：その他	183	546	729	732	1,461
合計	127,775	115,140	242,915	6,771	249,686

（注）　本書のために便宜的に算出したものであり，疾患分類や推計方法により大きく値が変わる可能性があることに注意されたい。なお，四捨五入の誤差により，合計が合わないところがある。

（出所）　厚生労働省「平成 25 年度医療給付実態調査」。

も各分類に均等に配分した。また，一部のものについては，分類不能であったため，推計から除いた。

　実際には，詳細な分類では，上述のようにDとEのように複数に分類される基本分類があり，基本分類全体として分類を決定づけることは非常に困難である。本来は，詳細な分類と病態を勘案する必要があることを明記しておく。

　以上の作業を，10年以上の臨床経験がある複数の医師に依頼して分類を行い，試算した結果を表10-1に示した。入院医療費，入院外医療費，食事・生活療養費の合計は，約24.9兆円であり，救命医療保障に分類されたのは約16.9兆円，自立医療に分類されたのは約8.0兆円であった。この試算では，入院医療費については，救命医療が約73.0%，自立医療が約27.0%であり，入院外医療費では救命医療62.7%，自立医療37.3%であった。

　これには，薬局調剤分や歯科医療費等は入っておらず，また，疾病コードの記載があるものだけを集計しているので，国民医療費と比べると少ない値となっている。また，1つの分類項目には，多数の疾病が含まれており，AやBに分類された項目の中には，自立医療に該当する疾病も複数存在していた。逆に，自立医療と分類された分類項目の中にも，救命医療に該当する疾病も複数存在する。詳細な疾病名に基づけばこの推計結果は変化し，患者の状態像も考慮すればさらに大きく変化することはご了解いただきたい。

　参考までに，国民医療費の値を確認すると，2013年度国民医療費は，約40.1兆円であり，保険料19.5兆円，公費は15.5兆円（国庫は10.3兆円）であった。入院約15.0兆円と入院外約13.8兆円を合わせた医科診療費は28.7兆円であり，入院時食事・生活医療費は約8100億円，薬局調剤医療費は約7.1兆円，歯科医療費は約2.7兆円であった。前述（表10-1）のように実際にもし，救命医療が入院医療費の約73.0%，入院外医療費と薬局調剤の医療費の約62.7%程度だとすると，救命医療費は24.2兆円，同様に試算すると自立医療費は約11.8兆円になる（図10-3）。高血圧や糖尿病は治療せず放置すれば生命に関わるため「救命医療」に分類しているが，継続的な治療を行えば致命性は低くなり「自立医療」に該当すると分類するならば，救命医療費は19.4兆円，自立医療費は約16.4兆円と大きく変化する。

(3)　救命医療の積極的財源確保

　すでに述べたように，救命医療部分については積極的に財源を確保する（た

図 10-3 救命医療保障と自立医療保障の国民医療費に関する便宜的試算（荒い推計）

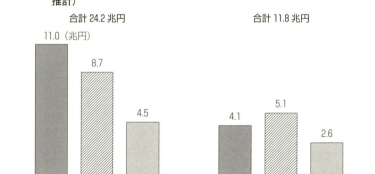

(注) 社会保険表章分類 121 項目を大まかに救命医療と自立医療に分けた場合の比率を基礎として，国民医療費に掛けた値である。社会保険表章分類の 1 項目目に含まれる疾病は複数あり，含まれている疾病には，救命医療と自立医療の疾病が混在している。また，患者の詳しい状態像や予防可能性は考慮されていない。本推計の値は，それらを考慮すると大きく変動することに注意。たとえば，高血圧や糖尿病を「自立医療」に分類すると，救命医療は 19.4 兆円，自立医療は 16.4 兆円になる。

だし，資源最小の原則に基づくものは適用する）。積極的な財源確保の意味は，安定的な財源の確保と必要な社会保険料と税の確保の 2 つを意味する。

　次項で述べるリスク構造調整制度の導入により，加入する保険者を問わず国民全体で負担する仕組みになることから，安定的に財源を確保しやすくなる。また，公費を救命医療に集中して投入することで，さらに財政基盤が安定する。財政危機時には，自立医療の給付率を下げることで，救命医療に重点的に財源を配分するということも可能になる。この救命医療の部分が経済成長の伸びの範囲に対して大きく膨らめば，自立医療の方で調整することになる。

(4) 自立医療への傾斜的給付率の導入

　公的医療保障の対象となる傷病や患者像は多岐にわたると思うが，すべての傷病が救命や自立支援の観点から等距離にあるわけではない。幸福追求にあたって必要となる自立に寄与する医療行為ほど，手厚く支援が受けられることが必要である。そういった意味では，救命と自立支援の重要性の観点から給付率に段階的に差を設けることが有用だろう。

　表 10-1 では，社会保険表章用疾病分類の 121 疾病を A〜F まで 6 段階に分

242 第4部 求められる医療費適正化政策

類した。仮に，救命医療の対象を A（緊急かつ致命的）と B（致命的）にし，自
立医療保障の対象を C（感染・危害），D（機能障害），E（苦痛緩和），F（その他）
とするならば，救命医療については給付を手厚くし（現在の7割給付の引き上げ
も視野に入れる），C から F にかけて自立支援の重要性が低下するのであれば，
給付率もそれに沿って下げていくことが考えられる。カテゴリーをもっと増や
すことも可能であるし，疾病だけでなく状態像に応じて給付率を変えるという
ことも可能であろう。どこまで正確にすべきなのか，またどういった形であれ
ば実務的に導入することが可能かは，専門家を集めた委員会等で決定すること
になる。すでに，療養病床の入院基本料では，医療の必要性と ADL を考慮し
た診療報酬が設定されているため，疾病や患者像を考慮して給付率を変えるこ
とは実現可能だと思われる。ただし，現在の診療報酬の仕組みを考えると，初
診料・再診料・入院基本料などは分類しがたいという問題がある。一方で，す
ぐにでもできる現実的な方法としては，全体の医療費を疾病や状態像によって
分類し給付率の傾斜をつけるのではなく，まずは医薬品や医療材料，食事・生
活療養費等に限定して，給付率に傾斜をつけることも考えられる[3]。

この自立医療の部分は，すでに述べたように，医療保障全体にとっての財政
的調整の役割を担う。つまり，一方で救命医療には財政制約を課さないので，
その部分にかかる医療費は増加する可能性がある。その代わり，医療費全体の
急激な増加を抑えるために，この給付率の傾斜化によって，公費で負担する医
療費全体の統制を行うことになる。

なお，これでも規律が働かない場合には，診療報酬改定による調整を行うべ
きである。その場合にでも，救命医療と自立医療との間には差を設けるべきで
あろう。

②リスク構造調整の本格導入

「救命医療」「自立医療」も疾病の理由や地域，加入する保険にかかわらず，
国民全体で負担すべき公的医療給付である。ただし，「救命医療」は，無差別
平等に保障する部分であるため給付率は高く設定し，そのすべてを国民全体で

---

3) フランスでは薬剤について段階的な給付率を定めている。なお，給付率自体の変更が望
ましいと考えるが，実務的には，償還払いにする，高額療養費の対象としない，選定療養
費化する，適用を厳格化するなどの経過措置的な対応もありうるだろう。

第10章　生命と自由を守る医療費政策　　243

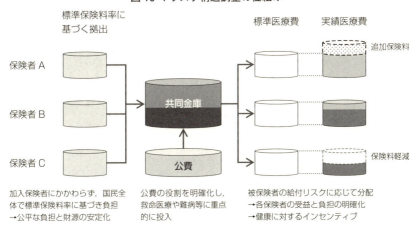

図10-4 リスク構造調整の仕組み

(※わかりやすく示した図であり、医療機関や審査支払い等を考慮した流れとは異なる)

> リスク構造調整を救命医療と自立医療の全体に導入すれば、
> ・理念に基づいて保障する医療に対して、国民全体で公平に負担し、財源が安定化する（社会保険料が基盤、公費は政策医療に重点配分）。
> ・公費の役割を明確化し、優先順位が高いものに集中的に投入できる。
> 　※財政危機時には、公費の代わりに社会保険料を重点的に救命医療に回すことも可能
> ・現在の保険制度をそのままにし、実質的に保険制度を一元化できる。

負担すべきである。一方、「自立医療」は、個人間の幸福追求の自由とのバランスを取る必要がある。そのため、国民全体で負担する給付率は、救命医療と比較して低く設定すべきである。もちろん、各保険者の自己負担で給付率を上乗せすることは妨げない（実際、今も健康保険組合や共済組合では、独自に付加給付を行っている）。ただし、付加給付は償還払いが原則であり、自己負担が無料になるほど付加給付をすることは認められない。

こうした理念を体現するには、ドイツやオランダ等のヨーロッパで広く導入されているリスク構造調整を導入することが望ましいと考える。日本では前期高齢者や後期高齢者医療制度の支援金について、部分的に年齢や経済的負担能力による調整を取り入れている。

(1) 国民全体の公平な負担と財源の安定化

リスク構造調整とは、被保険者が持つ給付リスク（性別や年齢、障害の有無、難病など）と経済的負担能力を保険者間で調整することにより、加入する保険

者が異なっていても，基本的な医療費については，保険者を超えて全体で負担する仕組みのことである（図10-4）。これにより，保険者内で負担すべき部分と保険者を超えて全体で負担すべき部分とが明確となる。被保険者は，加入する先の保険者にかかわらず支払う標準保険料と，加入する先の保険者が独自設定する個別保険料を支払うことになる。健康に関心を払い，適切な受診行動に従う者が多く加入する保険者では，個別保険料がマイナスとなるため，合計保険料の負担は少なくなる。一方，あまり健康に関心のない者が多い保険者や，多受診や投薬，検査等を好む者が多く加入する保険者では，合計の保険料は高くなる。

リスク構造調整の最も重要な利点は，理念に基づき優先順位が高い医療について，国民全体で公平に負担する仕組みを構築できる点にある。リスク構造調整の対象となる医療は，まさに加入する保険者を問わず，全国民で負担すべき優先順位の高い医療である。また，加入する保険者を問わず全員で負担するため，加入する保険者によって基本的に保険料率は変わらず，応能負担の原則をある程度徹底するのにも理解が得られやすい（実際に導入する時点では，所得捕捉率の問題や資産や応益性の考慮等を考える必要がある）。

⑵　公費の重点投入

この方式のもう１つの大きな利点は，社会保険料を基幹財源とし，救命医療や自立医療の重要部分に税金を重点的に投入することができることにある。社会保険料は，毎年加入者（と雇用者）が負担する保険料であるから，財政赤字を増大させず，しかも保険財政状況に応じて機動的に変化させられる（税は，国会承認を経なければ変動させられない）。これにより，財源の安定性と公平な負担が実現することになる。

なお，少し専門的になるが，救命救急医療等，最も優先度が高い医療については，リスク構造調整の対象外にすることで，実績医療費の金額にかかわらず全額を全体で負担するということも可能である。

さらに，副次的な効果として，①保険者を統一する必要がなく（実質的に統一でき），②個別の保険者で負担すべき受益と負担の関係が明確になるため，被保険者の保険財政への関心を引き出しやすいことがあげられる。被保険者の健康に対する努力を引き出すという意味では，過去の健康診査の受診状況や，医療費の利用状況，喫煙状況に応じて個別保険料を増減させる方法も有効だと

思われる。さらに③として，リスク構造調整は保険者に対して保険者機能発揮の強力なインセンティブを与えることができることが指摘できる。リスク構造調整が導入された場合，保険者にとっては，標準保険料を超えた部分は個別保険料の追加徴収が必要になる一方で，下回った場合には保険料の軽減が生じるからである。被用者保険については，これはデータヘルス（レセプト・健診情報を活用した保健事業）や健康経営を後押しすることになる。地域医療構想による都道府県の医療費適正化計画の強化が図られているが，その計画を実行するインセンティブにもなり，国民健康保険や後期高齢者医療制度の適正化につながるであろう。

　リスク構造調整の方法を導入するにあたっては，被保険者の経済的負担能力，たとえば収入や金融資産，固定資産等をしっかりと捕捉できることが重要である。マイナンバー制度を活用し，個々人の経済的負担能力を把握することが導入する前提となるだろう。ますます高齢者が多くなる時代にあっては，収入だけでなく資産も考慮した方が，公平に負担することができる[4]。

③費用対効果評価の二段階適用

　これまで医療技術の進歩については，簡略にしか述べてこなかった。医療費分析でも，医療技術の進歩を一貫して測るよい指標が見当たらないことから，明示的には分析してこなかった。世界的にみて医療分野にはイノベーションが起きており，それは新しい薬剤，機器・材料，その他の技術として形になり，保険導入されることになる。しかし，近時の粒子線治療，抗がん剤，再生医療等をみると，非常に高価なものが多く，安全性・有効性が確認されるとほぼ自動的に保険導入している現状を保険財政の観点から心配する向きも少なくない。しかも，特に薬剤については社会保障政策的な観点だけでなく，国の成長戦略，産業政策的な観点からも論じられ，問題が複雑化している。もちろん，本書は医療政策を大きく超えた議論はするつもりはない。

　さて，医療技術の進歩は，一般論の医療政策の目標である「医療の質の維持・向上」に関係するが，その無制限の導入は本書の理念に反することになる。

4）　マイナンバーを活用すれば，複数の収入を得ている者や資産も含めて，個人の総合的な経済的負担能力を把握しやすくなるが，すべての問題が解決できるわけではない。たとえば，島崎（2015）が指摘するように，所得捕捉率の問題は残る。

246　第4部　求められる医療費適正化政策

　その理由の1つは，「救命医療」と「自立医療」に該当するのかという，給付
範囲の選択があることであり，もう1つは，特に「自立医療」に関しては，そ
の費用対効果評価の観点から，著しく高いものは，国民全体の合意が得がたい
ことである。もちろん，救命医療も無制限ではない，救命機会の提供として，
どれくらいを良質な医療として提供するかについては，「資源最小の原則」（同
一の有効性があるのであれば，資源コストが最小のものが選ばれる，ないしその価格に
設定するという原則）により一定程度の制限が出てくるだろう。

　現在の制度は「救命医療」か「自立医療」かの区別はしていない。理念を導
入すれば，それぞれの趣旨に基づいた費用対効果評価を行い，採用される「良
質な医療」が決まることになる。

Column⑱　薬価制度，特定保険医療材料制度と費用対効果評価

　保険上で使用できる薬剤や保険医療材料については，安全性・有効性を確認する
薬機法（旧薬事法）上の承認を得て，中医協で審議されたうえで，保険導入の決定
がなされることになっている。注意すべきは，このとき保険導入の可否だけでなく，
公定価格も設定されることから，医療技術についての価格統制をすでに行っている
ことである。しかも，本書では割愛するが，この薬価制度，保険医療材料制度とも
に長い歴史の中で，有用性加算，画期性加算，市場価格再算定，外国平均価格調整
など，きめ細かな仕組みを発達させてきており，しかも近時はその定量化（ポイン
ト制）が進んできている。

　従来，薬機法の承認を受けたものは自動的に保険収載される慣行が続いていたが，
2013年に例外が出た。抗肥満薬「オブリーン錠120 mg」（一般名：セチリスタ
ット）は世界初の薬事承認を得た薬であったが，中医協は保険収載を見送った。臨
床試験で心血管疾患等のリスク低減が示されておらず，わずかな体重減少効果だけ
だったこと，また資料を提出した薬価算定組織も「革新性や有効性が高いとは言え
ない」と異例の指摘を行い，原価計算方式の営業利益率については，制度上下限い
っぱいのマイナス50%をはじめて適用していたことが原因である。

　当時，すでに世界的には導入されている費用対効果評価を日本でどう導入するか
の議論が継続的に行われていた。この費用対効果評価は医療技術についての安全
性・有効性のみならず，費用面からみた効率性を評価する仕組みであり，2016年
度から試行的に導入することが決まっている。実際には，科学的評価と総合的（社
会的）評価の二段階で検討することになるが，特に社会的評価についてどのような
基準を採用するかは，試行しながら決定することになっている。

本書の段階的理念論からは費用対効果評価をどう考えるべきであろうか。少なくとも社会的評価の段階で，救命医療を自立医療よりも優遇することになる。費用対効果評価を行うには一定の時間がかかることから，当初の保険収載の可否や価格設定に使うのではなく，いったん収載された保険薬価の再評価に用いるべきであろう。その方が，一刻も早く患者に医療イノベーションを届けることができるからである（実際，2016年度から始まった試行的に導入される費用対効果評価はそのような扱いである）。一方，新規技術でなくとも，費用対効果の低い自立医療については，価格引き下げ，保険給付からの除外も視野に入れることになる。

　このように考えると，医療保障の理念のもとでは，新しい医療技術，特に救命医療については寛容な態度を継続することになり，医療費適正化上の効果に疑問が出るかもしれない。そこで，理念と財政規律の関係が問題になり，理念に基づく医療費全体の伸び率管理を行うことが医療費政策の要になるのである。　　　　　　[印南]

Column⑲　超高額薬剤問題は，何が問題か──理念論からの検討

　昨今，高額な薬剤が保険適用されることにより，公的医療保険財政が持たないのではないかという懸念が生じている。たとえば，C型肝炎の治療薬であるソバルディ，ハーボニー，抗がん剤のオプジーボなどである。特にオプジーボは，比較的患者数が少ないメラノーマ（悪性黒色腫）の高価な治療薬が，より患者数の多い，切除不能な進行・再発の非小細胞肺がんの治療薬として適用拡大されたため一気に市場が拡大した。現在の肺がん患者の約半分である5万人の患者がこの薬剤を使うと，その費用は年間1兆7500億円に上るという試算もある。

　今後も開発・保険導入が検討されている高価な薬剤等に対して，はたしてこれまでどおり安全性や有効性が確かめられれば公的保険をほぼ自動的に適用すべきであろうか。保険財政の持続可能性の観点から導入すべきではないという立場，費用対効果の観点から一定以上の治癒率や延命期間が見込める薬剤だけ（あるいは，治療効果が見込める一定年齢以下の者に対象を絞って）導入すべきという立場，これまでどおり保険適用を認め，税金や社会保険料を上げるべきだというものなど，利害や価値観を反映したさまざまな意見が出てきて，議論は錯綜するだろう。こういうときこそ，理念（政策判断の拠り所となる指導原理・原則の価値体系）があれば，思考停止に陥らず，何が政策課題と言えるのか，他の政策課題と比較してその優先順位はどれほどか，解決策の方向性はどういうものかを示してくれることになる。

　われわれの段階的理念論からすると，まず対象となる医療技術が「救命医療」「自立医療」「それ以外」のどの医療の対象となるかで，判断が異なることになる。オプジーボで言えば，オプジーボは「救命医療」に該当する薬剤なのであるから，

「救命機会の最大化」「無差別平等」の原則を適用し，性別や年齢を問わず保険適用を認めることが望ましいということになる。もし，単に超高額であるという理由によって医学的適用を制限する，あるいは保険収載を取り消して保険外併用療養費制度の対象にするならば，理念に反することになる（ただし，公的保険の適用が，必ずしもすべての患者の利用にはつながるわけではない。同じ薬剤でも期待される治療効果や副作用の出方は，患者の年齢や状態像によって変わるはずであり，何よりどのような治療を受けるかは，患者の選択の問題である。「自律の原理」に基づき，医師は患者本人にとって最善の治療方法が選択できるよう，十分な情報提供とアドバイスを行い，患者自身の意思確認が行われる必要がある）。

　次の判断は，財政へのインパクトである。救命医療として優先的に保険適用した場合に，医療費の増加を招き，保険財政の持続可能性が危ぶまれるのであれば，価格を財政に合わせて無理やり下げるのではなく，むしろ積極的な財源確保の手段を講じるべきであるというのが理念に基づく判断になる。オプジーボだけでなく，高価な救命医療技術のための財源確保という観点からみると，主として４つの方法がある。

　まずは，救命医療に限定して，公費の投入金額の上乗せを主張するか，保険料を引き上げることである（たとえば，救命医療の保険料に対しては，応能原則をより強化して上限金額を上げる方法もある）。しかし，現在の政府の巨額の財政赤字や保険者の財政状態を考えるとこれは容易ではない。第２は，「資源最小化の原則」から，同じ効果が期待できる薬剤があるのであれば，最も費用対効果が高い薬剤の薬価にそろえていくことである（参照薬価制度にしてもよい）。また，EBM に基づいて推奨されないような使用例があるのであれば，保険適用の方法も見直すことが必要であろう。ただし，オプジーボの場合，この選択肢はない。

　第３は，そもそもの保険給付全体の範囲を見直すことである。すでに保険適用されている医療技術や薬剤の中には，理念からみると保険適用外にしても問題がないものがある。端的な例は，四十肩への湿布薬や栄養補助としてのビタミン剤などであろう。柔道整復師のマッサージをあげてもよい。外したものは，保険外併用療養費の対象にしてもよいであろう。第４は，自立医療の中で最も自立への貢献が低いと思われる医療から順番に，自己負担の割合を引き上げることである。これは自立医療への傾斜的給付率の採用である。

　このように政策判断に資するような理念をあらかじめ明確にしておけば，議論が混乱することなく，医療保障の観点から政策課題としての重要性，解決の方向性を考えることができる。最も懸念するのは，費用対効果の観点だけや，保険財政だけの観点から，政策課題としての重要性や方向性を，利害調整を最優先して場当たり的に，あるいは政治的に決めてしまうことである。議論することを避け，無批判に

第10章 生命と自由を守る医療費政策　　249

> これまでどおり自動的に保険適用してしまい，問題を先送りすることも同じであろ
> う。
> 　オプジーボをはじめとする高額な薬剤の保険適用の問題は，これまで新しい医療
> 技術であるというだけで全て寛容に保険導入してきたこと，医療技術の保険診療上
> における重要性や他の医療技術と比較した場合の優先順位について十分制度化して
> こなかったことを，問題として浮かび上がらせている。薬剤の価格ではなく，救命
> 医療の財源確保こそ，この問題の本質なのではないか。そして，逆に言えば，理念
> が問題発見を助け，さらに問題解決の指針になるということを如実に示しているこ
> とになる。　　　　　　　　　　　　　　　　　　　　　　　　　　　　　[印南]

④自己負担無料化の原則禁止

　最後に重要な点が1つある。それは，自己負担無料化の政策は，原則禁止に
すべきだということである。すべての医療保障について，給付率100％，自己
負担の無料化は認めるべきではない。本書の理念は，国民一人ひとりの自由を
尊重するという点から出発している。公的医療保障は，国家権力を用いて誰か
の経済的自由を制限することで確保した税金や社会保険料から賄っている。も
ちろん，個々人の負担能力に応じて負担することが原則であるが，無料化は一
部の者に一方的に過剰な負担を強いることを認めることにつながる。自己負担
無料化政策は，コスト意識を当事者から失わせるだけでなく，高額な負担を強
いられている国民の自由を軽視するというメッセージにつながる。

　現在，生活保護対象者や，一部の障害者，難病を抱える者，特定の低年齢の
者（未就学児）やさらに就学児の自己負担を無料化する政策があるが，これは
原則禁止にすべきであろう[5]。もちろん，理念からみて重要な医療保障への阻
害されないよう，十分な自己負担の軽減措置は取られる必要がある。

　なお，給付率を下げすぎれば，過度な受診抑制につながるのではないかと懸
念する声もあるだろう。それに対しては，2つの措置が考えられる。1つは，
初診料の患者負担の大幅軽減化と医療相談窓口の設置義務化である（これにつ

---

5) Takaku（2016）によれば，医療費自己負担額の助成制度の健康状態の改善に対する効
　果は，未就学児についてごく限定的に認められるだけで，就学児についてはほとんどなく，
　また未就学児・就学児を通じて入院確率には影響しない（ただし，この論文は自己負担無
　料化の是非については慎重な態度をとっている）。

いては，すでに述べた）。もう１つは，高額療養費制度による自己負担額の上限金額を下げるか，あるいは各保険者の付加給付を充実させることであろう。もちろん，高額療養費制度を適用したとしても，給付率が低い疾病の治療に関しては，受診抑制が働く可能性がある。しかし，初診料患者負担を大幅軽減化し，医療相談窓口を充実させたうえでの受診抑制であるならば，理念からみると解決すべき問題とは言えない。なぜなら，自立支援の必要性が低い傷病や状態の患者に対する給付の必要性は，共生の原理からみれば重要性が低いと判断されるからである。

　理念に基づく医療費政策のよい点は，このように国が保障すべき医療の価値体系から個別の医療給付の重要性を判断できる点にある。その結果，医療保障の観点から解決すべき問題かどうかと給付上の優先順位を判断しやすくなる。

［古城隆雄・印南一路］

おわりに

　日本の国民皆保険は，世界に誇れる素晴らしい制度である。突然の病やケガで倒れても，医療費の心配はない。医療費の自己負担は3割であるが，実際には，高額療養費制度という世帯単位の月額上限が定められているため，実質的な自己負担率はより低い。原則として，どの医療機関を受診してもよく，また，公的医療保険の給付範囲は歯科医療をカバーするほど広く（世界的には少数派である），しかも，現物給付なので，窓口で全額払う必要もない。新しい医療技術の導入にも寛容である。

　しかし，このような医療保険制度のもとでは，医療費の増加へ抑止力が働きにくく，医療費の使い方に無頓着になり，医療費を負担している者への配慮を軽視しがちになる。医療費は天からの贈り物（マナ）ではなく，皆の拠出した保険料と現在および将来世代の税金で賄われているということを忘れてはならない。

　他人の幸福追求の自由（財産権）を制限してまで保障する公的な医療費保障には，国の財政状態や国民の負担感とは関係なく保障すべき中核的な範囲がある一方で，国の財政状態や国民の負担感とバランスを取りながら定めるべき限界があるはずである。経済の低迷，人口減少，少子高齢化，厳しい財政事情等を勘案すれば，既得権益を侵害することなく，誰もが喜ぶような政策を立案することはかなり難しい。しかし，厳しい環境下にあるからこそ，医療保障の理念を見つめ直し，理念に沿って優先的に資源を配分し，国民全体で応分の負担をするあり方を提示する必要がある。

　筆者らは，前著『生命と自由を守る医療政策』で，「自律」「救命医療」「自立支援」からなる段階的な理念論を提唱した。ここでいう理念とは，何も難しいことを言っているのではない。何を目指すのか（目的），何をどのような順番で重視するのか（価値体系）を表したものである。この理念論を導出する際，現代正義論の始祖であるジョン・ロールズの「無知のヴェール」を活用した。現状や制度に関する詳しい知識は持っているが，自分がどの立場にあるか（患者なのか保険者なのか，医療提供者なのか）はいっさい不明な状態で，どういう制

度が望ましいかを思考実験的に考える手法（理論装置）である。そこから導かれたことは、「生命」は幸福追求の前提であり、「自律」により一人ひとりの幸福追求の内容が定まること、また、一定の身体的、精神的自立も幸福追求の基礎であることである。これらは、憲法第13条によって保障されていると解釈できよう。

本書は、この理念を医療費保障に適用したものである。その最大のメッセージは、「医療保障の理念をもとに医療費保障の優先順位を定め、積極的な医療財源の確保と医療費の使われ方の見直しの双方を行うこと」、つまり「自律に基づく救命医療の優先性」を費用保障面から確保する必要性を訴えることである。自律に基づく救命医療は優先的に確保されるべきであり、自立医療の範囲も目的に沿って事前に明確に決める必要がある。そして、このような手立てを講じておけば、財政危機が迫っても、医療保障上守るべきものは守られることになる。

もちろん、理念だけでは十分ではない。実際に政策を考案するには、理念とともに、医療費が何によって増加するのかを明らかにした実証分析の知見が欠かせない。本書では、多くの紙幅を医療費分析に割いた。そこで得られた結論は、現下の医療費増加の最大の要因は医師数の増加であった。したがって、医師数に対する何らかの政策が必要であり、導入されれば医療費の増加抑制に一定の効果はあげるだろう。しかし、同時に明らかになったのは、医療費の増加抑制に特効薬のようなものはないということであった。病床数や平均在院日数に関する取り組みも引き続き重要であるが、その効果の出方には都道府県によって大きな差がある。国全体で推し進めるべき政策と都道府県の実情に応じて展開すべき政策があり、両者の有機的な連携が必要である。

ただ、残念ながら、実証分析に基づく政策や従来の政策の延長上の努力だけでは、医療保障上重要な部分に重点的に医療費を配分し、医療費全体の使われ方を見直すという意味での医療費適正化としては不十分である。特に、財政破綻時には強行されるかもしれない医療費適正化政策を想定すると、守るべきものが守れなくなるかもしれないという危惧があった。

そこで、医療保障の理念に立ち戻り、より本質的な医療費政策を検討した。すでに何度か強調したように、理念に基づく医療費政策は、財政問題とは無関係に、推進すべきものである。しかし、財政状況が厳しいときだからこそ、理

念に基づく医療費政策の重要性がさらに高まることも事実である。

　本書が提案している理念の内容については，賛否両論があるだろう。たとえば，急性期医療を担う関係者には「救命医療」を重視していること，患者団体や法律関係者には，「自律（自己決定権）」を基盤としていること，経済関係者には優先順位をつけて資源配分を行うことについては，概ね賛同していただけると期待している。一方で，本人の自律（意志）を最優先する姿勢，自律に基づけば年齢を問わず救命機会を保障すること，あるいは国民全体の負担を考え医療財源を傾斜配分し，自己負担の無料化を原則禁止すること等については，賛同されない方もいるだろう。もちろん，議論が粗い部分があること，これだけの提案では十分ではないこと（たとえば，医療提供体制や医学・患者教育についてはあまり議論していない）は十分承知している。実務上はさらに詳細な議論が必要である。

　国民全員が1つの理念に合意することは難しいかもしれない。しかし，あえて理念に基づく医療費政策を提示したのは，答えとして皆が合意できる理念を打ち出すということではなく，理念の候補の1つを提示することによって議論を始めるためである。理念を活用すれば，何が最も重要な問題かを明確にし，現行の制度を統一的に評価することができるようになる。また，理念を明示することで，経済合理的な議論や政治的利害調整の前に，医療保障上最優先して考えるべきことがあることにも気がつくことができる。理念の必要性や意義は論を待たない。それは，憲法第13条や第25条が，非常に抽象的な内容にもかかわらず，長らく社会保障制度の指針として参考にされていることをみればわかるはずである。

　現在のように厳しい状況下では，最終的には国民が選択した医療保障の目的（理念）に基づいて，医療費の使途と負担のあり方（限界）を決めるほかはないと思われる。本書が提案する政策案自体には賛同することができなくても，理念と理念に基づく政策の必要性を評価していただけるならば，本書の重要な目的の1つは達成できたことになる。筆者らは「無知のヴェール」を用いて理念と理念を実現する政策案を導出したが，同じ「無知のヴェール」を用いて本書を読まれ，内容を評価していただければ望外の幸せである。筆者らとは異なった理念（目的と価値体系を示したもの）やそれに基づく政策案が提案されれば，さらに嬉しい。筆者らも自らの理念と政策案を見直す好機になる。対抗案が登

場することを切に願っている次第である。

［印南一路］

補論：より深く知りたい読者のために

　医療費分析に関して，本論で割愛した部分を補論として掲げておく。これらの記述も最低限にとどめてある。線形パネルデータモデル分析の水準対数モデルについての結果の詳細は印南（2016）を，増加率対数モデルについては今村ほか（2015）と印南（2015）を，空間パネルデータモデル分析および地域格差と空間的自己相関を示す指標については印南・古谷（2016）をそれぞれ参照されたい。

1　医療費の増加要因が判然としなかったのはなぜか

　医療費適正化は重要な政策課題の1つである。実際，医療費に関する研究は少なくない。ところが，これらの先行研究，なかんずく多変量解析をもってしても，医療費の増加要因は判然としなかった。その理由は何であろうか。

多くの要因を総合的に比較した研究が少ない

　医療費の増加要因が判然としない最大の理由は，要因が多数指摘される一方で，要因間の相対的な影響力の比較を目的とした包括的な研究が少ないことによる。そして，包括的な研究が難しいのは，方法論上の限界と深く関係している。

　まず，国レベルの時系列分析では，仮に20年間という長期の分析でも各変数の観察数はたかだか20しかないことになり，投入できる説明変数の数自体に限界が生じる。また，分析の結果もサンプル数の不足によって統計的有意性が出ず，その解釈が難しくなる。しかも，都道府県などの国よりも小さな単位の個別性の存在を考慮していないという問題がある。医療費はどこの都道府県もまったく同じように増加しているという隠れた前提があるのである。これらの欠点を補うために，しばしばOECD諸国間のパネルデータ分析の結果が引用されることが多いが，本論で述べたとおり，重要なのは国際比較の結果を日本に無批判に類推適用することよりも，日本のデータによる分析をしっかり行

うことである。

　一方，地域差に着目した研究の多くは，日本国内の単年度ないし数年間のクロスセクション分析にとどまっている。都道府県単位の分析で言えば，観察数は単年度で47あることになり，数年分のデータを合わせれば一定数の観察数が得られる。そのため，投入できる変数がやや多くなって，変数間の影響力の比較もある程度可能になる。また，結果の信頼性も増す。しかし，この場合でも都道府県等の個別性を制御したうえで，要因とされるものの長期的な影響力を観察することは行われていない。

　地域差の原因がわかれば，医療費の増加要因がわかるという思考方法にも一理はあるが，本文のコラム⑥（109頁）で書いたように，クロスセクション分析研究で直接わかるのは，地域差要因であって増加要因そのものではないとも言える。もともとの医療費水準が高い地域と低い地域では，医療費増加要因そのものとその程度に差があるかもしれない。また，たとえば，病床数と医師数との間のように，説明変数間に高い相関がある場合，それらを同時投入すると決定係数は高くなるが，説明変数の係数が有意にならないという多重共線性の問題が生じる。そしてこれを避けるために，どちらかの変数の投入をあきらめるケースがしばしば生じる。結局，病床数と医師数との間でどちらの要因の影響力が大きいのかはわからないことになる。

　医療費適正化政策を考えるにあたっては，何が最も重要な要因かを知ることが前提になると考えられるので，要因間の比較が重要である。にもかかわらず，要因の候補自体が多いこと，また時系列分析でもクロスセクション分析でも観察数がなかなか確保できないことがボトルネックになってきたと思われる。そして，両者を統合するパネルデータ分析を用いた研究がない結果，時系列分析で重要な増加要因とされる所得や，クロスセクション分析で重要な地域差要因とされる，医療供給関連をはじめとした諸変数との間の相対的重要度は明らかとなっていなかったのである[1]。

1）　分析技術上は，時系列分析では定常性が問題になり，クロスセクション分析では変数間の多重共線性が問題になる。パネルデータ分析でも定常性の問題は残るが，多重共線性の問題は観察数が劇的に増えることによって解決されることが多い。これは特に，病床数と医師数の変数を同時に投入できるというメリットにつながる。

増加率そのものの研究が存在しない

また，医療費の増加要因の分析が主たる関心であるにもかかわらず，これらの研究，特にクロスセクション分析は原則として医療費水準を被説明変数とする分析を行っている。クロスセクション分析研究は，医療費であれば同一時点での医療費水準の地域（都道府県）差の要因構造を示すにすぎない。病床数の多い県が医療費水準の高い県だ（横断仮説）としても，病床数を減らせば医療費も減るかどうか（縦断仮説）ははっきりしないのである。

医療費水準が何によって決まるのかを明らかにすることも重要であるが，政策的には「増加率」自体に着目した分析を行い，増加率を抑制するための手がかりをつかむことも重要である。しかし，国内の医療費の増加率についての長期的な分析も存在しない。

政策評価研究が乏しい

さらに，長期的にみた場合，医療保険制度の給付率の引き下げ，老人保健制度の創設，地域医療計画による病床規制の導入，介護保険制度の創設，平均在院日数の短縮化，さらに保健活動の実施など，重要な政策が次々と打たれているが，このような政策や制度改正が医療費にどのような影響をもたらしたかの政策評価・定量的な検証もきわめて乏しい。

さらに加えるならば，これまでの医療費の3要素（受診率，1件当たり日数，1日当たり診療費）を分析した研究がほとんどないことも指摘できる。3要素を分析対象にすれば，特定の変数が3要素のどれにどれだけ影響を与えるのかが明らかになり，医療費増加のメカニズムの一端が理解されることが期待される。3要素の多変量解析もきわめてまれである。

2 パネルデータ分析のモデル

説明変数の選び方

本論で用いたパネルデータ分析で医療費の増加要因とされる説明変数は，次の5つの条件で選んでいる。第1の条件は，先行研究によって何らかの形で医療費の関連要因としてあげられていることである。第2の条件は，都道府県別，年度別に定まった基準で存在し，入手可能なことである。多くの変数は1960

年代から利用可能であるが，一部の変数，たとえば平均在院日数は 80 年代初頭からしか集計されていない。また，老人保健施設定員数については，1980年代後半からしか入手可能ではないので投入できなかった。栄養状態，有病率などは医療費と理論的には関連があると思われるが，都道府県別，年度別には存在しないので，やはり投入できなかった[2]。第 3 の条件は，いったん年度別にステップワイズのクロスセクション分析を行い，多重共線性の問題を発生させそうな変数を除外して残ったものである。ただし，一般の多重回帰モデルと異なり，パネルデータ分析では観察数が多いので除外した変数は少ない。

　第 4 は，定常性を満たす変数である。定常性については，説明が必要であろう。時系列データが「定常である」ということは，データの平均と分散が時間 t に依存せず，自己共分散は単に 2 時点の差のみに依存することである（蓑谷ほか，2007）。時系列方向のデータに単位根が存在し非定常であると，それらの変数を用いた回帰分析やパネルデータ分析の結果は「見せかけの回帰」となる可能性がある（つまり信頼性がない）。本研究においては，原則としてすべての変数の定常性を確認しているため，そのような問題は回避されていると考えられる[3]。最後は，以下に述べるような，水準実数モデル，水準対数モデル，増加率実数モデル，増加率対数モデルの間での，変数の統一性（比較可能性）を確保するために行った選択である。説明変数の候補は多数あったが，最終的には 10 の変数に集約された。

線形パネルデータ分析モデルの数式表現

　医療費のパネルデータ分析全体を通じて，説明変数（要因）による医療費（水準および増加率）の説明（静的決定構造）と，年次ダミーの部分による医療費

---

2)　なお，医療費を分析する際の地理的単位を考える際，都道府県が適切かどうかについては議論がある。仮に 2 次医療圏が適当だとした場合には，変数にかなりの加工が必要になる。

3)　単位根検定については，山澤（2004）を参照されたい。なお，単位根が検出され非定常であるとしても，共和分の検定を行い，誤差項修正モデルを分析するという方法もあるが，本研究では多数の変数間の比較に主眼があるので，定常性を満たす変数のみを分析に投入するという方針を取った。なお，原則として定常性を満たす変数のみで分析を行っているが，同じ変数が期間の取り方によって定常性を満たしたり，満たさなくなったりするので，例外的に定常性を満たさない変数を入れて分析した例もある。その場合にはその旨を注意書きに明示してある。

補論：より深く知りたい読者のために　259

図1　線形パネルデータ分析のモデルと数式表現

$$y_{it} = \alpha + \sum_1^j \beta_j x_{it}^j + \sum_2^t \gamma_t D_t + e \qquad \text{水準モデル}$$

$$\ln y_{it} = \alpha + \underbrace{\Sigma_1^j \beta_j \ln x_{it}^j}_{\text{静的決定構造}} + \underbrace{\Sigma_2^t \gamma_t D_t}_{\text{年次効果}} + e \qquad \text{水準対数モデル}$$

$$\left(\frac{y_{it}}{y_{it-1}}\right) = \alpha + \sum_1^j \beta_j \left(\frac{x_{it}}{x_{it-1}}\right) + \sum_2^t \gamma_t D_t + e \qquad \text{増加率実数モデル}$$

$$\ln\left(\frac{y_{it}}{y_{it-1}}\right) = \alpha + \sum_1^j \beta_j \ln\left(\frac{x_{it}}{x_{it-1}}\right) + \sum_2^t \gamma_t D_t + e \qquad \text{増加率対数モデル}$$

- y_{it} は都道府県 i の t 年における国保医療費やその要素を表す。
- x_{it} は医療費の増加要因の変数で β はそれらの係数（意味は，寄与度，水準弾力性，増加率寄与度，増加率弾力性）を表す。
- D_t は年次ダミーそれぞれ該当当年以降を1，それ以外を0とし，γ はその係数。
- α は定数項を表す。
- e は誤差項を表す。

（水準および増加率）の説明（年次効果）の2つの部分から構成されていることは述べた。また，投入する変数の加工の仕方によって，水準モデル，水準対数モデル，増加率実数モデル，増加率対数モデルの4種類のモデルに大別されることも述べた。図1が，その数式表現である。添字を省略して説明すると，y が医療費，x が説明変数で β がその係数，D と γ が年次ダミーとその係数（年次効果）であり，α は定数項であり e は誤差項である。

3　医療費の空間パネルデータ分析

医療費の空間分析がなぜ必要か

　医療費の空間分析において，「地域的な近さ」を考慮することはどの程度重要なのだろうか。三大都市圏のように，通勤圏が形成されているような大都市とその周辺地域では，郊外の居住者が都道府県境を越えて都心で受診をすることも少なくない。たとえば，神奈川県東部，千葉県西部や埼玉県南部の居住者が東京都心部の病院で受診することは多いだろうし，兵庫県南東部の居住者が大阪府都心部の病院で受診することもあるだろう。そのため大都市部では，中心となる都市を擁する自治体の医療費と，周辺自治体の医療費とが類似する傾向を示すと考えられる。

一般に，不健康で不摂生な生活を送る人が多い自治体では生活習慣病になり
やすい人が多いと考えられることから，医療費負担割合が多いと予想される。
生活習慣や食生活の寿命に対する影響については，近藤正二の『日本の長寿
村・短命村——緑黄野菜・海藻・大豆の食習慣が決める』(1991 年) の著名な
研究がある。食生活をはじめとする生活習慣が近隣自治体と類似する場合にも，
医療費構造や水準が同じようになるかもしれない。

　筆者らは，国民栄養・健康調査を用いて，肥満度，野菜摂取量，食塩摂取量，
歩数，飲酒量，喫煙量などのデータから，都道府県別の生活習慣を類型化した
ところ，隣り合う都道府県は比較的同じグループに類型化される傾向が示され
た。そこで近隣自治体の医療費が当該自治体の医療費とも関連する（空間的に
相関する）ものと考えることとした。

　ここで指摘したような，都道府県境を越えた受診行動と，生活習慣や食生活
の地域的共通性は，医療費を押し上げる要因となる可能性がある。しかも，医
療費水準の高い地域が特定の地域で偏在するといった形で表層化することが考
えられる。

空間的自己相関を考慮することの意味

　であるならば，医療費の要因分析にも空間的自己相関を考慮することが必要
ではないだろうか。そして，医療費の要因分析に空間的自己相関を取り入れる
意味とは，いったい何であろうか。

　1 人当たり医療費に与える要因をクロスセクションで分析することを考えて
みよう。地域的な個別効果[4] を考慮しない場合，回帰係数は全国の平均的な値
とみなすことができる。たとえば，ある説明変数と被説明変数との回帰係数を
推定するとき，ある地域単位で推定した回帰係数は負だが全国単位で推定した
回帰係数が正である，などということがある。このような現象を生態学的相関
(生態学的誤謬) と言う。

　医療費とそれを取り巻く要因との相関に地域差や地域的偏在性が存在するの
であれば，こうした生態学的相関にも配慮が必要である。医療費水準が地域に
よって異なる場合，その影響要因にも地域的な違いがあるかどうかについても

---

4)　説明変数や回帰係数を地域ごとに推定し，地域単位での影響（効果）の違いを示す方法。

補論：より深く知りたい読者のために　　261

精査する必要がある。地理的に近い地域で類似する医療費水準が示されているのであれば，医療費の空間的な自己相関性を考慮した分析を適用するのが適当である。時系列データ分析において，1年前など直近の時期の時系列自己相関を考慮するのと同様の論理である。周辺地域から患者が流入する地域や，医師の居住地選好が強い地域，独自の生活習慣と疾患の傾向がみられる地域などでは，空間的自己相関を考慮しつつ，地域単独での回帰係数を推定することにより，当該地域の特殊性を示すことができると考えられる。

空間的自己相関や地域差を明示するモデル

　本書では，説明変数に対する回帰係数が地域ごとに異ならないとするモデル（本書では空間パネルデータモデルと呼んでいる）と，回帰係数が地域ごとに異なるとするモデル（地理的加重回帰パネルデータモデルと言う）の2種類を推定する。前者のモデル推定結果から得られる回帰係数は，線形パネルデータモデル同様全国的に平均的な傾向を示す回帰係数と言える。したがって，全国的に対策すべき要因を明らかにできる。線形パネルデータモデルとの違いは，空間的自己相関を考慮するか否かである。また，地理的加重回帰パネルデータモデルの推定結果からは，都道府県単位で個別に（あるいは都道府県が連携して）対策すべき要因を示すことができると考えている。この二段階での分析を行うことにより，全国で共通して対策を取るべき施策と，特定の自治体で特に対策すべき施策とを明らかにすることができる。

　さらに詳しく，モデルの位置づけを説明すると以下のようになる。空間計量経済学と呼ばれる分野では，統計モデルに空間的自己相関や地域差を明示的に考慮する形で拡張する方法がいくつか提案されている。まず，前者の空間的自己相関を考慮する方法として，回帰モデルの被説明変数や誤差項に空間重み付け行列を組み込んだ統計モデルが存在する。これらのモデル群は空間的自己相関モデルと呼ばれる。次に，後者の地域差を考慮する方法として，回帰係数や定数項を地域単位で推定することにより，地域的な個別効果を考慮する方法がある。このようなモデルはマルチレベル・モデルと呼ばれている。さらに，空間的自己相関を考慮したマルチレベル・モデルとしての地理的加重回帰パネルデータモデルがある。パネルデータモデルも同様に，空間重み付け行列を組み込んだ空間的自己相関パネルデータモデルや地理的加重回帰パネルデータモデ

ルへと拡張することができる。本書で用いたのは最後の2つである。

　空間的自己相関パネルデータモデルに限らず，地域の個別効果を考慮しない線形回帰モデルの回帰係数推定結果は，マルチレベル・モデルの推定により得られる，地域ごとに異なる回帰係数の全国平均値として解釈することができる。そのためマルチレベル・モデルである地理的加重回帰パネルデータモデルでは，空間的自己相関パネルデータモデルで統計的に有意とならなかった回帰係数が有意となることや，回帰係数の符号の正負が異なることなどが生じうる。空間的自己相関パネルデータモデルに加えて，地理的加重回帰パネルデータモデルの推定結果と合わせて比較検討するのは，このような理由によるものである。

空間的自己相関を考慮したパネルデータモデル

　空間パネルデータモデルは，通常のパネルデータモデルに空間的自己相関を考慮したモデルである。地理的加重回帰パネルデータモデルは，空間的自己相関を考慮したマルチレベル・モデルである地理的加重回帰モデルをパネルデータモデルに拡張したモデルである。

　地域 $i\,(i=1,\cdots,n)$ および期間 $t\,(t=1,\cdots,T)$ のパネルデータに対して，線形回帰モデルは式（1）のように表される。

$$y_{it} = x_{it}\beta + v_{it} \tag{1}$$

　ここで，y_{it} は被説明変数，$x_{it}=(x_{it1},\cdots,x_{itk})$ は説明変数，$\beta=(\beta_1,\cdots,\beta_k)^T$ は未知パラメータである。このモデルは，個別効果 α_i と撹乱項 ε_{it} からなる誤差項 v_{it} を用いることにより，式（2）のように表すことができる。

$$\begin{aligned} y_{it} &= x_{it}\beta + \alpha_i + \varepsilon_{it} \\ \varepsilon_{it} &\mid x_{it}, \alpha_i, \beta, \sigma^2 \sim N(0, \sigma^2) \end{aligned} \tag{2}$$

　このモデルは，説明変数行列 X_i とハイパーパラメータ j_T を用いて，次式（3）のように変形できる。

$$y_i = X_i\beta + \alpha_i j_T + \varepsilon_i \tag{3}$$

　個別効果が平均 $\overline{\alpha}$，分散 η_i の正規分布に従うと考えられるとき，ランダム効果は次式（4）および（5）のように表すことができる。

$$y_i = X_i\beta + \alpha_i j_T + \varepsilon_i \tag{4}$$
$$\alpha_i = \bar{\alpha} + \eta_i$$
$$y_i = X_i\beta + (\bar{\alpha} + \eta_i)j_T + \varepsilon_i = X_i\beta + \bar{\alpha}j_T + (\varepsilon_i + \eta_i j_T) \tag{5}$$

説明変数と被説明変数に空間的自己相関を考慮した場合，空間パネルデータモデルは次式 (6) のように表される。

$$y_i = \rho W y_i + X_i\beta + W X_i\theta + \alpha_i j_T + u_T$$
$$\alpha_i = \bar{\alpha} + \eta_i + \mu \tag{6}$$
$$u_T = \lambda W u_T + \varepsilon_i$$

ここで，W は空間重み付け行列，ρ，θ および λ は未知パラメータである（したがって，$\rho W y_i$, $W X_i\theta$ および $\lambda W u_T$ は説明変数の空間ラグを意味する）。

さらに，地理的加重回帰パネルデータモデルは次式 (7) のように表すことができる。

$$y_{iT} = \rho_i W_{iT} y_{iT} + X_{iT}\beta_i + W_{iT}X_{iT}\theta_i + \alpha_i j_T + u_T$$
$$\alpha_i = \bar{\alpha} + \eta_i + \mu \tag{7}$$
$$u_T = \lambda W_i u_T + \varepsilon_i$$

地理的加重回帰パネルデータモデルのパラメータは，以下の手順により推定することができる。

地理的加重回帰モデルの推定手順

(1) 空間的自己相関すると想定される地理的範囲（バンド幅 h_i）を決定する。

(2) 地域 i に対してバンド幅 h_i に含まれる地理的範囲のデータのサブセットを抽出する。

(3) 抽出されたサブセットの全期間について，地域 i に対する地域 j の観測値に空間的な重み付けを与える。

(4) 空間的に重み付けされたサブセットデータを用いてパネルデータモデルを地域 i ごとに推定する。

4 医療費の将来推計の方法

分解アプローチによる医療費の将来推計方法

医療費の分析同様，医療費の将来推計を行う際にも，分解アプローチと要因アプローチの双方の手法を用いることができる。

(1) 単純な推計方法

社会保障・税一体改革の「医療・介護に係る長期推計」(2011) に示されているように，医療費総額の将来推計値は基本的に「医療需要/医療供給」×「医療費単価」×「伸び率」により計算される。これは分解アプローチによる将来推計と言える。ここで，医療需要には被保険者数や患者数などが，医療供給には病院数や病床数など医療提供体制に関する変数が，さらに，医療費単価には1人当たり医療費などが用いられる。そのため，人口数（被保険者数）の将来推計値をどのように与えるのか，伸び率をどのように捉えるのかによって，医療費の将来推計結果が異なることになる。さらに，年齢階級や地域，保険制度，医療施設，病床数等をどの程度詳細に検討するかも重要な視点となる。

最も単純な医療費の将来推計方法は，市町村や都道府県を空間集計単位として，基準年の年齢階級別1人当たり医療費を年齢5歳階級別人口数（被保険者数）に乗じて計算する方法である。この方法であれば，ある年の1人当たり医療費と保険加入率，国立社会保障・人口問題研究所が示す将来推計人口数が入手できれば，容易に医療費の将来推計を行うことが可能である[5]。この場合，1人当たり医療費や保険ごとの加入率，医療提供体制などが将来にわたって変動しないと仮定することが，将来推計の前提となる。しかし，これらの要素が将来においても現在と同じ水準を維持できるとは考えにくい。そこで「伸び率」を「医療需要/供給」に関する伸び率と，「1人当たり医療費」に関する伸び率とに因数分解して，それぞれの要素の将来にわたる影響を考慮するのが，分解アプローチに基づく次の段階の推計になる。

(2) シナリオベースの推計方法

医療需要については保険加入率や疾病別患者発生率，医療供給については人口当たりの病床数や医師数の割合について，伸び率を計算する。医療需要/供

---

5) 坂口 (2015) の医療費の将来推計はこの手法による。

給の伸び率は，しばしばシナリオベースで設定されることがある。たとえば，「伸び率が基準年と同じ」などとする「現状維持シナリオ」と，「医療需要や供給が将来のあるべき姿を反映している」とする「改善シナリオ」とを設定し，それぞれのシナリオに合うように「伸び率」が設定される。

　1人当たり医療費の伸び率を計算する方法として，日本では1人当たり医療費の伸び率が経済成長率の3分の1程度であると仮定し，α＋経済成長率×(1/3) と規定する方法が多くの既存研究で用いられている。ここでαは過去の医療費の伸び率や診療報酬の改定率，物価成長率などを考慮して値が設定される。「医療費等の将来見通し及び財政影響試算」では，社会保障国民会議でのシミュレーションでの考え方を踏まえ，制度改定や高齢化などの影響を除いて医療費の高度化等を考慮した1人当たり医療費の伸び率を1.5％とし，診療報酬改定が名目経済成長率の3分の1程度の幅で行われるとの考え方に基づき，1人当たり名目医療費増加率を「1.5％＋名目経済成長率×(1/3)」としている。この方法も，ある意味でシナリオベースでの将来推計手法であり，医療政策の専門家の意見が反映できるという利点がある。他方，係数αをどのように設定するのかについて十分な検討が必要となる。たとえば，デルファイ法などを用いて医療政策専門家の意見を集約し反映させることや，係数自体の時系列分析などは，今後の研究課題と言えるだろう。

　⑶　その問題点

　こうしたシナリオベースでの将来推計手法は，専門家による「将来のあるべき姿」を反映できる簡便な方法である反面，いくつか留意すべき点があるように思われる。まず，過去のデータから示された変化傾向を十分に反映できていないという欠陥が存在する。もっとも，どの程度まで傾向を反映していれば十分なのかというのは統計学的にも難しい問題であるし，そもそも過去の傾向を政策に反映すべきなのかという指摘もあるだろう。しかし少なくとも政策判断の基準となる「現状維持シナリオ」といった場合の「現状」は過去の傾向を反映すべきである。「将来推計」結果には必ず予測精度（誤差）に関する情報を付記すべきであるが，シナリオベースの分析では予測精度の検討が行えない。

　次に，「医療需要/供給」と「伸び率」，「医療費単価」と「伸び率」とを分けて考えなくてはならないのかということである。つまり，「医療需要/供給」と「医療費単価」をそれぞれ将来推計すれば十分ではないか，ということである。

このとき，「医療需要/供給」と「医療費単価」に関する変数を被説明変数とし
それらを説明する変数に関するデータセットを用意して統計モデルを推定し，
説明変数の将来推計を行ったうえではじめて将来推計が行える。そのため分析
手順が煩雑であるうえ，推計精度を改善することに多くの労力が費やされる。
仮に医療需要，医療供給，医療費単価に関する統計モデルがそれぞれ 90% ず
つの説明力を持っていたとしても，それら 3 つの統計モデルをすべて用いて得
られる医療費の説明力は 90%×90%×90% ＝72.9% となってしまう。それで
も予測精度に関する情報なくして「将来推計」とは言えないのではないかと考
えるわけである。統計モデルを用いる方法の利点として，説明変数に政策変数
を用意しておけば，政策の投入による影響を定量的・実証的に示すことができ
る。

要因アプローチによる 1 人当たり国保医療費の将来推計方法

　第 7 章では要因アプローチによる医療費の将来推計を行った。その方法を以
下に説明する。

　まず，重点対策地域を明らかにするための基礎データとなる 1 人当たり医療
費の将来推計を行う。まず，2000 年に介護保険制度の導入により老人医療費
の水準が大きく落ち込んだこと，次に，2002 年 10 月から 5 年間かけて老人医
療費の受給対象年齢が 70 歳以上から 75 歳以上に順次引き上げられたこと，さ
らに，2008 年に後期高齢者医療制度が創設されたことによる影響を考慮でき
ることなどを考慮して，2000 年以降のデータを用いて将来推計を行うことと
する。空間集計単位は都道府県を単位とする。国立社会保障・人口問題研究所
により 2040 年までの予測人口数が 5 年間隔で公開されていることから，将来
推計期間は 2013 年から 2040 年までとした。

　国保医療費が空間的自己相関を持つことがすでに示されていることから，空
間パネルデータモデルを用いる。将来推計には時系列の個別効果も考慮すべき
との観点から，地域・時系列両方の個別効果を考慮したモデルを適用する。空
間パネルデータモデルの推定に際しては，第 7 章で推定したモデルと同じ説明
変数の組み合わせを採用した。

　説明変数の将来推計値は，以下の手順により求めた。2015 年，2020 年，
2025 年，2030 年，2035 年，2040 年以外の年次の人口数は，単純に将来推計人

口あるいは人口実測値をもとに単純に線形内挿した。説明変数に採用されてい
る変数（a）はいずれも人口数で按分されていることから，まず（a）に人口数
を乗じた値（b）を計算した。次に2000年から2012年までの実績値（b）を被
説明変数，年次を説明変数とする線形回帰モデル（c）を推定した。推定した
モデルを用いて，2040年までの説明変数将来推計値を算出した。そのうえで，
2040年までの将来推計人口数で按分し，説明変数の将来推計値を求めた[6]。空
間パネルデータモデルの時系列固定効果は年次を説明変数とする対数線形モデ
ルを推定して外挿補完した。最後に，得られた説明変数の将来推計値を用いて
将来推計値を計算した。全体医療費と一般医療費については，高齢化の影響を
考慮するために高齢化率を説明変数に採用している。老人医療費については，
1人当たり医療費の予測値に高齢人口予測値を乗じて老人医療費総額の予測を
行うことにより，高齢化の影響を高齢人口予測値の側で考慮することとした。

　老人医療費についてのみ総額の将来推計を行う理由は，後期高齢者医療費に
占める公費負担割合が多いこと，2000年から2012年までの75歳以上医療費
の伸びと総額が大きいことから，老人医療費を抑制することが鍵だと一般的に
考えられているからである。

　推定されたモデルを用いて，2040年までの全国の国保医療費の将来予測を
行うこととした。医療費モデルの説明変数の将来予測値は，各変数を被説明変
数，年次を説明変数とする線形回帰モデルを推定したうえで，年次を2040年
まで外挿し各変数の将来予測値を得ることとした。

　全国の医療費モデルの将来予測には，空間パネルデータモデルを用いる。空
間パネルデータによる医療費の予測値 $\hat{y}_i$ は，次式より得られる。

$$
\begin{aligned}
\hat{y}_i &= \rho W \hat{y}_i + X_{i,T+\tau} \hat{\beta} + \hat{\varepsilon}_{iT} \\
(I_N - \rho W) \hat{y}_i &= X_{i,T+\tau} \hat{\beta} + \hat{\varepsilon}_{iT} \\
\hat{y}_i &= (I_N - \rho W)^{-1} (X_{i,T+\tau} \hat{\beta} + \hat{\varepsilon}_{iT}) \\
&= (I_N - \rho W)^{-1} X_{i,T+\tau} \hat{\beta} + (I_N - \rho W)^{-1} \hat{\varepsilon}_{iT}
\end{aligned}
\tag{8}
$$

ここで

---

6)　東日本大震災による人口変動や社会経済的影響は明示的に考えていない。

$$(I_N - \rho W)^{-1}\hat{\varepsilon}_{iT} = \sum_{i=1}^{T}\hat{\varepsilon}_{it}/T \tag{9}$$

である。

　空間パネルデータモデルおよび地理的加重回帰パネルデータモデルの推定には，第6～7章で用いた変数と同じ変数を用いた。また，水準実数データを対数変換した水準対数データを用いた。水準対数データは医療費水準の地域差を示すのに適していると考えられるからである。

5　将来推計値に関する地域差や地域的偏在性

　1人当たり医療費水準の平均からの大小については，第7章で示したが，将来推計値に関する地域差や地域的な偏在性に関する特性についても理解しておきたい。

地域格差と空間的自己相関に関する指標

　地域格差を示す指標としてジニ係数[7]を用いる。対象地域全体での空間的自己相関（地域的偏在性）を示す指標として Moran's I を，局地的な地域偏在性を示す指標として Local Moran's I を用いることとする。

⑴　ジ ニ 係 数

　まず，ジニ係数は，たとえば経済学で社会における所得の不平等を示すのに用いられる。ジニ係数の値が1に近づくほど，地域間の不平等（格差）の度合いが高いことを示し，0に近いほど地域間の平等の度合いが高いことを示す尺度として用いられる。所得格差などの議論では，ジニ係数が0.3に達するかどうかが観察され，0.3～0.5程度であれば「所得格差が大きい」と指摘される。そのため，地域差を示す指標として適していると考えられる。

　地域 $i(=1,\cdots,n)$ の属性を x_i，地域属性の標本平均を $\bar{x}$ とすると，ジニ係数 G は次式のように表される。ジニ係数の値が1に近づくほど，地域間の不平等（格差）の度合いが高いことを示し，0に近いほど地域間の平等の度合いが高いことを示す尺度として用いられる。

---

7)　主に社会における所得の平等性を測るのに用いる指標。

$$G = \sum_{i=1}^{n} \sum_{j=1}^{n} |x_i - x_j| / 2n^2 \overline{x}$$

ジニ係数以外に地域差を示す指標として変動係数 C_v がある。変動係数は地域属性の標本標準偏差 s を用いて，次式から得られる。変動係数が大きいほど，格差が大きいことを示す尺度として用いられる。

$$Cv = \frac{s}{\overline{x}} = \frac{\sqrt{\sum_{i=1}^{n}(x_i - \overline{x})^2 / n}}{\overline{x}}$$

本書でも変動係数を用いた分析を行ったが，ジニ係数を用いた分析結果と概ね同じ傾向が示されたため，その結果については割愛した。

(2) Moran's I と Local Moran's I

対象地域での地域偏在性を示す指標として，空間統計学という分野で用いられる空間的自己相関という概念を用いる。時系列分析で前の時期の影響があるとき時系列自己相関があると言うが，それと類似する概念である。地理的に近い地域が同じような地域属性を示している，つまり地域的な偏在性がある場合に空間的自己相関が高い，などと言ったりする。地理的に近い地域の影響をより受けるように重み付けをつけて，地域間の重み付けを行列で表した空間重み付け行列により空間的な自己相関を表現する。ここで地理的に近いとは，地域が隣接する，あるいは地域間の距離が近いことを意味する。本書では，都道府県境界が隣接しているか，陸路と航路でアクセス可能か，つまり道路網・鉄道網・航路網を考慮して，都道府県間の隣接性を表現することとした[8]。

本書では，対象地域全体での空間的自己相関を示す指標として Moran's I を，局地的な地域偏在性を示す指標として Local Moran's I（以下，LMI）を用いる。Moran's I は相関係数に空間重み付け行列を乗じた空間相関指標であり，近隣地域からの影響度合いを考慮した指標であると言える。LMI は Moran's I を地域単位で計算した値である。

空間重み付け行列は地域間の隣接関係や距離を用いて定義される。たとえば，ある地域が周辺隣接地域から受ける影響が，隣接関係にある地域が少ない（多

---

8) 都道府県境を接する周辺地域が少ない地域では，境界効果により分析結果が空間重み付け行列を考慮しない結果と近くなる。

い）ほど大きく（小さく）なるように，地域間の影響度合いをウェイトとして
表現する。前述したように，隣接する都道府県で生活習慣や食生活が類似して
いることを踏まえ，寿命や受診行動に影響を与えるという観点から，隣接関係
に基づいた空間重み付け行列を採用した。具体的には，ある地域と別の地域が
隣接していれば1，していなければ0とする隣接行列を作成し，各地域の行和
で行列の要素を按分することにより空間重み付け行列を作成した。

　Moran's I は，−1から1の間の数値を取る。1に近い値のとき，互いに近
い地域属性が類似する傾向があり，正の空間的自己相関であることを意味する。
また，−1に近い値のときは，近隣地域の属性が異なるか，類似する属性を持
つ地域が分散していることを意味し，負の空間的自己相関であるという。LMI
の値と，標準化された属性値を用いて散布図を作成したとき，第1象限に分布
する地域は，属性値が他の地域と比較して相対的に大きく，かつ類似する値を
持つ地域が周囲にある，すなわち局所的に正の自己相関をすることを意味する。

　N 地区（地点）からなる対象地域において，地区 i の属性 x_i とする。対象地
域全体における属性の平均値を $\overline{x}$，地点 ij 間の空間重み付け行列の要素を w_{ij}
とすると，Moran's I は次式のように表される。

$$\text{Moran's I} = \frac{N}{\sum_{i=1}^{N}\sum_{j=1}^{N}w_{ij}} \frac{\sum_{i=1}^{N}\sum_{j=1}^{N}w_{ij}(x_i-\overline{x})(x_j-\overline{x})}{\sum_{i=1}^{N}(x_i-\overline{x})^2}$$

　この式に示されているように，Moran's I は相関係数に空間重み付け行列の
要素を考慮した指標であると言える。

　地域 i の Local Moran's I は次式から得られる。この指標は，Moran's I の地
区 i に関する指標であり，ローカルな空間的自己相関を意味する。

$$I_i = \frac{(x_i-\overline{x})}{\sum_{i=1}^{N}(x_i-\overline{x})^2/N} \sum_{j=1}^{N} w_{ij}(x_j-\overline{x})$$

　Local Moran's I の値と，標準化された属性値を用いて散布図を作成したと
き，第1象限に分布する地区は，属性値が他の地区と比較して相対的に大きく，
かつ類似する値を持つ地区が周囲にある，すなわち空間的に正の自己相関をす
ることを意味する。

医療費の地域差は大きいとは言えない

本書では，1人当たり国保医療費（一般・老人，一般，老人），1日当たり費用（入院・入院外，全体），受診率（入院・入院外，全体），1件当たり費用（入院・入院外，全体），人口数（総数・年齢階級別），病床数，医師数，要因別死亡数，1人当たり所得，特養定員，老人クラブ会員数，民生委員活動回数について，ジニ係数と Moran's I および LMI を計算した。このうち特徴的な結果のみを示す。

まず，1983年から2012年までの国保医療費のジニ係数を計算したところ，1人当たり国保医療費（一般・老人），1人当たり国保医療費（一般），1人当たり国保医療費（老人）のいずれも，ジニ係数が過去30年にわたり概ね0.06〜0.1の間を推移していることが示された。

このうち，1人当たり国保医療費（一般・老人）は1983〜99年までジニ係数が増加し，地域格差は増加傾向にあった。1999年をピークにジニ係数は減少に転じ，地域格差が縮小している。とりわけ2000年と2008年に段階的に数値が下落している。2000年は介護保険制度が，2008年には後期高齢者医療制度が創設された年である。前者により福祉的な医療費部分が介護保険に移行し，後者により被用者保険のうちの75歳以上の医療費が国保から後期高齢者医療制度に移管された。一般には指摘されていないが，これらの制度創設は地域格差の縮小にも役立ったと言える可能性がある。

1人当たり国保医療費（一般）は，1997年をピークにそれまで微増傾向にあったジニ係数が減少している。1人当たり国保医療費（一般・老人）や1人当たり国保医療費（老人）ほど大きな変動はみられない。1984年と2008年には，前年と比較してジニ係数の下落率が大きくなっている。1人当たり国保医療費（老人）は，2002年までジニ係数が減少し，その後増加に転じており，わずかだが地域差が拡大していることが示された。

次に，2013年から2040年までの国保医療費の推計結果からジニ係数を計算したところ，1人当たり国保医療費（一般・老人）と1人当たり国保医療費（一般）に関しては，ジニ係数はいずれも減少し縮小する傾向であることが示された。1人当たり国保医療費（老人）の地域格差は拡大する傾向が示された。2030年以降，1人当たり老人医療費の伸びが加速する自治体と，定常状態あるいは減少する自治体とがあらわれるためである（図2）。ただし，ジニ係数の値は0.1以下で推移していることから，「地域差が著しく悪化する」ということ

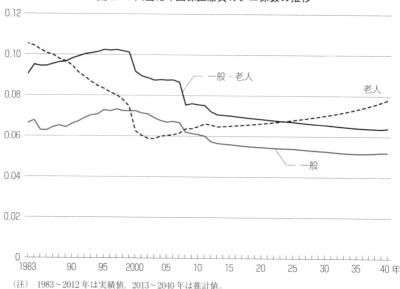

図2　1人当たり国保医療費のジニ係数の推移

(注) 1983〜2012年は実績値．2013〜2040年は推計値．

は言えないだろう．巷間，医療費の地域格差が強調されることが多いが，この結果をみる限り，国保医療費の「地域格差」は決して大きいとは言えないということになる．

医療費の地域偏在性の推移

1人当たり国保医療費の1983〜2040年のMoran's Iの推移を図3に示した．

まず，1983年から2012年までの過去のトレンドから，1人当たり国保医療費は，いずれも非常に強い空間的自己相関があると言えるレベルではないものの，地域偏在性は強まる傾向にあることが示された．1人当たり国保医療費（一般・老人）と1人当たり国保医療費（一般）のMoran's I値は増加傾向にあり，0.4程度から0.6程度まで上昇していることから，これらの地域偏在性は強まる傾向にあると言ってよい．1人当たり国保医療費（老人）のMoran's Iは1980年代には0.3以下であったがその後急増し，2010年以降は0.5を超える程度となっている．2000年に一度急減しているが，これは介護保険制度の創設に伴うデータ定義の変更による影響と考えられる．

2013年から2040年までについてみてみると，1人当たり国保医療費（一般・

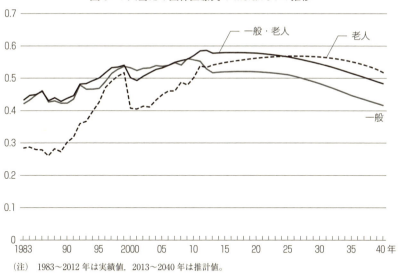

図3 1人当たり国保医療費の Moran's I の推移

(注) 1983〜2012 年は実績値, 2013〜2040 年は推計値。

老人）と1人当たり国保医療費（一般）は 2020 年ごろまで Moran's I 値がほぼ横ばいとなり，その後減少している。つまり，地域偏在性が解消されるであろうことが示されている。他方，1人当たり国保医療費（老人）の Moran's I 値は 2027 年ごろまで増加し，その後減少に転じている。老人医療費の地域偏在性は容易には改善しないことが示唆された。

　局所的な自己相関を表す LMI を用いると，医療費などの局所的な地域偏在性を定量的に示すことができる。ここでは，1人当たり医療費の LMI を横軸，1人当たり医療費を標準化した値（以下，SV）を縦軸とする散布図を作成し，地域的偏在性の状況を表すことにする。LMI が正で絶対値が大きい値を取るとき，変数の値が当該地域とその周辺地域とで同じような水準の値を取る傾向があることを意味する。また，LMI が負で絶対値が大きい値を取るとき，変数の値が当該地域と周辺地域とで異なる水準の値を取ることを意味する。縦軸の SV は全国平均からの乖離度を意味する。医療費と関連する影響要因が正規分布に従うとすれば[9]，縦軸の 2〜−2 の間に収まっていれば，平均からの乖

---

9) ところで，これまできちんと議論してこなかったが，1人当たり医療費のデータはいず

離度はそれほど大きくないと言える[10]。これまでの地域差指数を用いた分析では、全国平均からどのくらい乖離しているかについての情報はあるが、それが統計的に意味のある形で全国平均から「外れ値」となっているのかという情報はなかった。標準化された値はその意味で、全国平均からの「外れ度合い」を検討するには適している。

したがって、この散布図ではSVとLMIがともに正となる第1象限に位置する地域は、当該変数の値が他の地域と比較して相対的に高く（標準偏差値が正で絶対値が大きい）、かつ周辺地域も同じ傾向を示す（LMIが正で絶対値が大きい）ことを意味する。SVが負でLMIが正の第4象限に位置する地域は、当該変数の値が他の地域と比較して相対的に低く（標準偏差値が負で絶対値が大きい）かつ、周辺地域も同じ傾向を示す（LMIが正で絶対値が大きい）ことを意味する。すべての年次でLMIとSVとの関係を示すと煩雑になるため、本書では2012年の実績値と2040年の将来推計値を用いて両者の関係を示した（図4と図5）。

1人当たり国保医療費（一般・老人）の2012年実績値については、山口県と高知県でSVとLMIの両方がともに正で絶対値が大きな値を示している。長崎県・佐賀県・福岡県・大分県といった九州北部、広島県・島根県が、それに続く水準となっている。逆にSVが負で絶対値が大きくかつLMIが正で絶対値が大きいのは関東圏、すなわち千葉県、茨城県、埼玉県、東京都、栃木県、神奈川県などであることが示された。医療費の西高東低をこれまでとは異なる方式で示したことになる。

1人当たり国保医療費（一般・老人）の2040年将来推計値については、佐賀県のSVとLMIがともに正で絶対値が大きい。しかし、1人当たり医療費の増加率が上位10位圏内に入るような地域でSVとLMIの両方がともに正で絶対値が大きいような地域は見当たらない。

以降、図は割愛したが、1人当たり国保医療費（一般）の2012年実績値では、山口県と島根県でSVとLMIの両方が正で絶対値が大きな値を示し、香川県

れも正規分布に従わないとは言えないことが、コルモゴロフスミルノフ検定の結果から示されている。

10) データが正規分布していれば平均±2標準偏差の範囲内に全データの約95%が収まる。平均0、標準偏差1の標準正規分布では、この範囲は〔-2, 2〕となるため。平均から2標準偏差〜3標準偏差以上離れているデータを外れ値とみなすことがある。

補論：より深く知りたい読者のために 275

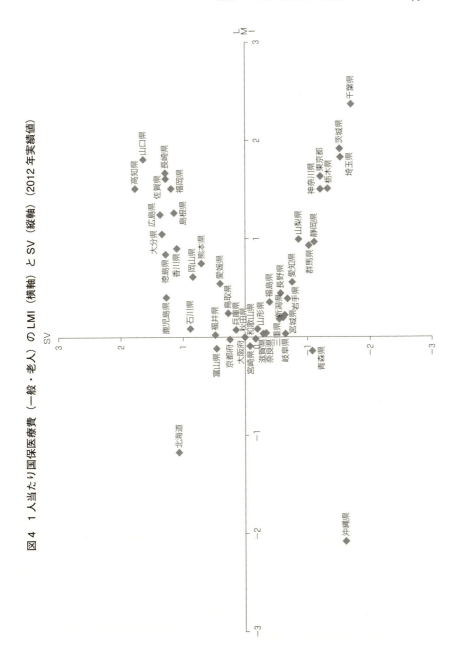

図4 1人当たり国保医療費（一般・老人）のLMI（横軸）とSV（縦軸）（2012年実績値）

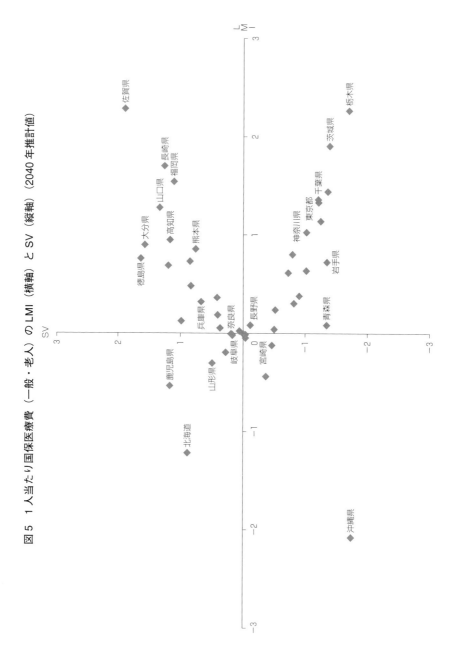

図5 1人当たり国保医療費（一般・老人）のLMI（横軸）とSV（縦軸）（2040年推計値）

や長崎県・佐賀県・広島県・福岡県がそれに続く水準となっている。つまり，中国地方西部と九州地方北部に医療費が高い県が集積している。SV が負で絶対値が大きく，LMI が正で大きいのは，茨城県・千葉県・栃木県・埼玉県・東京都といった関東圏の都県であることが示された。

1人当たり国保医療費（一般）の 2040 年将来推計値では，長崎県・佐賀県・山口県・徳島県などで SV と LMI の両方が正で絶対値が大きな値を示している。このうち徳島県は1人当たり国保医療費の増加率が上位 10 位圏内に入っている。

1人当たり国保医療費（老人）の 2012 年実績値では，福岡県・佐賀県・長崎県といった九州北部と高知県で SV と LMI の両方がともに正で絶対値が大きい値が示されている。SV が負で絶対値が大きく，LMI が正で絶対値が大きい自治体は新潟県・岩手県などである。

1人当たり国保医療費（老人）の 2040 年将来推計値では，高知県・佐賀県・長崎県・福島県で SV と LMI の両方がともに正で絶対値が大きい値となっている。京都府は，LMI は大きくないが SV が相対的に大きい。このうち高知県・京都府・佐賀県・長崎県は，1人当たり医療費の増加率が上位 10 位圏内に入っている。しかし京都府以外の県は，老人医療費総額が大きいとは言えない。

首都圏の自治体が，1人当たり県民所得が相対的に高いことを考えれば，1人当たり国保医療費（一般・老人）と1人当たり国保医療費（一般）については，確かに上記のような状況であることが理解できる。1人当たり国保医療費（老人）については，医療費水準の低い自治体が必ずしも1人当たり県民所得が高いわけではない。そのため1人当たり国保医療費（老人）については地域間の所得移転があるというわけではなさそうだ。しかし富裕層を除けば，平均的な高齢者は収入が年金などに限られるため，医療費の支払い能力にも限界があると考えられる。そのため，1人当たり老人医療費が高い水準にあること自体が問題であると言ってよい。1人当たり老人医療費については，全国平均からみて相対的に医療費水準が高く，かつ増加率が高い，高知県・京都府・佐賀県・長崎県といった自治体が指摘されている。そのため，全体や一般の医療費よりも，医療費増加抑制政策について注意深く検討する余地があるだろう。

いずれにせよ，LMI を用いた分析により，1人当たり国保医療費の地域偏在

性が地域間の医療費財源の移転につながっている可能性があり，将来において
もこの状況が改善されない可能性を示すことができたのは画期的かもしれない。

　以上に加え，参考までに，過去 30 年間のトレンドから，空間的自己相関が
高い指標がいくつか指摘されていることを示しておく。医療費の 3 要素のうち，
一般の入院受診率，入院日数，1 日当たり入院診療費，入院外日数はいずれも
空間的自己相関が高い傾向が示された。老人の入院受診率，1 日当たり入院診
療費も高い空間的自己相関が示されている。このうち入院受診率（一般）は
2008 年ごろから Moran's I が 0.7 に近い水準で推移しているし，入院受診率
（老人）は 2010 年以降の Moran's I が 0.7 を超えている。このことから入院受
診率は一般，老人ともに非常に強い空間的自己相関を示していると言える。

　医療費への影響要因のうち，病床数と平均在院日数の空間的自己相関が高い。
病床数は 1983 年には 0.45 程度であったのが年々増加傾向をたどり，2004 年以
降は 0.6 を超える水準で推移している。このことから病床数の地域偏在性は
徐々に増加してきたと言える。平均在院日数は，1990 年代前半までは 0.7 程度
と強い自己相関が示されていたが，その後低下し，2012 年には 0.54 程度とな
っている。

　死亡数，悪性新生物死亡数，脳血管疾患死亡数，心疾患死亡数については，
いずれも強い空間的自己相関があるとは言えない。生活習慣や食生活の影響を
受けやすく地域偏在が大きい変数と思われるのであるが意外であった。より詳
細な分析が必要であろう。

［古谷知之・印南一路］

引用文献

赤木佳寿子（2013）「医薬分業と二つの政策目標――医薬分業の進展の要因」『社会薬学』32
　（2），pp. 33-42。

朝日新聞（1982）「医師会長25年　武見太郎の回想⑦　医師会長就任――『職かけ法の執行止め
　よ』と神田厚生大臣に迫る」『朝日新聞』1982年4月6日。

安達太郎（1998）「日本の医師誘発需要――2段階モデルによる分析」『経済学論叢』50（3），
　pp. 336-358。

足立泰美・赤井伸郎・植松利夫（2012）「保健行政における医療費削減効果」『季刊社会保障研
　究』48（3），pp. 334-348。

有岡二郎（1997）『戦後医療の五十年――医療保険制度の舞台裏』日本醫事新報社。

井伊雅子・別所俊一郎（2006）「医療の基礎的実証分析と政策――サーベイ」『フィナンシャ
　ル・レビュー』March-2006，pp. 117-156。

飯島勲（2006）『小泉官邸秘録』日本経済新聞社。

池上直己（2014）『医療・介護問題を読み解く』日本経済新聞出版社。

池上直己／J.C.キャンベル（1996）『日本の医療――統制とバランス感覚』中央公論新社。

石井敏弘・清水弘之・西村周三・梅村貞子（1993）「入院・入院外別老人医療費と社会・経済，
　医療供給，福祉・保健事業との関連性」『日本公衆衛生雑誌』40（3），pp. 159-170。

泉田信行（2003）「病床の地域配分の実態と病床規制の効果」『季刊社会保障研究』39（2），
　pp. 164-173。

泉田信行・中西悟志・漆博雄（1999）「医師の参入規制と医療サービス支出――支出関数を用
　いた医師誘発需要仮説の検討」『医療と社会』9（1），pp. 59-70。

井上英夫（1991）「健康権と医療保障」朝倉新太郎・野村拓・儀我壮一郎・西岡幸泰・日野秀
　逸編『現代日本の医療保障』（講座日本の保健・医療，第2巻）労働旬報社，pp. 75-127。

井上従子（2010）「病床規制の今日的意義について――医療分野における競争政策と地域主権
　の視点からの考察」『横浜国際経済法学』18（3），pp. 1-26。

今井博久・一色学・荒田吉彦・杉澤孝久・竹内徳男・斎藤和雄（1998）「二次医療圏における
　老人医療費と保健活動，医療供給，福祉事業との関連性」『病院管理』35（2），pp. 99-107。

今村晴彦・印南一路・古城隆雄（2015）「都道府県別国民健康保険医療費の増加率に関するパ
　ネルデータ分析」『季刊社会保障研究』51（1），pp. 99-114。

医療経済研究機構（2007）『国及び都道府県レベルでの医療費の決定要因分析調査研究報告書』
　医療経済研究機構。

医療経済研究機構（2010）『平成21年度厚生労働科学研究費補助金政策科学総合研究事業（政
　策科学推進研究事業）　医療と介護・福祉の産業連関に関する分析研究報告書（主任研究
　者　日原知己）』。

岩渕豊（2015）『日本の医療――その仕組みと新たな展開』中央法規出版版。

岩本康志（2006）「社会保障の規模拡大は経済に悪影響を与えるのか」『季刊社会保障研究』42
　（1），pp. 2-3。

岩本康志（2013）「政府累積債務の帰結――危機？再建か？」（http://www.iwamoto.e.u-tokyo.
　ac.jp/Docs/2013/SeifuRuisekiSaimunoKiketsuRevised.pdf）。

印南一路（1990）『医療政策の形成に関する研究ネットワーク間闘争による政策形成』日本製薬工業協会。

印南一路（2015）『平成 25 年度医療経済研究機構自主研究 都道府県別パネルデータを用いた医療費増加要因の分析 報告書』医療経済研究機構。

印南一路（2016）「第Ⅱ部 都道府県別パネルデータを用いた医療費増加要因の分析」印南一路（主担当）『政策シンクネット報告書「医療費と医療政策に関わる諸問題」』（http://thinknet.org/theme03/2016053016.html）。

印南一路・古谷知之（2016）「平成 27 年度医療経済研究機構自主研究 GIS を用いた医療・介護サービスの需要と供給の将来推計Ⅰ 報告書」医療経済研究機構。

印南一路（2009）『「社会的入院」の研究——高齢者医療最大の病理にいかに対処すべきか』東洋経済新報社。

印南一路・堀真奈美・古城隆雄（2011）『生命と自由を守る医療政策』東洋経済新報社。

畝博（1996）「福岡県における老人医療費とその地域格差の規定要因に関する研究」『日本公衆衛生雑誌』43(1)，pp. 28-36。

尾形健（2008）「『自律』をめぐる法理論の諸相」菊池馨実編著『自律支援と社会保障——主体性を尊重する福祉，医療，所得保障を求めて』日本加除出版，pp. 43-69。

小黒一正（2014）『財政危機の深層——増税・年金・赤字国債を問う』NHK 出版。

甲斐克則編訳（2015）『海外の安楽死・自殺幇助と法』慶應義塾大学出版会。

上昌広（2015）『日本の医療格差は 9 倍——医師不足の真実』光文社。

上川龍之進（2010）『小泉改革の政治学——小泉純一郎は本当に「強い首相」だったのか』東洋経済新報社。

川上武（1986）『技術進歩と医療費——医療経済論』勁草書房。

川口毅・三浦宜彦・星山佳治・星野祐美・関山昌人・岩崎榮（1995）「老人保健事業と医療費との関連に関する研究」『日本公衆衛生雑誌』42(9)，pp. 761-768。

河口洋行（2009）『医療の経済学——経済学の視点で日本の医療政策を考える』日本評論社。

川渕孝一（1998）『わかりやすい医療経済学』（「看護」を考える選集 7）日本看護協会出版会。

菊井康郎（1973）「基本法の法制上の位置づけ」『法律時報』45(7)，pp. 15-25。

岸田研作（2001）「医師需要誘発仮説とアクセスコスト低下仮説——2 次医療圏，市単位のパネルデータによる分析」『季刊社会保障研究』37(3)，pp. 246-258。

北山俊哉（2011）『福祉国家の制度発展と地方政府——国民健康保険の政治学』有斐閣。

郡司篤晃（1998a）『医療システム研究ノート』丸善プラネット。

郡司篤晃（1998b）「老人医療費の増加の要因の分析」郡司篤晃編著『老人医療費の研究』丸善プラネット。

郡司篤晃（2001）「医療費の地域差研究とその意義」地域差研究会編『医療費の地域差』東洋経済新報社。

経済財政諮問会議（2003）「経済財政運営と構造改革に関する基本方針 2003」（http://www.kantei.go.jp/jp/singi/keizai/kakugi/030627f.html）。

経済財政諮問会議（2015）「民間議員提出資料 論点整理・社会保障のポイント（平成 27 年 5 月 26 日）」（http://www5.cao.go.jp/keizai-shimon/kaigi/minutes/2015/0526/agenda.html）。

健康保険組合連合会（2013）「社会保障制度改革（医療・介護）に対する健保連の考え方」社会保障制度改革国民会議資料（平成 25 年 4 月 4 日）（https://www.kantei.go.jp/jp/singi/kokuminkaigi/dai8/gijisidai.html）。

引用文献　　281

健康保険組合連合会（2014）「平成 26 年度健保組合予算早期集計結果の概要」（http://www.kenporen.com/include/press/2014/20140418.pdf）。

権丈善一（2006）「総医療費水準の国際比較と決定因子をめぐる論点と実証研究」西村周三・田中滋・遠藤久夫編著『医療経済学の基礎理論と論点』勁草書房。

濃沼信夫（2001）『医療のグローバル・スタンダード——Data＆解説』エルゼビア・ジャパン。

厚生省（1997）「21 世紀の医療保険制度（厚生省案）」（http://www1.mhlw.go.jp/houdou/0908/h0807-1.html）。

厚生省五十年史編集委員会編（1988）『厚生省五十年史』厚生問題研究会。

厚生省保険局企画課（1985）『医療保険制度 59 年大改正の軌跡と展望』年金研究所。

厚生省保険局健康保険課（1957）「健康保険法の一部改正について」『社会保険時報』31（4/5/6），pp. 1-23。

厚生労働省（各年版）『国民医療費』。

厚生労働省（2011）『平成 23 年版厚生労働白書』。

厚生労働省（2014）「第一期医療費適正化計画の実績に関する評価（実績評価）（平成 26 年 10 月）」（http://www.mhlw.go.jp/bunya/shakaihosho/iryouseido01/pdf/h261015_1.pdf）。

厚生労働省（2015a）「医療給付実態調査（平成 25 年度）」（http://www.e-stat.go.jp/SG1/estat/GL08020103.do?_toGL08020103_&tclassID=000001061273&cycleCode=0&requestSender=estat）。

厚生労働省（2015b）「平成 26 年度医療費の動向」（http://www.mhlw.go.jp/topics/medias/year/14/dl/iryouhi_data.pdf）。

厚生労働省（2015c）「平成 27 年度厚生労働省予算案の主要事項」（http://www.mhlw.go.jp/wp/yosan/yosan/15syokanyosan/shuyou.html）。

厚生労働省（2015d）「我が国の医療保険について」（http://www.mhlw.go.jp/stf/seisakunitsuite/bunya/kenkou_iryou/iryouhoken/iryouhoken01/index.html）。

厚生労働省（2016）「第 3 回医療従事者の需給に関する検討会」補足資料（http://www.mhlw.go.jp/file/05-Shingikai-10801000-Iseikyoku-Soumuka/0000120212_4.pdf）。

厚生労働省「難病の患者に対する医療等に関する法律 説明資料」（http://www.mhlw.go.jp/file/05-Shingikai-10901000-Kenkoukyoku-Soumuka/0000052488_1.pdf）。

厚生労働省終末期医療に関する意識調査等検討会（2014a）『終末期医療に関する意識調査等検討会報告書（平成 26 年 3 月）』（http://www.mhlw.go.jp/file/05-Shingikai-10801000-Iseikyoku-Soumuka/0000041846_3.pdf）。

厚生労働省終末期医療に関する意識調査等検討会（2014b）『人生の最終段階における医療に関する意識調査報告書（平成 26 年 3 月）』（http://www.mhlw.go.jp/bunya/iryou/zaitaku/dl/h260425-02.pdf）。

厚生労働省保険局調査課（2014a）「全国健康保険協会について」第 75 回社会保障審議会医療保険部会資料。

厚生労働省保険局調査課（2014b）「平成 24 年度医療費の地域差分析（平成 26 年 8 月）」（http://www.mhlw.go.jp/file/06-Seisakujouhou-12400000-Hokenkyoku/01a.pdf）。

厚生労働省保険局国民健康保険課（2015）「平成 25 年度国民健康保険（市町村）財政状況——速報」（http://www.mhlw.go.jp/stf/houdou/0000071750.html）。

幸田正孝（述）・印南一路・中静未知・清水唯一朗（2011）『国民皆保険オーラル・ヒストリー I ——幸田正孝』医療経済研究機構。

国民健康保険中央会（1994）『老人保健事業と老人医療費の関連に関する報告書 1993 年度』。
国民健康保険中央会（1996）『市町村保健活動と医療費の関連に関する報告書 1995 年度』。
国民健康保険中央会（1997）『市町村における医療費の背景要因に関する報告書 1996 年度』。
古城隆雄（2011）「医療費適正化計画の策定支援――重点支援地域と対応策の検討」慶應義塾大学政策・メディア研究科博士論文。
児玉真美（2013）『死の自己決定権のゆくえ――尊厳死・「無益な治療」論・臓器移植』大月書店。
小林仁（2006）「医療制度改革における平均在院日数とは何か――新たな政策目標の意義と問題点」『立法と調査』（257），pp. 84-98。
財務省（2015a）「た ば こ 税 等 の 税 率 及 び 税 収」（https://www.mof.go.jp/tax_policy/summary/consumption/127.htm）。
財務省（2015a）「日本の財政関係資料（平成 27 年 9 月）」（https://www.mof.go.jp/budget/fiscal_condition/related_data/201509.html）。
財務省（2016）「日本の財政関係資料（平成 28 年 4 月）」（http://www.mof.go.jp/budget/fiscal_condition/related_data/201604.html）。
財務省財政制度等審議会（2001）「平成 14 年度予算の編成等に関する建議」（https://www.mof.go.jp/about_mof/councils/fiscal_system_council/sub-of_fiscal_system/report/zaiseia131115b.pdf）。
財務省財政制度等審議会（2014a）「財政健全化に向けた基本的考え方（平成 26 年 5 月 30 日）」（http://www.mof.go.jp/about_mof/councils/fiscal_system_council/sub-of_fiscal_system/report/zaiseia260530/）。
財務省財政制度等審議会（2014b）「社会保障①総論，医療・介護，子育て支援」財政制度分科会資料（平成 26 年 10 月 8 日）（https://www.mof.go.jp/about_mof/councils/fiscal_system_council/sub-of_fiscal_system/proceedings/material/zaiseia261008.html）。
財務省財政制度等審議会（2015a）「社会保障」財政制度分科会資料（平成 27 年 4 月 27 日）（http://www.mof.go.jp/about_mof/councils/fiscal_system_council/sub-of_fiscal_system/proceedings/material/zaiseia270427.html）。
財務省財政制度等審議会（2015b）「財政健全化計画等に関する建議（平成 27 年 6 月 1 日）」（http://www.mof.go.jp/about_mof/councils/fiscal_system_council/sub-of_fiscal_system/report/zaiseia270601/）。
財務省主計局（2015）「我が国の財政事情（平成 27 年度予算政府案）（平成 27 年 1 月）」（https://www.mof.go.jp/budget/budger_workflow/budget/fy2015/seifuan27/04.pdf）。
坂口一樹（2015）「将来の人口動態等に基づく医療費推計――5 つのシミュレーションから」『日本医師会総合政策研究機構ワーキングペーパー』（343）。
坂巻弘之（2005）「疾病管理の概念とわが国への適用」池上直己・西村周三編著『医療技術・医薬品』（講座 医療経済・政策学，第 4 巻）勁草書房，pp. 163-184。
佐川和彦（2012）『日本の医療制度と経済――実証分析による解明』薬事日報社。
佐藤格（2006）「社会保障の規模と経済成長――公的年金制度を中心に」『季刊社会保障研究』42(1)，pp. 17-28。
佐藤正之（2015）「我が国の財政問題について（2015 年 3 月 5 日）」（http://www.customs.go.jp/yokohama/notice/EPA2015030504.pdf）。
参議院（2010）「参議院議員川田龍平君提出特定健康診査・特定保健指導制度の積極的な活用

と医療費適正化計画の策定に関する質問に対する答弁書（平成22年8月10日）」（http://www.sangiin.go.jp/japanese/joho1/kousei/syuisyo/175/touh/t175001.htm）。

塩野宏（2008）「基本法について」『日本学士院紀要』63(1), pp. 1-33。

篠原健（2013）「政府の規模と経済成長——潜在的国民負担及び支出内容の両面からの分析」『フィナンシャル・レビュー』(115), pp. 135-147。

島崎謙治（2015）『医療政策を問い直す——国民皆保険の将来』筑摩書房。

社会保障制度改革国民会議（2013）「社会保障制度改革国民会議報告書——確かな社会保障を将来世代に伝えるための道筋（平成25年8月6日）」（https://www.kantei.go.jp/jp/singi/kokuminkaigi/pdf/houkokusyo.pdf）。

シャボットあかね（2014）『安楽死を選ぶ——オランダ・「よき死」の探検家たち』日本評論社。

小児慢性特定疾病情報センター（2015）「小児慢性特定疾病の対象疾病について」（http://www.shouman.jp/disease/）。

新庄文明・福田英輝・村上茂樹・高鳥毛敏雄・中西範幸・多田羅浩三（2001）「基本健康診査受診率と国民健康保険診療費の関連に関する研究——受診率50%以上の市における実態」『日本公衆衛生雑誌』48(4), pp. 314-323。

鈴木玲子（1997）「外来医療費と医師密度」『老人医療レセプトデータ分析事業1996年度研究報告書』財団法人公衆衛生振興会, pp. 19-34。

鈴木亘（2005）「平成14年診療報酬マイナス改定は機能したのか？——整形外科レセプトデータを利用した医師誘発需要の検証」田近栄治・佐藤主光編『医療と介護の世代間格差——現状と改革』東洋経済新報社, pp. 97-116。

精神障害者に対する医療の提供を確保するための指針等に関する検討会（2014）「第1回長期入院精神障害者の地域移行に向けた具体的方策に係る検討会資料 参考資料」（http://www.mhlw.go.jp/stf/shingi/0000046412.html）。

全国健康保険協会（2015）『全国健康保険協会事業年報（平成25年度）』（https://www.kyoukaikenpo.or.jp/g7/cat740/sb7200/sbb7200/270410）。

全国市長会（2013）「社会保障制度改革国民会議ヒアリング資料I」社会保障制度改革国民会議資料（平成25年2月28日）（https://www.kantei.go.jp/jp/singi/kokuminkaigi/dai5/gijisidai.html）。

全国地域医療教育協議会（2015）「平成26年度地域医療教育に関する全国調査」（http://square.umin.ac.jp/j-come/2015_report_ppt.pdf）。

全国町村会（2013）「社会保障制度改革国民会議地方関係団体ヒアリング」社会保障制度改革国民会議資料（平成25年2月28日）（https://www.kantei.go.jp/jp/singi/kokuminkaigi/dai5/gijisidai.html）。

宗前清貞（2012）「自民党政権下における医療政策——保守政党の社会政策と利益団体」『年報政治学』2012(1), pp. 114-137。

太鼓地武（2001）「医療費の地域差の現状」地域差研究会編『医療費の地域差』東洋経済新報社。

高木安雄（1996）「医療計画による医療供給体制の変化と問題点——病床過剰医療圏の変容と一般病院の新規参入に関する研究」『季刊社会保障研究』31(4), pp. 388-399。

高木安雄（2014）「社会保障研究の発展——医療保障制度の変遷と研究動向を考える（創刊50周年記念号）」『季刊社会保障研究』50(1・2), pp. 54-64。

高椋正俊（2010）「『医療費と医療費配分』の見直しを——薬剤に係わる費用を中心に」『日本

外科学雑誌』111(3)，pp. 189-194。

竹内清美（2002）「老人保健事業による基本健康診査受診と国保医療費との関連」『日本衛生学雑誌』56(4)，pp. 673-681。

竹内啓（1977）『統計学と経済学のあいだ』東洋経済新報社。

多田羅浩三・新庄文明・鈴木雅丈・高鳥毛敏雄・中西範幸・黒田研二（1990）「老人保健事業が老人入院医療に及ぼす影響に関する分析」『厚生の指標』37(4)，pp. 23-30。

田近栄治・菊池潤（2014）「高齢化と医療・介護費——日本版レッド・ヘリング仮説の検証」『フィナンシャル・レビュー』(117)，pp. 52-77。

知野哲朗（2003）「高齢者入院医療費の都道府県別格差とその決定要因」『医療と社会』13(1)，pp. 67-81。

中央社会保険医療協議会（2014）「中央社会保険医療協議会診療報酬基本問題小委員会（第169回）資料」（http://www.mhlw.go.jp/stf/shingi2/0000067044.html）。

張拓紅・谷原真一・柳川洋（1998）「二次医療圏単位で観察した国保老人保健医療給付対象者医療費の地域格差に関する研究」『日本公衆衛生雑誌』45(6)，pp. 526-535。

東京消防庁（2015）「バイスタンダー保険制度の創設について——誰もが安心して救護の手を差し伸べるために（平成27年9月3日）」（http://www.tfd.metro.tokyo.jp/hp-kouhouka/pdf/270903_2.pdf）。

鴇田忠彦（2004）『日本の医療改革——レセプトデータによる経済分析』東洋経済新報社。

鴇田忠彦・知野哲朗（1997）「国民医療費の現状と将来」『経済分析』(152)。

内閣府（2003）『経済財政白書（平成15年版）』。

内閣府（2013）『経済財政白書（平成25年版）』。

内閣府（2014）『経済財政白書（平成26年版）』。

中静未知（1998）『医療保険の行政と政治——1895〜1954』吉川弘文館。

中島明彦（2001）「医療供給政策における政策過程の変容——厚生技官の台頭と政策コミュニティの形成」『医療経済研究』9，pp. 23-39。

仲村英一（述）・印南一路・清水唯一朗（2013）『医療政策オーラル・ヒストリー（I）——仲村英一』医療経済研究機構。

新村和哉・郡司篤晃・荒記俊一（1999）「入院医療費の増加要因に関する研究」『病院管理』36(2)，pp. 121-132。

二木立（1995a）『日本の医療費——国際比較の視角から』医学書院。

二木立（1995b）「医療技術進歩は医療費増加の主因か——『社会医療診療行為別調査』等による実証的検討」『医療と社会』5(1)，pp. 1-26。

西沢和彦（2015）「国民健康保険財政『赤字』の分析」『JRIレビュー』3(22)，pp. 27-42。

西村周三（1987）『医療の経済分析』東洋経済新報社。

西村万里子（1996）「診療報酬改定のメカニズムに関する歴史的考察」社会保障研究所編『医療保障と医療費』東京大学出版会。

西村万里子（1999）「日本における医療政策の決定過程と医療保障改革の課題——診療報酬の決定過程を中心として」『明治学院大学法律科学研究所年報』15，pp. 123-128。

日本医師会（1997）「日本医師会創立記念誌——戦後五十年のあゆみ」日本医師会創立50周年記念事業推進委員会記念誌編纂部会。

日本医師会（2011）「『受診時定額負担』に反対します（2011年9月23日）」（http://dl.med.or.jp/dl-med/etc/kokumin/2011/teigakufutan.pdf）。

日本透析医学会 (2016)「図説 わが国の慢性透析療法の現況」(http://docs.jsdt.or.jp/overview/)。

野々下勝行 (2008)「医療保障制度の統計概論 (第10回) 国民医療費 (9) ――国民医療費の歴史・七つの時代」『健康保険』62(8), pp. 76-81。

長谷川敏彦 (1998)「地域医療計画の効果と課題」『季刊社会保障研究』33(4), pp. 382-391。

八田達夫 (2008)『ミクロ経済学Ⅰ――市場の失敗と政府の失敗への対策』東洋経済新報社。

福井秀夫 (2007)『ケースからはじめよう 法と経済学――法の隠れたる機能を知る』日本評論社。

福田英輝・山田敦弘・井田修・多田羅浩三・水野肇・山口昇・田中一哉 (1998)「基本健康診査受診率と老人保健給付分による診療費ならびに診療実日数との関連」『日本公衆衛生雑誌』45(9), pp. 905-914。

伏見恵文 (1996)「老人医療費の分布特性と地域格差問題」『社会保障研究』31(4), pp. 380-387。

船橋恒裕 (2006)「医療費の地域格差について――国民健康保険における医療費支出の分析」『経済学論叢』58(1), pp. 43-60。

別所俊一郎・高久玲音 (2014)「医療保険，医療需要，健康指標――1971年保険医総辞退のケース」Keio-IES Discussion Paper Series, Institute for Economic Studies, Keio University。

星旦二・府川哲夫・中原俊隆・石井敏弘・林正幸・高林幸司・郡司篤晃 (1994)「県内第二次医療圏での高齢者入院医療費格差の規定要因」『日本公衆衛生雑誌』41(8), pp. 724-740。

堀真奈美 (2007)「医療供給体制における自治体病院のあり方」『会計検査院研究』(36), pp. 61-76。

堀真奈美・印南一路・古城隆雄 (2006)「老人医療費と介護費の類似した地域差の発生要因に関する分析」『厚生の指標』53(10), pp. 13-19。

松尾均 (1976)「医療の社会化と自由開業医制」『健康保険』30(10), pp. 10-17。

松田晋哉 (2013)『医療のなにが問題なのか――超高齢社会日本の医療モデル』勁草書房。

松田晋哉 (2015)「医療・介護情報の分析・検討ワーキンググループにおける検討内容について――2025年の医療機能別必要病床数の推計結果について」『社会保障制度改革推進本部第5回医療・介護情報の活用による改革の推進に関する専門調査会資料』(https://www.kantei.go.jp/jp/singi/shakaihoshoukaikaku/chousakai_dai5/siryou.html)。

水野肇 (2003)『誰も書かなかった日本医師会』草思社。

水野肇 (2005)『誰も書かなかった厚生省』草思社。

三谷宗一郎 (2016)「第Ⅰ部 医療費政策の歴史に関する分析」印南一路 (主担当)『政策シンクネット報告書「医療費と医療政策に関わる諸問題」』(http://thinknet.org/theme03/2016053016.html)。

蓑谷千凰彦・縄田和満・和合肇 (2007)『計量経済学ハンドブック』朝倉書店。

宮島洋 (1992)『高齢化時代の社会経済学――家族・企業・政府』岩波書店。

森臨太郎 (2013)『持続可能な医療を創る――グローバルな視点からの提言』岩波書店。

文部科学省高等教育局医学教育課 (2010)「これまでの医学部入学定員増等の取組について」。

八代尚宏 (2000)『社会的規制の経済分析』日本経済新聞社。

矢野聡 (2009)『保健医療福祉政策の変容――官僚と新政策集団をめぐる攻防』ミネルヴァ書房。

山澤成康（2004）『実戦 計量経済学入門』日本評論社。

山下真宏（1998）「老人医療費の3要素に影響を及ぼす要因に関する研究」『日本公衆衛生雑誌』45(3), pp. 225-239。

山田武（2002）「国民健康保険支払業務データを利用した医師誘発需要仮説の検討」『季刊社会保障研究』38(1), pp. 39-51。

山本克也（2004）「社会医療を用いた在院日数抑制の波及効果の研究」『季刊社会保障研究』40(3), pp. 255-265。

兪炳匡（2006）『「改革」のための医療経済学』メディカ出版。

結城康博（2004）『福祉社会における医療と政治——診療報酬をめぐる関係団体の動き』本の泉社。

吉田あつし（2009）『日本の医療のなにが問題か』NTT出版。

吉原健二・和田勝（2008）『日本医療保険制度史（増補改訂版）』東洋経済新報社。

与党医療保険制度改革協議会（1997）「21世紀の国民医療——良質な医療と皆保険制度確保への指針（平成9年8月29日）」『社会民主』(510), pp. 109-114。

臨時行政調査会（1981）「行政改革に関する第一次答申」。

臨時行政調査会（1983）「行政改革に関する第五次答申（最終答申）」。

Dranove, D. and P. Wehner（1994）"Physician-Induced Demand for Childbirths," *Journal of Health Economics*, 13(1), pp. 61-73.

Escarce, J. J.（1992）"Explaining the Association between Surgeon Supply and Utilization," *Inquiry*, 29(4), pp. 403-415.

Evans, R.（1974）"Supplier-Induced Demand: Some Empirical Evidence and Implication," in M. Perlman ed., *The Economics of Health and Medical Care*, John and Wiley, pp. 162-173.

Fuchs, V. R.（1978）"The Supply of Surgeon and the Demand for Operations," *Journal of Human Resources*, 13 (Supplement), pp. 35-56.

Getzen, T. E.（1992）"Populations Aging and the Growth of Health Expenditure," *Journal of Gerontology*, 47(3), pp. 98-104.

Harris, J.（1975）"The Survival Lottery," *Philosophy*, 50(191), pp. 81-87.

Kawachi, I., S. V. Subramanian, D. Kim eds.（2008）*Social Capital and Health*, Springer Science.

Martin, J. J. M., M. P. L. del Amo Gonzalez, and M. D. Cano Garcia（2011）"Review of the Literature on the Determinants of Healthcare Expenditure," *Applied Economics*, 43(1), pp. 19-46.

NIRA（2015）「社会保障改革しか道はない（第2弾）——財政健全化に向けた具体策はここにある」オピニオンペーパー No. 14（http://www.nira.or.jp/pdf/opinion14.pdf）。

Richardson, J.（1981）"The Inducement Hypothesis: That Doctors Generate Demand for Their Services," in J. V. der Gaag, M. Perlman, eds., *Health, Economics and Health Economics*, North Holland.

Takaku, R.（2016）"Effects of Reduced Cost-sharing on Children's Health: Evidence from Japan," *Social Science and Medicine*, 151, pp. 46-55.

WHO（2010）*World health report 2010*（http://www.who.int/healthsystems/topics/financing/healthreport/whr_background/en/）。

索　引

● あ 行

暁の団交　6
アドバンス・ディレクティブ　→事前指示書
アバーチ・ジョンソン（AJ）効果／仮説
　　82, 101, 103
医学部定員削減　196
医師数　73, 93, 97, 99, 112
　　――の抑制　196
医師誘発需要　111, 113
医薬分業　145, 150, 202
医療技術　78, 113, 128, 244
医療基本法　227
医療制度改革　133, 192
医療相談　232
医療（判断）代理人　221, 230
医療費　36
　　――の3要素　53, 54
　　――の支払い能力　162
　　――の将来推計　264
　　――の地域差　27, 59
　　疾病区部別――　49
　　診療区分別――　50
　　都道府県別――　51
　　年齢階級別1人当たり――　63
　　1人当たり――　52
医療費安定期　3, 10
医療費適正化　35
医療費適正化計画　133, 153, 201
医療費適正化時代　3, 4, 8
医療費適正化政策　185
　　財政主導の――　11, 41
　　理念に基づく――　43
医療費負担割合　162
医療費分析　47
医療費保障　215

● か 行

医療分類　237
医療崩壊　11, 34
医療保険制度　70, 122, 219
医療保障　42, 214
　　――の理念　213, 221
インフォームド・コンセント　221, 236
横断仮説　109
応能負担の原則　215
オプジーボ　247

介護保険制度　77
外在的制約　228
かかりつけ医　28, 236
駆け込み増床　101
過剰医療　83
患者申出療養制度　193
間接効果（媒介効果）　92
規制改革会議　14, 16
基礎的財政収支（プライマリー・バランス）
　　18, 186
機能別病床規制　199
給付率改定　132
救命医療　215, 216, 225, 242
救命医療費　240
協会けんぽ　22
供給誘導需要　80, 84, 101, 110, 113, 192
共　助　210
　　――の原理　211, 218, 229
空間計量経済学　261
空間的自己相関　260, 269
空間パネルデータモデル　88, 262
空床回避行動　75, 81
クロスセクション分析　86, 256
経済財政諮問会議　10, 12, 16
経常個人保健医療支出　33

健康権　32

健康保険組合　22

県民所得　68

広域化等支援方針　22

高額療養費制度　118, 188

後期高齢者医療支援制度　189

後期高齢者医療制度　122

後期高齢者医療費　155

公　助　210

高度医療技術　80

後発医薬品（ジェネリック医薬品）　28,
　149, 150, 201

幸福追求権　212

功利主義　216, 222

高齢化　52, 54, 62, 96, 115, 202

高齢化率　111

高齢者医療　76

国民医療費　25, 36, 48, 113, 188, 237, 240

国民皆保険　21, 210

国民健康保険医療費（国保医療費）　87,
　155

国民健康保険財政健全化計画　22

国民負担率　22

国民保健計算の体系（SHA）　33

混合診療　39

　　──の全面解禁　193

● さ　行

財政危機　190, 204

財政再建　17

財政制度等審議会　14

参照価格（薬価）制度　39, 193, 194

三段階理念　211

ジェネリック医薬品　→後発医薬品

時系列分析　86

資源最小の原則　246

自己負担　188

自己負担無料化　249

自　助　210

市場原理主義　222

事前指示書（アドバンス・ディレクティブ）
　221, 230

自然増　133

市町村国保　21

疾病構造　65

指定難病　238

ジニ係数　268

死亡率　65, 116

社会的入院　77, 82

社会保険制度　219

社会保障関係費　37, 186

社会保障審議会　12, 14

社会保障制度審議会（社保制審）　12

自由開業医制　34

縦断仮説　109

重点対策地域　154

終末期　63

受診時定額負担　29, 39

受診率　55, 100

情報の非対称性　33, 110

自　律　221

　　──の原理　209, 216, 228

自立医療　216, 225, 228, 243

自立医療費　240

自立医療保障　218

自律権　212

自立支援医療　43

新医師臨床研修制度　34

診断群分類別包括評価（DPC）　27, 238

診療報酬　191

診療報酬改定　122, 128, 132

垂直的フリーアクセス　28, 232

水平的フリーアクセス　28, 232

生存権　212

政府管掌健康保険組合（政管健保）　22

生命権　212

生命保障の原理　211, 229

線形パネルデータ分析　258

線形パネルデータモデル　88

潜在的国民負担率　23

専門医制度　233

索　引　289

総額管理（予算管理）　226
総合効果　90
総合診療専門医　233
総量規制　71, 101, 136, 199
ソーシャル・キャピタル　67, 69

● た　行

武見太郎　5, 6
地域医療計画　71, 101, 103
地域医療構想　153
地域医療構想ガイドライン　199
地域差指数　59
地域別定員制　197
中央社会保険医療協議会（中医協）　12
超高額薬剤問題　247
調剤医療費　202
調剤費　105, 146
調整変数（統制変数）　92
直接効果　90
地理的加重回帰パネルデータモデル　88
統制変数　→調整変数
特定機能病院　134
特定健康診査　30, 134
特定保健指導　30, 134
特別養護老人ホーム（特養）　78, 96, 119

● な　行

内在的制約　225
二段階理念　211
日本医師会　6
入院受診率　101
入院・入院外医療費　50
入院・入院外診療費　87, 101
年次ダミー　90
伸び率管理　8, 185, 191, 192, 226

● は　行

媒介効果　→間接効果
バイスタンダー保険制度　236
パネルデータ分析　86, 257
病院の機能分化　138

病床規制　101, 103, 136
病床削減命令　204
病床数　71, 81, 95, 100, 101, 136
費用対効果評価　78, 225, 246
平等主義　222
プライマリ・ケア　221
プライマリー・バランス　→基礎的財政収支
フリーアクセス　28, 118, 232
プロフェッショナル・フリーダム　41
分解アプローチ　47, 58
平均在院日数　27, 75, 95, 104
平均在院日数短縮化　111, 134, 138, 200
保険医総辞退　6
保険医定員制度　197, 198
保険医療材料制度　246
保健師　67, 118
保健事業　66
保険免責制　29, 193
保健予防活動　201
保険料　188

● ま　行

マイナス改定　3, 12, 126
マルチレベル・モデル　261
無医大県解消構想　196
無知のヴェール　216
目標所得仮説　81

● や　行

薬剤給付の適正化　238
薬剤費　139, 141
薬価差　145, 194
薬価制度　145, 246
薬局調剤医療費　50
要因アプローチ　47, 58, 61
善きサマリア人の法　236
予算管理　→総額管理
予防政策　29

● ら　行

リスク構造調整　243

レッド・ヘリング仮説　64, 116
レーマーの法則　81
老人医療費　87
老人医療費無料化　5, 71
老人保健制度　5, 122
ロールズ　216

● アルファベット

AJ 効果／仮説　→アバーチ・ジョンソン効
　　果／仮説
DPC　→診断群分類別包括評価
DPC 病院制度　135
SHA　→国民保健計算の体系

■ 編著者紹介

印南　一路（いんなみ　いちろう）
　　慶應義塾大学総合政策学部・大学院政策・メディア研究科教授
　　一般財団法人医療経済研究・社会保険福祉協会医療経済研究機構研究部長

再考・医療費適正化
実証分析と理念に基づく政策案

Rethinking the Healthcare Cost Containment:
New Policies Based on Empirical Analyses and Justice Theories

2016 年 8 月 30 日　初版第 1 刷発行

編著者	印　南　一　路
発行者	江　草　貞　治
発行所	株式会社　有　斐　閣

郵便番号 101-0051
東京都千代田区神田神保町 2-17
電話 (03) 3264-1315 〔編集〕
　　 (03) 3265-6811 〔営業〕
http://www.yuhikaku.co.jp/

印刷・大日本法令印刷株式会社／製本・牧製本印刷株式会社
© 2016, Ichiro Innami. Printed in Japan
落丁・乱丁本はお取替えいたします。
★定価はカバーに表示してあります。

ISBN 978-4-641-16483-3

[JCOPY] 本書の無断複写（コピー）は、著作権法上での例外を除き、禁じられています。複写される場合は、そのつど事前に、（社）出版者著作権管理機構（電話03-3513-6969, FAX03-3513-6979, e-mail:info@jcopy.or.jp）の許諾を得てください。